LA EVANGELIZACIÓN

CÓMO
TODA LA
IGLESIA
HABLA DE
JESÚS

J. MACK STILES

Prefacio de David Platt

POIEMA
LECTURA REDIMIDA

La evangelización: Cómo toda la iglesia habla de Jesús
J. Mack Stiles

© 2015 por 9Marks

Traducido del libro *Evangelism: How the Whole Church Speaks of Jesus*
© 2014 por J. Mack Stiles. Publicado por Crossway, un ministerio editorial
de Good News Publishers; Wheaton, Illinois 60187, U.S.A. Esta edición fue
publicada por un acuerdo con Crossway.

Traducción: Daniel Puerto
Revisión: Olmer Vidales y Patricio Ledesma
Diseño de la carátula: Dual Identity, Inc.
Imagen de la carátula: Wayne Brezinka para brezinkadesign.com

Poiema Publicaciones
info@poiema.co
www.poiema.co

Amazon ISBN: 978-1940009414

IX 9Marcas   EDIFICANDO IGLESIAS SANAS

LA PREDICACIÓN EXPOSITIVA
Cómo proclamar la Palabra de Dios hoy
David Helm

LA SANA DOCTRINA
Cómo crece una iglesia en el amor y en la santidad de Dios
Bobby Jamieson

EL EVANGELIO
Cómo la iglesia refleja la hermosura de Cristo
Ray Ortlund

DISCIPULAR
Cómo ayudar a otros a seguir a Jesús
Mark Dever

LA MEMBRESÍA DE LA IGLESIA
Cómo sabe el mundo quién representa a Jesús
Jonathan Leeman

LA DISCIPLINA EN LA IGLESIA
Cómo protege la iglesia el nombre de Jesús
Jonathan Leeman

LOS ANCIANOS DE LA IGLESIA
Cómo pastorear al pueblo de Dios como Jesús
Jeramie Rinne

LAS MISIONES
Cómo la iglesia local se vuelve global
David Platt

LA CONVERSIÓN
Cómo Dios crea a Su pueblo
Michael Lawrence

TEOLOGÍA BÍBLICA
Cómo la iglesia enseña fielmente el evangelio
Nick Roark & Robert Cline

«Imagina una iglesia local en la que cada miembro conoce el evangelio y camina en consecuencia, donde todos se preocupan por aquellos que no creen, donde es natural que los líderes y los miembros hablen sobre oportunidades evangelísticas, y donde los miembros regularmente están invitando a no creyentes a leer la Biblia juntos, o a asistir a un estudio bíblico de grupo pequeño, o a una reunión de domingo. Si esto te anima, entonces vas a querer leer este libro y dejar que Mack te guíe paso a paso hacia una cultura de evangelización, donde la evangelización es simplemente una consecuencia natural de una vida en el evangelio».

Juan R. Sánchez, Jr., Pastor, *High Pointe Baptist Church*, Austin, Texas; autor, *1 Pedro para ti*

«Muchos libros tratan el tema de la evangelización individual. Este, sin embargo, se centra en toda una cultura. Ni métodos ni programas, sino una actitud. Distribuye este libro en tu iglesia y observa lo que sucederá».

John Folmar, Pastor principal, *The United Church of Dubai*

«Este libro acerca de la evangelización exalta a Cristo y está lleno del evangelio, como ningún otro. Más que darte una metodología *personal*, te motiva profundamente a proclamar y llevar el fruto de las noticias revolucionarias de Jesús como *el cuerpo de la iglesia*. Y lo que lo hace incluso más valioso es que he visto a Mack Stiles ejemplificar esa cultura de actitud acerca de la que escribe en varios continentes para la gloria de Dios. Es el evangelista mejor dotado que he visto a Dios usar —por ahora— sin excepción. *La evangelización* debe ser leído por cada pastor y miembro de iglesia».

Richard Chin, Director Nacional, *Australian Fellowship of Evangelical Students*; Secretario Regional del Pacífico Sur, *International Fellowship of Evangelical Students*

«No hizo falta mucho tiempo para que este llegara a ser mi libro favorito sobre el tema de la evangelización; ¡en parte porque no pude dejarlo tras empezarlo! Presenta el evangelio con claridad y recibí una ayuda muy tangible. Pero que el lector calcule el costo. Puede que incite algo en ti de lo que no te puedas librar. Ya nunca me quedaré satisfecho con nada que no sea cultivar una cultura de evangelización en la iglesia que pastoreo. Alabo a Dios por lo que me dio a través de este libro y oro por más».

Jason C. Meyer, Pastor de predicación y visión, *Bethlehem Baptist Church* práctica con madurez teológica. Además, él verdaderamente practica lo que prescribe».

Kevin DeYoung, Pastor principal, *University Reformed Church*, East Lansing, Michigan; autor, *¿Qué enseña la Biblia realmente acerca de la homosexualidad?*

«Mack Stiles ha escrito un libro sensacional, no solo acerca de compartir el evangelio o acerca de ser un evangelista personal. Ha escrito un libro sobre cómo la iglesia local puede ayudarnos verdaderamente a compartir el evangelio; aligerando la carga, instruyendo, entusiasmando, y cooperando. ¡Lee este pequeño libro y recibe ánimo!».

Mark Dever, Pastor principal, *Capitol Hill Baptist Church*, Washington, D.C.; Presidente de 9Marks

«Leí este interesante libro de golpe porque fui atrapado por su contenido y su espíritu. *La evangelización* es un manual acerca de cómo la Biblia aborda el tema crucial de compartir el evangelio. Anticipo que será recibido ampliamente y con entusiasmo».

Daniel L. Akin, Presidente, *Southeastern Baptist Theological Seminary*

«Me encanta la visión de Mack Stiles acerca de 'una cultura de evangelización' que permee nuestras iglesias. Mi deseo es que Dios obre poderosamente para convertir esta visión en una realidad. Este libro hace ambas cosas: anima y desafía; y, al igual que los libros anteriores de Mack, este es un gran regalo y bendición para el pueblo de Dios».

Randy Newman, Maestro en el C. S. Lewis Institute; escritor del libro *Questioning Evangelism*

Para mis hijos:
Tristan, David, Isaac y Stephanie

Salmo 127:3-5

CONTENIDO

Prólogo acerca de la serie   13

Prefacio, por *David Platt*   15

Introducción   19

1   De los llamados al altar
y las luces de láser   25

2   Una cultura de evangelización   51

3   Conectando a la iglesia con una
cultura de evangelización   79

4   Evangelistas intencionales
en una cultura de evangelización   99

5   Compartiendo verdaderamente
nuestra fe   125

Apéndice   147

Pasajes de la Escritura
para una esquema del evangelio   151

Referencias   153

Índice de las Escrituras   157

ACERCA DE LA SERIE

¿Crees que es tu responsabilidad ayudar a edificar una iglesia sana? Si eres cristiano, creemos que lo es.

Jesús te ordena hacer discípulos (Mt 28:18-20). Judas nos exhorta a edificarnos sobre la fe (Jud 20-21). Pedro te llama a utilizar tus dones para servir a los demás (1P 4:10). Pablo te dice que compartas la verdad con amor para que tu iglesia madure (Ef 4:13, 15). ¿Ves de dónde lo estamos sacando?

Tanto si eres miembro de la iglesia o líder de ella, los libros de la serie *Edificando iglesias sanas* pretenden ayudarte a cumplir estos mandamientos bíblicos para que así juegues tu papel en la edificación de una iglesia sana. Dicho de otra manera, esperamos que estos libros te ayuden a crecer en amor por tu iglesia, tal y como Jesús la ama.

9Marcas planea producir un libro que sea corto y de agradable lectura acerca de cada una de las que Mark Dever ha llamado las nueve marcas de una iglesia sana y, un libro más, acerca de la sana doctrina. Consigue los libros acerca de la predicación expositiva, la teología bíblica, el evangelio, la conversión, la evangelización, la membresía de la iglesia, la disciplina eclesial, el discipulado y el crecimiento, y el liderazgo de la iglesia.

Las iglesias locales existen para mostrar a las naciones la gloria de Dios. Esto lo hacemos fijando nuestros ojos en el evangelio de Jesucristo, confiando en él para salvación, y amándonos unos a otros con la santidad, la unidad y el amor de Dios. Es nuestra oración que el libro que tienes en tus manos sea de ayuda.

Con esperanza,
Mark Dever y Jonathan Leeman
Editores de la serie

PREFACIO

POR DAVID PLATT

Recuerdo cuando conocí a Mack Stiles. Estábamos enseñando juntos en una conferencia en los Estados Unidos y, mientras otros panelistas y yo usábamos la mayor parte de nuestro tiempo para hablar unos con otros, era raro encontrar a Mack entre nosotros. Yo me preguntaba por qué, hasta que descubrí que Mack estaba usando su tiempo para compartir acerca de Jesús con las personas que trabajaban en las instalaciones donde se estaba llevando a cabo la conferencia. Desde esa primera interacción con este hermano, me di cuenta de lo mucho que tenía que aprender de él. No mucho tiempo después, tuve el privilegio de viajar al lugar donde Mack dirige un ministerio para estudiantes universitarios y sirve como uno de los ancianos de una iglesia. Prediqué en la iglesia una mañana y, al finalizar, Mack me presentó a muchas personas de toda clase. En esencia, estas fueron las conversaciones que tuvimos (aunque he cambiado los nombres).

«Hola, me llamo Abdul», me dijo un hombre.

«Crecí siendo musulmán, pero hace un par de años, Dios me salvó por su gracia de mis pecados y de mí mismo por medio de Cristo».

«Maravilloso», respondí. «¿Cómo oíste el evangelio?».

«A través de mi amistad con Mack», dijo Abdul.

«Me preguntó un día si quería leer con él el Evangelio según Marcos. Le dije que sí y, en cuestión de meses, el Espíritu Santo había abierto mi corazón para que creyera».

Luego me encontré con otro hombre, quien se presentó a sí mismo. «Hey, yo soy Rajesh. Fui hindú toda mi vida hasta que alguien me invitó a esta iglesia. No sabía nada acerca del cristianismo hasta que llegué aquí, pero Mack y otras personas comenzaron a reunirse conmigo y a mostrarme quién es Cristo y lo que él ha hecho. Me sentía agobiado, pero después de explorar muchas preguntas que le hice a Mack, confié en Cristo para mi salvación».

Detrás de Abdul y Rajesh estaba Mateo. Mateo me dijo: «Crecí como un cristiano nominal sin una relación con Cristo, pero el año pasado Dios abrió mis ojos para que pudiera ver lo que realmente significa confiar en Cristo. Me arrepentí de mis pecados y creí en Cristo».

«Déjame adivinar», le dije. «Mack te trajo a Cristo, ¿verdad?».

«No», me dijo. «Abdul y Rajesh lo hicieron. Pasaron horas conmigo en la Escritura, mostrándome lo que significa seguir a Cristo». Y Mateo me preguntó: «¿Puedo presentarte a Esteban? Es un amigo que está explorando el cristianismo, y vino conmigo a la iglesia esta mañana».

Estas conversaciones tuvieron lugar una y otra vez con varias personas. Yo estaba asombrado por la gracia de Dios, no solo porque había conocido a un cristiano apasionado por compartir el evangelio, sino porque había conocido una comunidad entera que estaba apasionada por compartir el evangelio. Mientras miraba alrededor, observé una contagiosa cultura de evangelización en la iglesia. Es una cultura de evangelización que no depende de los eventos, de los programas o de los profesionales del ministerio. En lugar de esto, es una cultura de evangelización que está ensamblada en personas que están llenas del poder del Espíritu de Dios, que proclaman el evangelio de la gracia de Dios en el contexto del día a día de sus vidas y relaciones.

Como resultado, no puedo pensar en alguien mejor equipado para escribir un libro que no solamente enseñe a cultivar una disciplina de evangelización como cristiano, sino que enseñe a crear una cultura de evangelización en la iglesia. Cuando leí este libro me vi subrayando línea tras línea, párrafo tras párrafo, orando mientras leía para que el Señor me use para crear esa cultura de evangelización en mi iglesia.

Este libro es bíblico y práctico. Es útil para los miembros de la iglesia y los líderes, y al final da gloria a Dios. Que el Señor bendiga la lectura de este libro en tu vida e iglesia —y en multitudes de vidas e iglesias— con el fin de que su iglesia pueda ver a más personas como Abdul, Rajesh, Mateo y Esteban llegar a creer en Cristo para salvación, por medio de la fe aquí y alrededor del mundo.

David Platt, Presidente de *Southern Baptist Convention's International Mission Board*

INTRODUCCIÓN

«Hijo, ¿de qué se trata tu libro?».

Esa fue la pregunta que me hizo la anciana que pasó a buscar a mi suegra para ir a su partida semanal de cartas. Mientras colocaba el andador en el asiento trasero de su automóvil, pensaba en qué responderle. Quería decir algo como: «No es solamente un libro de evangelización, sino que es un libro acerca de cómo desarrollar una cultura de evangelización». Ella notó mis dudas, miró a mi suegra, y me dijo: «Bueno, ¿cuál es el título?».

De nuevo me detuve, mirando al cielo. Mi suegra vino a mi rescate: «Es acerca de la evangelización». Dijo esas palabras en un tono adecuado para personas que ya no escuchan tan bien como solían.

«Oh», dijo su amiga. Había como signos de interrogación en esa expresión. Cerré la puerta del automóvil.

«Bueno, es más acerca de hacer que *toda la iglesia* comparta su fe», dije.

La amiga parecía incluso más confusa. «Ya...», dijo. Entonces se dirigió a mi suegra. «Bueno, Ann, yo sé que estás *muy* orgullosa», dijo mientras me daba palmaditas en el brazo. No importaba que el propio autor no fuese capaz de aclararse acerca de qué trataba el libro.

Lector, déjame explicarlo mejor esta vez. Este libro trata sobre la evangelización *bíblica*. No creo que los cristianos intencionalmente se lancen a escribir libros sobre la evangelización basados en principios no bíblicos, pero sucede. Sucede porque existen ideas erróneas acerca de los componentes esenciales de la evangelización. Normalmente esas ideas erróneas están basadas en principios de mercadeo o en un entendimiento meramente humano sobre cómo convencer a alguien para que entre al reino. Si nosotros no tenemos claro qué es la evangelización bíblica, posiblemente no estemos evangelizando.

Por ejemplo, un ama de casa reunida con su amiga para compartir una taza de café puede estar evangelizando, mientras que un brillante apologista cristiano que hable a miles en un templo puede no estar haciéndolo. Pocos lo ven de esta manera, ya que tenemos un entendimiento equivocado de lo que la evangelización es verdaderamente. Defender la fe es algo bueno, pero es fácil defender el cristianismo sin explicar el evangelio; y no podemos evangelizar sin el evangelio.

Tenemos que saber de qué estamos hablando cuando mencionamos palabras como «evangelización», «conversión» o incluso «evangelio». Estas palabras tienen diferentes definiciones en la mente de las personas, y a menudo vienen acompañadas de signos de interrogación. Si los cristianos no entienden estos conceptos básicos, rápidamente nos saldremos de la órbita bíblica. Por tanto, utilizaremos el primer capítulo para trabajar estas definiciones.

Dicho sea de paso, muchos querrán utilizar la palabra *misional* para referirse a lo que yo llamo una «cultura de evangelización». Entiendo sus razones, pero deseo quedarme con la palabra *evangelización*. Es una palabra bíblica importante, y es la palabra que utilizo en todo este libro.

Este libro *trata* acerca de la evangelización pero, más que eso, trata acerca de desarrollar una cultura de evangelización. Este es el tema del capítulo. Cuando hablo de una «cultura de evangelización», no me refiero a tener muchos programas para evangelizar. De hecho, puede que te sorprenda que animaría a muchas iglesias a eliminar sus programas de evangelización. Te diré por qué después, pero por el momento baste decir que quiero explorar cómo podemos integrar la responsabilidad que tiene cada cristiano de compartir su fe con la comunión en nuestra iglesia, multiplicando así los esfuerzos individuales.

Gran parte de nuestro problema con la evangelización es que no tenemos una visión suficientemente grande de la iglesia. Creo que Dios ama al mundo y tiene un plan maravilloso para la evangelización: su iglesia. De esto trata el capítulo.

Ya que este libro es sobre la evangelización y sobre una cultura de evangelización en la vida de la iglesia, también describe las plataformas —a menudo descuidadas— que los cristianos deben construir para llevar a cabo esfuerzos evangelísticos sanos. Este es el tema del cuarto capítulo. Ejemplos:

- Una preparación intencional para la evangelización
- Un estilo de vida moldeado por el evangelio
- No suponer el evangelio
- La evangelización como una disciplina espiritual
- La oración
- Un liderazgo evangelístico

Después, por supuesto, necesitamos explorar los principios básicos que moldean la práctica de compartir nuestra fe, esas cosas que debemos hacer para vivir como embajadores de Cristo en un mundo lleno de pecado. De eso trata el capítulo.

Tengo buenos amigos que piensan que soy un evangelista; no estoy tan seguro de que lo sea. Anhelo ver personas conociendo a Jesús. Y me veo como una persona que desea ser fiel en la evangelización. Pero quiero que la gente sepa que enfrento temores acerca de lo que otros piensan de mí cuando hablo de asuntos espirituales. Soy muy consciente de mis errores y limitaciones en la evangelización. Y cuando miro alrededor, veo a muchos otros que son mejores evangelistas que yo. Si soy un evangelista, soy un evangelista mediocre.

Pero sí hay una cosa —por la gracia de Dios— en la que creo que soy bueno: creo que Dios me ha usado para desarrollar culturas de evangelización. A través de los años, ayudando a establecer ministerios estudiantiles o plantando iglesias, me he querido asegurar de que esas comunidades tuviesen la evangelización en su ADN, que la tuvieran como uno de sus valores y como su cultura.

Esta es la pasión que me dirige, y por eso estoy muy entusiasmado con este libro. Es una forma de tomar las cosas que amo y compartirlas contigo.

1

DE LOS LLAMADOS AL ALTAR
Y LAS LUCES DE LÁSER

Yo era uno de esos locos por Jesús —un bicho raro— de la década de los 70. Durante los primeros meses de mi primer año en la universidad, traje a mi amigo y compañero de habitación —llamado John— a Jesús. Un domingo, no mucho tiempo después, decidimos asistir a la gran iglesia bautista del centro de Memphis.

Yo era todo un personaje: lucía un enorme afro pelirrojo, unos *jeans* acampanados y una gabardina de lana color púrpura. Estábamos entre personas con cortes de pelo muy formales y trajes.

El predicador predicó, todas las estrofas se cantaron, y luego vino la invitación. El predicador expresó con mucha firmeza que preferiría que alguien saliera durante su sermón, pero no durante la invitación, ya que esta era «la parte más importante de la reunión». Llegó la invitación para que las personas entregaran sus vidas a Jesús. Se alzaron las manos. Nos dieron las gracias y nos dijeron que simplemente nos levantáramos de nuestros asientos y pasáramos al frente. El predicador dijo: «Si no puedes ponerte de pie públicamente por Jesús en la iglesia, nunca darás un paso al frente por Jesús fuera de estas paredes». La lógica me pareció indestructible.

John, con su cabeza inclinada pero con sus ojos abiertos —en contra de las instrucciones—, me susurró: «¿Crees que debería pasar al frente?».

«Bueno, no te va a doler» le dije, «yo te acompaño». John se levantó del banco y yo le seguí.

Docenas de personas se levantaron de su silla y caminaron hacia el frente. Sin saberlo nosotros, la mayoría eran ujieres. Cuando llegamos al frente, las filas semicirculares de bancos nos rodeaban. La congregación, más numerosa de lo que parecía desde nuestros asientos de atrás, parecía inclinarse y enfocarse en nosotros, sonriendo.

En un segundo, el predicador estaba a mi lado.

«Hijo» —me dijo con una voz amable— «¿por qué estás aquí hoy?». Apoyó el micrófono sobre su pierna y pasó el largo cable por detrás de sus pies con un giro rápido de muñeca que ya tenía practicado.

«Bueno», le dije, «mi amigo John aceptó a Jesús hace un par de semanas, y quiso levantarse por Jesús». El pastor miró a John, cuya vida era un desastre, pero cuya forma de vestir era más conservadora. Él asintió con su cabeza hacia John y dijo: «Maravilloso, hijo». Mirándome nuevamente me preguntó: «¿Y qué te trajo a ti aquí al frente?».

Yo estaba mirando hacia arriba, a la galería y a las luces del auditorio, con asombro, como si fuera un chico del campo en una gran ciudad. «Bueno, yo... quise apoyar a John», balbuceé.

«Ya veo», dijo el predicador meneando su cabeza; su brazo ya estaba sobre mi hombro. «Hijo, ¿eres cristiano?».

«Sí, lo soy», dije.

«¿Te gustaría dedicar nuevamente tu vida a Jesús?». Las complejidades teológicas de esa pregunta estaban lejos de mi comprensión, así que dije: «Bueno, sí, supongo».

Entonces el predicador acercó el micrófono a sus labios y miró también hacia la galería. Localizó la cámara de televisión recientemente instalada y apuntó con su mano abierta hacia ella. «Me gustaría deciros a todos los que nos veis por televisión que estos dos jóvenes han venido para entregar sus vidas a Jesús. Puedes hacer lo mismo en tu casa ahora mismo, allá donde estés sentado...».

Necesité años para entender lo que había sucedido.

¿QUÉ ES LA EVANGELIZACIÓN?

Cuando pienso en aquella reunión dominical que tuvo lugar hace tantos años me pregunto: ¿Hubo evangelización aquella mañana en esa iglesia?

Deberíamos ser cuidadosos en cómo respondemos a esta pregunta. Muchas personas se han convertido al caminar por un pasillo después de escuchar una invitación al altar. Recientemente —en una convención de pastores en el *Southeastern Seminary*— el presidente, Danny Akin, indicó que los pastores allí reunidos eran sofisticados culturalmente, tenían buena educación y eran robustos teológicamente. Ninguno de ellos pensaría en hacer un llamado al altar como el que experimenté en Memphis. Pero entonces Akin preguntó, «¿cuántos de vosotros vinisteis a la fe en una iglesia que evangelizaba de formas que ahora rechazaríais?». Casi todos los pastores levantaron su mano.

Esta respuesta debería hacernos pausar. Hay mucho espacio para la humildad cuando hablamos de la evangelización. Debemos reconocer que Dios es soberano y puede hacer lo que quiera para traer a las personas a sí mismo. No hay ninguna fórmula que dicte cómo Dios debe obrar en la evangelización. Y aunque podamos estar en desacuerdo con las prácticas evangelísticas de individuos, ministerios, o iglesias, también debemos reconocer que cuando las personas desarrollan con un buen corazón compromisos con la evangelización, Dios puede producir fruto verdadero.

Me quedo con la gente que practica la evangelización de la mejor manera que puede, sobre aquellos que renuncian a evangelizar hasta que tengan la manera perfecta de hacerlo. ¿Recuerdas cómo Priscila y Aquila gentilmente instruyeron a Apolos en sus esfuerzos evangelísticos (Hch 18:26)? Pablo incluso se regocijaba por la evangelización llevada a cabo con motivos egoístas por parte de aquellos que le causaban problemas (Fil 1:17-18). Así que cuando las personas vengan a la fe mediante medios y métodos extraños, primero deberíamos animarnos por el hecho de que Dios toma las semillas más pequeñas de la verdad del evangelio y las hace crecer hasta convertirlas en el gran fruto de la reconciliación del evangelio en los corazones de las personas.

Déjame ser claro: no creo que las invitaciones al altar sean rotundamente erróneas. Sin embargo, cuando pienso en mi experiencia en Memphis, es fácil ver cómo los métodos de aquellos días eran conducidos mayormente por un deseo de resultados inmediatos: había demasiado énfasis en una decisión y en caminar por un pasillo, demasiada preocupación por la audiencia televisiva, y muy poca preocupación por la situación verdadera de mi alma y mi pecado.

Muchas personas han respondido a llamados al altar por décadas. Pero por cada uno que respondió habiendo sido genuinamente convertido, ha habido muchos más que meramente pasaron al frente de un edificio de iglesia por otro tipo de compulsión; como John y yo. Más importante aún, aunque las personas vengan a Jesús a través de varios medios, la Biblia *nunca* usa los resultados para guiar o justificar una práctica evangelística.

Por tanto, cuando nos proponemos evangelizar, debemos comenzar con fundamentos bíblicos. Debemos considerar estos fundamentos para que moldeen, guarden, e informen nuestra manera de compartir nuestra fe, en lugar de empezar buscando una forma de obtener un máximo impacto. Debemos ser muy cuidadosos para conformar nuestra práctica evangelística a la Biblia, pues esto honra a Dios.

Tristemente, lo que a menudo dirige nuestras prácticas evangelísticas es el mundo —quizá el mundo de los negocios o la sección de autoayuda de la librería— más que las Escrituras. Satanás juega con nuestro deseo de obtener resultados ofreciendo un ministerio televisivo más grande o un beneficio financiero. Incluso nos tienta con deseos aparentemente buenos, como una membresía más amplia o la firme convicción de que si un niño hace la oración del pecador, él o ella se convertirá en un creyente comprometido sin importar cómo viva. En todo esto, las personas cambian los principios bíblicos por deseos mundanos, y nuestras prácticas evangelísticas se tuercen.

Pablo se regocijaba cuando el evangelio era predicado independientemente de las motivaciones porque sabía que Dios cumpliría sus propósitos a través de su Palabra. Pero Pablo también corrigió prácticas evangelísticas torcidas: enfatizó que no debemos manipular, cambiar el mensaje o engañar (por ejemplo 2Co 4:1-2). En lugar de esto, deberíamos buscar motivaciones puras con amor por las personas y por Cristo, con una convicción profunda de la verdad (2Co 5:11-15). Y debemos confiar en que el Señor añadirá a las personas (Hch 2:47).

Piensa en cuántas cosas de aquella iglesia de Memphis estaban al borde del error:

- ¿Pensaba el pastor verdaderamente que la parte más importante de la reunión era la invitación, más que la Palabra de Dios correctamente predicada?
- ¿Dónde vemos en la Biblia a personas levantando sus manos para pedir a Jesús que entre en sus corazones? Y, ¿cuándo caminar por un pasillo reemplazó al bautismo como demostración pública de nuestra fe, en una iglesia bautista? ¡Por el amor de Dios!
- ¿No era manipulación tener ujieres preparados para levantarse de sus asientos mostrando una aparente respuesta a la invitación? ¿Acaso el uso de términos no bíblicos como «dedicar nuevamente tu vida a Jesús» no falla en explicar la verdad (2Co 4:2)?
- ¿Tenía el pastor el propósito de mentir públicamente cuando dijo que John y yo habíamos entregado nuestras vidas a Jesús, aunque no lo habíamos hecho? ¿O estaba tan ciego por sus lentes culturales que había ignorado a los dos hermanos en Cristo que tenía enfrente? ¿Éramos solamente un objeto para mostrarle al mundo la efectividad de sus esfuerzos evangelísticos?

En realidad, los dos jóvenes que estuvieron frente a aquel pastor fueron las personas más ignoradas, y esa omisión es lo que me hace querer dar saltos y gritar. Aquel hombre perdió de vista un ejemplo vivo del mejor tipo de evangelización que existe: un chico de dieciocho años, que no podría haber encontrado el Evangelio según

Marcos sin la ayuda del índice de la Biblia, había llevado a su amigo a Jesús simplemente porque lo amó lo suficiente para explicarle lo que sabía acerca del mensaje del evangelio. Y sospecho que la congregación también estaba tan cegada por el alboroto de un impecable programa y una audiencia de televisión que tampoco pensaron en ello.

UNA DEFINICIÓN DE LA EVANGELIZACIÓN

Entonces, ¿cómo sabemos cuándo estamos evangelizando de verdad? Bueno, la respuesta depende de cómo definamos la evangelización. Definir la evangelización de una manera bíblica nos ayuda a alinear nuestra práctica evangelística con las Escrituras. A continuación doy una definición que me ha servido durante muchos años:

> *La evangelización es enseñar el evangelio*
> *con el objetivo de persuadir.*

Una definición corta, ¿no crees? Apuesto que la mayoría de la gente esperaría mucho más de una palabra teológica tan importante. Pero esta definición —por pequeña que sea— ofrece un mejor equilibrio para evaluar nuestra práctica evangelística, en lugar de contar cuántas personas respondieron a un llamado.

Casi al mismo tiempo que John y yo asistimos a la iglesia de Memphis, compré una Biblia para él. Era la *Amplified Bible*, la cual, si no la has visto, ofrece montones de sinónimos para palabras clave. Así es como la Biblia amplificada podría expandir mi definición:

> La *evangelización* es *enseñar* (anunciar, proclamar, predicar) el *evangelio* (el mensaje de Dios que nos lleva a la salvación) con el *objetivo* (la esperanza, el deseo, la meta) de *persuadir* (convencer, convertir).

Observa que la definición no requiere una respuesta externa inmediata. Caminar por un pasillo, levantar una mano, o incluso hacer una oración son acciones que nos pueden sugerir que la evangelización ha tenido lugar, pero tales acciones no son evangelización. También observa que si cualquiera de los cuatro componentes falta, es probable que estemos haciendo algo diferente a la evangelización.

Si pudiera, me encantaría retroceder en el tiempo y enseñar a la iglesia de Memphis lo que es realmente la evangelización. Les advertiría que en la iglesia a nivel mundial hay mucha enfermedad porque las iglesias llaman evangelización a algo que verdaderamente no lo es. «Por favor» —les rogaría— «cuando enseñéis, no enseñéis a la gente cómo comportarse durante una invitación. Enseñad claramente qué es el evangelio y qué es lo que se requiere de una persona para que se vuelva a Cristo».

Urgiría a la iglesia a que busque persuadir a la gente, pero que persuada sin manipulación. Les animaría a no excluir las partes difíciles de la vida cristiana, aun cuando esto sea tentador; que no confudan la respuesta humana por un mover del Espíritu; y que no mientan acerca de los resultados. «Y, por favor» —les diría— «tened cuidado con llamar a las personas 'cristianas' sin ver primero evidencia de que verdaderamente son seguidores convertidos».

Por supuesto, midiendo con los estándares de hoy en día, es fácil burlarse de esas viejas prácticas eclesiales. Pero, si somos honestos, tenemos que decir que nos enfrentamos a la misma tentación de sacrificar los principios bíblicos por los resultados y el «éxito». Al mirar a mi alrededor, no veo que las cosas hayan cambiado mucho, aparte de la forma de practicar una evangelización no bíblica. A menudo no se enseña el evangelio, y palabras que no tienen su origen en la Biblia diluyen el significado verdadero y penetrante del pecado, la muerte, y el infierno, o se confunde a aquellos que genuinamente están buscando la verdad.

Las promesas de salud y riqueza engañan a los más vulnerables: a los pobres, a los desfavorecidos y a los enfermos. Y muchas iglesias ofrecen un «evangelio» que no cuesta nada, cómodo y que da beneficios; el cual no se encuentra en ningún lugar de las Escrituras. De hecho, el evangelio es reducido a lo que Pablo llama «un evangelio diferente», el cual no es el evangelio en absoluto (Gá 1:6-7). Al servir a los deseos de la gente, las iglesias comunican que su atención se centra en los que no son cristianos, no en la gloria de Dios reflejada por su pueblo cuando le adora.

Las sublimes estrofas de los coros han sido reemplazadas por espectáculos de luces láser, con el fin de que una reunión de iglesia se convierta en un lugar para entretenerse más que para adorar. Jesús atraía a la gente, pero nunca les entretenía; esa es una enorme diferencia que se ha perdido en la iglesia moderna. Igualmente, apelar a la atención de los amigos, los seguidores o los convertidos a través de las redes sociales se parece mucho a las antiguas cámaras de televisión ubicadas en las galerías de las iglesias: pueden tentar a los líderes de las iglesias a perder de vista a las personas que tienen enfrente. La labor comercial basada en la presión ha sido reemplazada por la venta fácil de la autoayuda.

Estas cosas son el resultado de las mismas tentaciones mundanas que socavan la evangelización bíblica, tanto es así que los que se burlan de las antiguas prácticas puede que deban pedir perdón a aquella iglesia de Memphis.

Pero hay una respuesta para tales tentaciones. No hay diferencia entre hoy y como eran las cosas en mi primer año de universidad, o en las primeras iglesias de la época de Pablo. La solución es fijar en nuestras mentes y corazones los principios bíblicos de una evangelización centrada en el evangelio. Debemos aprender cómo enseñar el evangelio con integridad y mantener presente el objetivo principal de la verdadera conversión.

Así que, «amplifiquemos» con cuidado las cuatro partes de mi definición: «enseñar», «evangelio», «objetivo» y «persuadir».

ENSEÑAR

En primer lugar, no hay evangelización sin palabras. Al fin y al cabo, Jesús es el Verbo, y el Verbo era con Dios (Jn 1:1).

El uso más importante que le podemos dar a las palabras en la evangelización es la enseñanza. Si lo piensas, tiene sentido. Los seres humanos no podemos encontrar un camino de salvación por nuestra cuenta. Por tanto, la salvación debe ser revelada a nosotros por Dios a través de sus palabras.

La enseñanza también es el patrón que vemos en la Biblia. La Biblia es un libro de enseñanza. Desde Génesis hasta Apocalipsis, la Biblia nos enseña. Y la Biblia nos dice que enseñemos a otros: a nuestros niños, a nuestros prójimos, a los extranjeros que viven entre nosotros. A las mujeres de más edad se les instruye a enseñar a las mujeres más jóvenes. El único requisito para los ancianos —además de ser prudentes seguidores de Jesús— es que sean aptos para enseñar.

Ya que la enseñanza está por todas partes en las Escrituras, es posible que perdamos de vista su importancia. Jesús vio que las multitudes eran como ovejas sin pastor, por lo que alimentó a miles con unos pocos panes y peces (Mr 6:34-44; Lc 9:10-17). Estos milagros nos maravillan, y así debería ser. Pero lo interesante es que, en cada caso, el *primer* acto de compasión de Jesús fue enseñar.

Muchos de nosotros pensamos en la predicación cuando pensamos en la evangelización, y debería ser así. Quiero que cada sermón que predico contenga el evangelio. Indudablemente Pablo hizo su parte de predicación evangelística. Sin embargo, cuando Pablo describe su ministerio, a menudo dice que es un ministerio de enseñanza (1Ti 2:7; 2Ti 1:11). J. I. Packer —en su análisis de la práctica evangelística de Pablo— dice que el método evangelístico de Pablo fue principalmente un método de enseñanza.[1]

Esta es una buena noticia para aquellos de nosotros que no predicamos todos los domingos. No todos podemos ser predicadores, pero todos podemos enseñar el evangelio cuando tengamos la oportunidad. A menudo me pregunto si más gente viene a la fe durante el almuerzo, cuando alguien pregunta: «¿Qué te pareció el sermón de hoy?», que durante el sermón mismo. Grandes cosas ocurren cuando podemos enseñar el evangelio. Poder enseñar el evangelio beneficia nuestra vida espiritual, ya que hace que nos aseguremos de estar viviendo según ese evangelio. Una de las primeras cosas que deberíamos hacer cuando tomamos la Santa Cena es comprobar si nuestras vidas están alineadas con el evangelio. Pregúntate a ti mismo: ¿Estoy viviendo una vida de fe en la obra de Cristo? ¿Estoy mostrando la gracia del evangelio a los que me rodean? ¿Perdono sacrificialmente a quienes me han hecho daño?

Si no sabes cómo enseñar el evangelio, quizá no lo entiendas verdaderamente. Y si no lo entiendes, quizá no seas un verdadero cristiano. Conozco a muchas personas que pensaban que eran creyentes, pero cuando comenzaron a estudiar el evangelio con el fin de enseñarlo, se dieron cuenta de que en realidad nunca se habían arrepentido de su pecado y nunca habían puesto su fe en Jesús.

Pero, sobre todo, recuerda que el evangelio debe ser enseñado antes de que alguien pueda llegar a ser cristiano.

En el transcurso de los años, cuando he guiado a personas a Cristo, ha sido generalmente debido a que un no cristiano estuvo dispuesto a estudiar las Escrituras conmigo. Tal vez era un grupo de estudiantes que leían el Evangelio según Marcos en un campamento o una conferencia. Quizá algunas personas en una cafetería o solo una persona durante un almuerzo. No importa dónde ni con quién, el proceso es simple: leemos el pasaje y hablamos de lo que significa. Con el tiempo —solos o en grupo— la gente viene a Jesús porque se les enseña el evangelio. Tal enseñanza puede que no sea tan emocionante como un avivamiento masivo, pero si cada cristiano hiciera esto con amigos no cristianos, tendría un alcance mucho mayor y auténtico.

EVANGELIO

No enseñamos matemáticas o biología. Enseñamos el evangelio. Es importante enseñar bien el evangelio porque hay mucha confusión en todo el mundo acerca de lo que este es.

Hay dos errores que podemos cometer cuando hablamos del evangelio. Podemos hacerlo demasiado pequeño o demasiado grande. Ambos errores giran en torno a malentendidos acerca de las implicaciones del evangelio. Estas implicaciones fluyen de lo que creemos en cuanto al mensaje del evangelio.

Un evangelio reducido

Hacemos el evangelio demasiado pequeño al pensar que este solamente «nos salva», como si se tratara de un seguro contra incendios, sin comprender las implicaciones que tiene para toda nuestra vida.

Puesto que el evangelio manifiesta el corazón de Dios, tiene sentido que los temas del evangelio nos guíen en cómo vivir; aspectos como el amor, la reconciliación, el perdón, la fe, la humildad, y el arrepentimiento, entre otros. Vemos que el evangelio se convierte tanto en la puerta de la salvación como en la pauta para nuestra vida.

Tim Keller ha escrito magníficamente acerca de lo que es una vida centrada en el evangelio, explicando que el evangelio no es meramente el ABC de la vida cristiana —el camino de salvación— sino que también el abecedario completo de la vida cristiana, de la A hasta la Z.[2] El evangelio informa nuestra manera de vivir. Hablaremos más de una vida centrada en el evangelio en el capítulo 4.

Un evangelio hinchado

Hacemos el evangelio demasiado grande cuando decimos que lo es todo. Esto lo hacemos cuando pensamos que somos salvos por la fe y por las diversas implicaciones del evangelio. Por ejemplo, gran parte del mundo cristiano cree que somos salvos por la fe y por las buenas obras. Otros —tal vez la mayoría— creen que la fe y la ley son las que salvan.

Muchas cosas han sido añadidas al evangelio a lo largo de la historia. Siempre es el mismo error. Las personas añaden cosas que pueden ser buenas, incluso religiosas, como vivir una vida moral, cuidar a los pobres, u observar los sacramentos del bautismo y la Santa Cena como indispensables para la salvación. Todas estas son partes importantes de la vida cristiana y son privilegios para los cristianos. Pero, aunque brotan del evangelio, no pueden salvarnos. Las añadiduras al evangelio —por muy buenas o bien intencionadas que sean— corrompen el evangelio.

Una buena definición del evangelio

Así que, cuando hablamos de vivir la vida cristiana estamos hablando de vivir los aspectos y las implicaciones del evangelio. Pero cuando hablamos de la salvación, nos centramos en el mensaje del evangelio. Cuando compartimos nuestra fe, nos centramos en ese *mensaje* que lleva a la salvación. Es importante observar que cuando la Biblia usa la palabra *evangelio* —tanto en el Antiguo

Testamento[3] como en el Nuevo— lo hace siempre en relación con la salvación. A continuación se ofrece una buena definición con la cual vamos a trabajar:

> ***El evangelio es el gozoso mensaje de Dios***
> ***que nos lleva a la salvación.***

Esta es otra definición que nos puede parecer menos de lo que esperábamos, porque nos preguntamos: «Entonces, ¿en qué consiste el mensaje de salvación?».

El *mensaje* del evangelio responde a cuatro grandes preguntas: ¿Quién es Dios? ¿Por qué estamos en una situación tan desastrosa? ¿Qué hizo Cristo? Y, ¿cómo podemos volver a Dios? En este mundo no hay preguntas más importantes que responder que estas, y las respuestas se resumen en el siguiente esquema: Dios, el hombre, Cristo y la respuesta (véase el apéndice para encontrar diversos pasajes de la Escritura que apoyan este bosquejo):

- Dios es nuestro Creador. Él es amoroso, santo y justo. Un día ejecutará perfecta justicia contra todo pecado.
- Las personas fueron hechas a la imagen de Dios. Somos criaturas maravillosas y asombrosas con dignidad, honor y valor. Pero por nuestra voluntaria rebelión contra Dios, hemos pasado de ser sus hijos a ser sus enemigos. Sin embargo, todos los seres

humanos tienen la capacidad de estar en una relación restaurada con el Dios vivo.

- Cristo es el Hijo de Dios, y su vida sin pecado le dio la capacidad de convertirse en el sacrificio perfecto. Con su muerte en la cruz, rescató a personas pecadoras. La muerte de Cristo pagó por los pecados de todos aquellos que vienen a él con fe. La resurrección de Cristo de entre los muertos es la reivindicación definitiva de la veracidad de estas declaraciones.
- La respuesta que Dios requiere de nosotros es que reconozcamos nuestro pecado, nos arrepintamos y creamos en Cristo. Así que le damos la espalda al pecado, especialmente al pecado de incredulidad, y nos volvemos hacia Dios en fe, entendiendo que le seguiremos el resto de nuestra vida.

Otra forma de contar la misma historia es a través del siguiente esquema: creación, caída, redención y consumación. Hay muchos otros buenos resúmenes del evangelio. El esquema particular que utilices no importa, siempre y cuando enseñes a la gente el mensaje que deben entender para ser reconciliados con Dios.

La esperanza en la evangelización es que nos empapemos de la verdad del evangelio y de vivir el evangelio, y que nos dediquemos al estudio del evangelio, de tal manera que el evangelio no pueda sino fluir de nosotros mismos.

OBJETIVO

Al enseñar el evangelio, tenemos un objetivo. La palabra *objetivo* es una palabra pequeña, y podría ser fácil pasarla por alto al analizar la definición de la evangelización. Pero es posible que el objetivo sea lo que nos haga tropezar con mayor frecuencia en la evangelización, especialmente a los creyentes más maduros.

Nuestro objetivo proviene de entender que todas las personas a las que hablamos se dirigen a uno de estos dos finales: la vida eterna o el castigo eterno. Así que no nos limitamos a exponer hechos del evangelio de una forma académica o desordenada. Tenemos una meta o dirección cuando enseñamos el evangelio.

Tener un objetivo también nos recuerda que la gente necesita más que recibir una transferencia de datos. Aquellos que piensan en la evangelización solamente como enseñanza hacen un buen trabajo explicando, ampliando, y respondiendo preguntas, tal y como todos deberíamos hacer. Todos los cristianos deberíamos dedicarnos a meditar en las razones de la esperanza que tenemos en Cristo, razones que disipan las objeciones y las preguntas. Pero a medida que exponemos los hechos del evangelio, recordar el objetivo de la evangelización nos ayuda a ser compasivos, comprensivos y amorosos (1P 3:15).

Poseer un objetivo nos ayuda a mantener la perspectiva de lo que estamos haciendo. Nos dirige hacia una meta. Nuestro objetivo nos ayuda a recordar que hay mucho en juego: ver gente pasar de las tinieblas a la luz, de la esclavitud a la libertad. Tener ese objetivo de mayor dimensión nos ayuda a saber qué lucha escoger y cuál evitar.

Estaba en un programa de radio cuando una mujer llamó para preguntar: «¿Debería ir al bautizo católico del bebé de mi hermana?». Después comenzó a hablar con un poco de enojo, incluso con odio, por el hecho de que su hermana pensara que aquello «salvaría» a su bebé.

Le interrumpí diciendo: «Creo que deberías ir, pero no para apoyar una comprensión no bíblica de la conversión. Creo que deberías ir porque tienes un objetivo mayor que solamente corregir el malentendido teológico de tu hermana acerca del bautismo. Deberías ir y ser de apoyo, con amor, porque anhelas hablar a tu hermana acerca de la única forma mediante la que puede ser salva... y también, de paso, para hablar a tu sobrino».

Mi deseo era que ella tuviera un objetivo mejor, para que no perdiera de vista la meta de la evangelización.

PERSUADIR

En la evangelización, no todos los objetivos son válidos. Nuestra meta es muy específica: persuadir a otros a que se conviertan, para que lleguen a ser seguidoras de Cristo.

Pablo dice que persuadimos a otros para que sigan a Jesús (2Co 5:11). Desde mi punto de vista, la palabra *persuadir* es útil porque nos protege del error: nosotros persuadimos, pero no manipulamos; persuadimos, pero no somos los que causamos el arrepentimiento o la conversión. Por supuesto, anhelamos ver a personas convertidas porque entendemos que la conversión es necesaria para que lleguen a ser cristianas. Pero la verdadera conversión es obra del Espíritu Santo.

La conversión es el aspecto de la fe cristiana más malentendido. Fue de confusión cuando Jesús se lo enseñó a un líder religioso de su tiempo (Juan 3). Sigue siendo algo confuso hoy, tanto para los cristianos como para los que no lo son. Así que es bueno que pasemos un poco de tiempo explicando qué es.

En el contexto musulmán donde vivo, muchas personas de otros trasfondos de fe se extrañan cuando me oyen predicar que nadie nace cristiano, que todos los cristianos son convertidos. Incluso aquellos que tienen un trasfondo cristiano están confundidos acerca de la conversión, porque muchos vienen de tradiciones que enfatizan que una persona es cristiana por razones externas. Pero la Biblia enseña claramente que la conversión no es una función automática de la religión de tus padres, de la iglesia a la que te unes, o de lo que dice tu pasaporte. La conversión no se basa en tus logros académicos, aunque estos procedan de una institución religiosa. La conversión proviene de una fe en Jesús verdadera, consciente y genuina.

Pero de la misma manera que no podemos producir la conversión, tampoco podemos producir una fe genuina. Este territorio también pertenece al Espíritu Santo.

Mi amigo Jeff estaba hablando a su compañero —un agente de bolsa— acerca del cristianismo durante el almuerzo. Cuando la conversación se hizo más profunda, su compañero le dijo en un tono condescendiente: «Sí, Jeff, ojalá tuviera tu fe».

Jeff respondió: «Bueno, la fe es un regalo. En realidad, no tiene nada que ver conmigo. Dios es quien la da, así que oraré para que recibas este regalo». Esta no era la respuesta que el hombre se esperaba, pero fue la respuesta correcta. La conversión es requerida, pero la conversión es una función de la fe genuina, la cual es dada por el Espíritu.

Pero tal vez lo más importante que debemos entender acerca de la conversión es cómo esta se manifiesta tras haberse producido.

FUEGO EN LA SINAGOGA: CÓMO SON LOS VERDADEROS CONVERTIDOS

La conversión no es meramente un buen sentimiento. No es solo un cambio de mentalidad. No se trata simplemente de empezar de nuevo. Estas cosas pueden suceder, pero pueden ocurrir por otras razones que no sean la conversión. La verdadera conversión es algo único. Nace del arrepentimiento y la fe, y su fruto es una vida transformada.

Recientemente fui a escuchar a James McPherson —el historiador ganador del premio Pulitzer— en una conferencia sobre las batallas navales de la Guerra Civil. La conferencia, patrocinada por la sociedad histórica local, se celebró en una gran sinagoga. El auditorio estaba repleto. Había cierta electricidad en el ambiente mientras esperábamos para oír al conocido profesor de Princeton.

Cuando el Dr. McPherson subió al escenario, tomó el mando. Su voz resonante, su ironía, y su dominio increíble del material cautivaron a la audiencia. Pero a la mitad de la conferencia, la alarma de incendios sonó. Fue una alarma seria. No era meramente el sonido ensordecedor que salía de las bocinas, sino que también había focos que emitían destellos deslumbrantes de forma intermitente.

El Dr. McPherson se quedó congelado. Su mirada con los ojos bien abiertos me recordó a un búho despertado repentinamente de su sueño. Volteaba su cabeza de lado a lado, sin saber qué hacer. Ya que —aparentemente— nadie en la audiencia asistía a la sinagoga, nadie tomó la iniciativa para arreglar el asunto. Solamente mirábamos alrededor, sonriendo al que teníamos al lado, preguntándonos qué hacer. La alarma continuó sonando por largo rato, parecía una eternidad. La gente comenzó a conversar en pequeños grupos mientras esperaban que la alarma se apagara.

«Tal vez sea verdad que hay un incendio», pensé. Pero rápidamente descarté la idea: normalmente son falsas alarmas; supuse que la alarma tenía que reconfigurarse. Además, nadie más parecía pensar que hubiese algún problema; excepto un hombre que se puso de pie, caminó con calma hacia la salida, y abandonó el edificio. No creo que muchos se dieran cuenta. Pronto la alarma se apagaría y el Dr. McPherson siguió donde se había quedado.

Si esta fuese una parábola de la verdadera conversión, solo hubo un converso en la sala, solo un verdadero creyente; el resto nos quedamos atrapados en nuestra racionalización. Tal vez algunos pensaron que sí había un incendio, pero no lo creyeron lo suficiente como para salir del lugar. En un sentido bíblico, no estamos persuadidos a menos que nos arrepintamos, pongamos nuestra fe genuina en Jesús, y caminemos con él.

Ahí las tienes: las cuatro partes de mi definición de la evangelización.

¿QUÉ PASA SI NO COMPRENDEMOS BIEN LO QUE ES LA EVANGELIZACIÓN?

La evangelización es enseñar el evangelio —el mensaje de Dios que nos lleva a la salvación— con el objetivo de persuadir. Si una iglesia no entiende lo que es la evangelización bíblica, esa iglesia se verá mermada con el paso del tiempo. Si no practicamos una evangelización saludable, las piezas del dominó comenzarán a caer:

- El enfoque de la predicación y la enseñanza se dirige a vivir una vida moral, no una vida centrada en el evangelio.
- Los que no son cristianos son «sedados» y se les lleva a pensar que están bien en su estado perdido.

- Los cristianos piensan que los que no son cristianos son creyentes porque hicieron un compromiso externo superficial.
- La iglesia bautiza a no creyentes.
- La iglesia permite en su membresía a aquellos que no son cristianos.
- Con el tiempo, personas que no son cristianas llegan a ser líderes en la iglesia.
- La iglesia se convierte en una subcultura del nominalismo.

Una evangelización no bíblica es un método de suicidio asistido para la iglesia, por lo que hay mucho en juego en entender correctamente lo que es la evangelización.

Los evangelistas son como consejeros entrenados, a quienes se les llama para hablar con personas que quieren suicidarse. Su propósito es evitar que la gente salte desde la cornisa. Los consejeros no usan la fuerza ni mienten. Usan la verdad, la esperanza y la razón para persuadir. Mantienen la calma y la frialdad; además, son amables, porque saben que hay una vida en juego. Al igual que los consejeros, nosotros usamos la esperanza del evangelio para hacer razonar. También nos mantenemos fríos y somos amables, porque recordamos lo que está en juego. Nuestra meta es persuadir a las personas para que no salten de la cornisa. Y se produce un gran alivio cuando alguien *es* persuadido y llega al abrazo seguro del Salvador.

UNA CULTURA DE EVANGELIZACIÓN

En su carta a los Filipenses, el apóstol Pablo escribió:

> Como me es justo sentir esto de todos vosotros, por cuanto os tengo en el corazón; y en mis prisiones, y en la defensa y confirmación del evangelio, todos vosotros sois participantes conmigo de la gracia. Porque Dios me es testigo de cómo os amo a todos vosotros con el entrañable amor de Jesucristo. (Fil 1:7-8)

Me identifico mucho con el cariño que tenía Pablo por sus amigos de Filipos. Hasta donde recuerdo, siempre he vivido rodeado de amigos.

Cuando era niño traía amigos a mi casa. Mis recuerdos más tempranos son del patio de mi casa lleno de amigos (para el deleite de mi extrovertida madre).

En la universidad rara vez estudié solo. Bueno, eran raras las veces que estudiaba, pero cuando lo hacía siempre estaba con un grupo de hermanos y hermanas.

Me casé con mi mejor amiga.

En lo laboral, siempre disfruto más de los trabajos que me ponen en contacto con personas, a quienes admiro y llamo amigos.

Me he llevado a amigos para vivir conmigo en diferentes continentes alrededor del mundo, y también he hecho amistades con personas que vivían en esas regiones.

Por supuesto, siempre hay dificultades. Por ejemplo, estoy luchando —sin éxito— para averiguar cómo escribir un libro con mis amigos. Sin embargo, a pesar de las ocasionales actividades individuales inevitables, el deseo de mi vida —desde el patio de mi casa hasta los confines del mundo— siempre ha sido estar con mis amigos. Siempre he tenido este deseo; así es como soy.

Entonces, ¿por qué un extrovertido como yo piensa en la evangelización solamente en términos individuales? Posiblemente sea porque casi toda la instrucción que he recibido acerca de la evangelización ha sido sobre la evangelización personal. Incluso la enseñanza que he dado a través de los años ha sido mayormente acerca de la evangelización personal. Esto es extraño para mí, especialmente porque evangelizar da miedo y no me gusta hacer cosas que dan miedo estando solo. Seguro que a ti tampoco.

Es cierto que siempre está esa persona rara que no teme compartir su fe. Pero si le preguntas a la mayoría de gente normal qué es lo que estorba su evangelización, la mayor parte te dirá que es el temor: temor al rechazo, a parecer estúpidos, o a ser categorizados en estereotipos raros relacionados con los evangelistas. Disculpándome con G. K. Chesterton, no es que la evangelización se haya intentado y haya resultado deficiente, sino que la evangelización se ha considerado difícil y no se ha hecho el intento.

Así que, ¿por qué hacer de forma individual algo que es difícil y que da miedo? Creyentes, ¡uníos! Evangelizad con amigos creyentes que os animen.

Valoro la evangelización personal, y debemos estar equipados para llevarla a cabo. Pero, puesto que creo que la iglesia es el motor de la evangelización, necesitamos desarrollar culturas de evangelización en nuestras iglesias locales también. Necesitamos iglesias enteras que hablen de Jesús.

Piensa en los beneficios de una evangelización en comunidad:

- Nos rendimos cuentas unos a otros.
- Fortalecemos nuestro compromiso mutuo.
- Aprendemos los unos de los otros.
- Nos regocijamos juntos en el éxito y lloramos juntos en los fracasos.
- Formamos vínculos al compartir experiencias en situaciones intensas.

Tiene sentido que compartamos nuestra fe junto con amigos creyentes.

De hecho, no se requiere mucho esfuerzo para convencer a la mayoría de cristianos de que la evangelización en comunidad es el mejor camino. Ni siquiera es difícil encontrar personas que se juntan para llevar a cabo una tarea evangelística.

Sin embargo, cuando pensamos normalmente en la evangelización en comunidad, pensamos en programas evangelísticos, que no es lo mismo. Con «programa» me refiero al gran evento ocasional que se hace con un predicador conocido o un tema emocionante. En algún momento del evento, hay una explicación del evangelio. O tal vez el programa es sencillo, pensado para atraer a las personas, como un proyecto servicial o un programa deportivo, con la esperanza de que pueda abrir una puerta para una conversación espiritual.

Dios puede usar los programas. Conozco gente que ha venido a la fe en eventos evangelísticos. Que conste que a menudo promuevo y hablo en programas evangelísticos. Pero no creo que los programas sean la manera más efectiva —ni siquiera la manera principal— de evangelizar.

EL PROGRAMA DE LA REPRESENTACIÓN DE LA PASCUA

Una iglesia en mi ciudad natal decidió financiar una representación de la Pascua. La idea era tomar la maravillosa historia de la Semana Santa y crear un obra para atraer a las personas a Cristo. Las representaciones de la pasión no son nada nuevo, pero los ancianos de esta iglesia querían que el evangelio quedara claro en la actuación. Al final, las personas tendrían la oportunidad de responder a la buena noticia.

El objetivo precisaba un guión muy ingenioso para compensar las limitaciones del escenario. Y, por supuesto, la representación tenía que ser entretenida. Hubo canciones y actuaciones muy buenas. Se pidió a los miembros de la iglesia que armaran unos escenarios elaborados, por lo que trabajaron incansablemente para cumplir con un riguroso calendario de producción. Los zoos y las granjas se quedaron sin animales y sin entrenadores. Los camellos, las ovejas y las vacas caminaban por el pasillo para llegar al escenario, para el deleite de la audiencia. Las palomas volaban al hacerles una señal; bueno, la mayoría de ellas.

El espectáculo se representaba anualmente y —con el paso de los años— su popularidad creció superando todas las expectativas. A medida que se hacía más y más popular, se iban contratando productores profesionales de Hollywood. Incluso el papel de «Jesús» fue representado por un actor de Hollywood (no era cristiano). Aunque la iglesia tenía uno de los santuarios más grandes de la zona, la demanda de asientos superaba la disponibilidad. Se regalaban entradas para controlar las multitudes. Había semanas de representaciones y se añadieron actuaciones por demanda. La gente llegaba desde pueblos cercanos y desde tierras lejanas. El programa adquirió vida propia.

Cuando todas las piezas se juntaron, ¡qué gran representación! ¡Nadie se dormía en *esta* presentación del evangelio! Las actuaciones eran espléndidas, los cánticos eran profesionales. Los animales cautivaban a los niños. La mejor parte —al menos para mis hijos— era cuando el corcel blanco se levantaba en el escenario mientras que el centurión que lo montaba sacaba su espada. Nunca supe de qué parte de los Evangelios sacaron esa escena. Después de la crucifixión, representada con un poco más de gusto y con más «teatro» que en la realidad, «Jesús» era levantado hacia las vigas del techo, mediante unos cables invisibles. ¡Era verdaderamente increíble!

Solamente había un problema: cuando la iglesia observó lo que había sucedido tras el transcurso de los años —y a pesar de la popularidad del programa— se dieron cuenta de que prácticamente nadie había venido a Jesús.

A pesar de los enormes gastos de dinero, de todo el tiempo invertido en construir escenarios, contratar gente y cumplir con estrictos códigos para elevar personas con cables. A pesar de las miles y miles de personas que asistieron, y de toda la limpieza de excrementos de animales, la gente no estaba viniendo a Jesús; al menos no en mayor número de lo que uno esperaría a través de la predicación regular de la Palabra de Dios. Así que los ancianos de la iglesia, sabiamente, cancelaron el programa.

Apuesto que fue una decisión difícil. A la gente le encantan los programas. Solamente tenemos que ver la asistencia a esta representación. Pero la iglesia decidió, al final, que si los miembros hubieran pasado la mitad del tiempo que pasaron en la producción del programa teniendo conversaciones evangelísticas con vecinos, compañeros de trabajo o de estudio, habrían visto una mejor respuesta al evangelio y habrían incluso alcanzado a más personas. Si lo piensas, sería imposible acomodar en tu edificio de la iglesia a todos los no creyentes con los que los miembros de tu iglesia tienen contacto semanalmente; sin importar lo grande que sea el edificio.

El hecho es que la mayoría de las personas vienen a la fe mediante la influencia de sus familiares, de estudios bíblicos con grupos pequeños, o de conversaciones con un amigo después de una reunión de la iglesia: cristianos hablando intencionalmente sobre el evangelio.

No obstante, cuando consideras fríamente los programas, las cuentas no salen. Por un lado, vemos que los resultados no corresponden con la inversión económica: cuanto más dinero se gasta en los programas evangelísticos, menos fruto hay en la evangelización. Por ejemplo, cuando se les preguntó a personas menores de 21 años —edad en la que la mayoría de personas vienen a la fe— cómo habían nacido de nuevo, solamente 1% dijeron que fue a través de la TV u otros medios, mientras que un tremendo 43% dijo que llegaron a la fe a través de un amigo o un miembro de su familia.[1] Solo piensa en la diferencia de costo entre una taza de café y un programa de TV. O piensa en el efecto: las mamás llevan a más gente a Cristo que los programas.

De forma extraña, parece que los programas de evangelización consiguen *otras* cosas diferentes: producen un sentimiento de comunidad entre los cristianos que participan en ellos, animan a los creyentes a defender su fe en Cristo y pueden hacer que las iglesias lleguen a otros lugares de ministerio.

Sin embargo, parece que tenemos un deseo insaciable de que los programas logren el objetivo de la evangelización. ¿Por qué? Los programas son como el azúcar. El azúcar sabe bien, hasta puede llegar a ser adictiva. Sin embargo, nos quita el deseo de comida más saludable. Aunque provee un incremento rápido de energía, con el paso del tiempo te hace flácido, y si continúas consumiéndola como una dieta constante te matará.

Una dieta estricta de programas evangelísticos produce una evangelización malnutrida. Así como comer azúcar nos puede hacer sentir como si hubiésemos comido —cuando no lo hemos hecho—, los programas nos pueden hacer sentir que hemos evangelizado, cuando no ha sido así. Por tanto, deberíamos tener una inquietud sana con los programas. Deberíamos usarlos estratégicamente, pero con moderación, recordando que Dios no envió un evento, sino que envió a su Hijo.

Entonces, ¿qué deberíamos hacer? Queremos evangelizar en comunidad. Anhelamos tener amigos a nuestro lado cuando compartimos nuestra fe. Pero, al mismo tiempo, vemos las limitaciones, incluso los peligros, de los programas. ¿Hay alguna alternativa?

Me gustaría argumentar a favor de algo completamente diferente, algo que es comunitario pero también personal: una cultura de evangelización.

¿QUÉ ES UNA CULTURA DE EVANGELIZACIÓN?

He vivido en zonas multiculturales durante buena parte de mi vida y, si algo he aprendido, es que es imposible entender una cultura, cualquier cultura, simplemente leyendo un libro. Lo mismo sucede al dar definiciones e instrucciones acerca de una «cultura de evangelización». Cualquier explicación al respecto se queda corta sin las experiencias de la vida real, que son las que le dan sentido.

Ciertamente, una cultura tiene que ver con ideas compartidas, un idioma compartido y un entendimiento compartido de cómo actuar. Hay muchas expresiones de cultura: tan amplias como la cultura china y tan pequeñas como una cultura familiar. La cultura es a menudo invisible, especialmente para aquellos que están en ella. De forma similar, una «cultura de evangelización» en las iglesias implica ideas bíblicas comunes, un lenguaje bíblico y unas acciones bíblicas compartidas. Esta cultura, también, es a menudo invisible para aquellos que están en ella.

Pero cuando hablo con líderes de iglesias alrededor del mundo y les digo que anhelo ver una «cultura de evangelización», no necesito dar una definición. Me entienden intuitivamente; anhelan lo mismo. Ansían que sus iglesias sean comunidades llenas de amor comprometidas con compartir el evangelio como parte de un estilo de vida constante, no solo en un evento evangelístico ocasional.

Aunque es casi imposible instruir a alguien sobre cada acción necesaria en una cultura de evangelización saludable, creo que podemos describir los deseos que sentimos por ella. Así que usemos el resto del capítulo para examinar estos anhelos. Estos son mis diez deseos principales para una cultura de evangelización:

1. *Una cultura motivada por el amor a Jesús y su evangelio*
   Porque el amor de Cristo nos constriñe, pensando esto: que si uno murió por todos, luego todos murieron; y por todos murió, para que los que viven, ya no vivan para sí, sino para aquel que murió y resucitó por ellos. (2Co 5:14-15)

A menudo, siento que evangelizar es como empujar una enorme bola hacia la cima de una montaña. Pero cuando estoy con gente cuya motivación para evangelizar deriva de su amor por Jesús, mi percepción de la evangelización cambia. Ser empujado por el amor para compartir el evangelio de forma individual es algo hermoso, pero cuando sucede en comunidad, se convierte en un gozo glorioso. La necesidad de importunar a la gente para que comparta su fe se evapora. La evangelización se convierte en algo que anhelamos hacer. Llega a ser una forma de pensar.

Recientemente estuve con unos amigos que estaban muy animados por algunos creyentes nuevos y por cómo estos estaban creciendo espiritualmente. Brian miró a Shanyl y dijo: «Shanyl, tengo que reconocer tu mérito. Danny tenía un corazón tan endurecido hacia el evangelio que la mayoría de personas hubiera renunciado, pero tú lo seguiste con un amor increíble, tanto por él como por Jesús. No te detuviste y Dios te usó. Es asombroso ver ahora cómo el evangelio ha cambiado la vida de Danny».

Mientras escuchaba a Brian animar a Shanyl, yo también recibí ánimo al recordar el amor que tengo por Jesús y su evangelio, y fui recordado de lo mucho que deseo compartir fielmente el evangelio con otros. El mundo, la carne y el diablo siempre se oponen a nosotros en la evangelización. Pero en una cultura de evangelización —arraigada en corazones que aman a Jesús y su evangelio— uno siente que la montaña se allana un poco y comenzamos a perseguir la enorme bola.

2. *Una cultura que confía en el evangelio*
   Porque no me avergüenzo del evangelio, porque es poder de Dios para salvación. (Ro 1:16)

«Me pregunto, ¿cuándo perdieron su confianza en el evangelio?», meditó mi amigo británico.

Yo no estaba acostumbrado a usar este tipo de lenguaje. «¿Qué quieres decir?», le pregunté.

Estábamos hablando de un ministerio paraeclesial que en su día fue un centro vibrante de testimonio para el evangelio, pero que últimamente se había enfriado; tristemente, la historia está llena de ejemplos como este.

Mi amigo se tocó su barbilla con el pulgar y el índice, y me dijo: «Quiero decir, ¿en qué momento comenzaron a confiar en trucos y métodos mundanos en lugar de confiar en el claro mensaje del evangelio?».

Anhelo una cultura de evangelización que nunca cambie la confianza en el evangelio por la confianza en las técnicas, las personalidades o los trucos de entretenimiento. Los que se oponen al evangelio siempre dicen a los cristianos que el mundo moderno ha hecho que el evangelio sea irrelevante. De esta forma desmoronan la confianza que los cristianos tienen en el poder del evangelio. Ya hicieron esto hace muchos años, en un mundo que hoy no parecería muy moderno, lo siguen haciendo hoy, y lo harán hasta que Jesús regrese. El mundo tienta a los cristianos débiles a que se avergüencen del evangelio. Anhelo una cultura de evangelización en la que nos edifiquemos unos a otros y nos recordemos que debemos dejar a un lado las prácticas y técnicas mundanas de evangelización, poniendo toda nuestra confianza en el poder del claro mensaje del evangelio.

3. Una cultura que entiende los peligros del entretenimiento

Y tú, hijo de hombre, los hijos de tu pueblo se mofan de ti junto a las paredes y a las puertas de las casas, y habla el uno con el otro, cada uno con su hermano, diciendo: Venid ahora, y oíd qué palabra viene de Jehová. Y vendrán a ti como viene el pueblo, y estarán delante de ti como pueblo mío, y oirán tus palabras, y no las pondrán por obra; antes hacen halagos con sus bocas, y el corazón de ellos anda en pos de su avaricia. Y he aquí que tú eres a ellos como cantor de amores, hermoso de voz y que canta bien; y oirán tus palabras, pero no las pondrán por obra. (Ez 33:30-32)

La gente hablaba del antiguo profeta israelita Ezequiel en las redes sociales de su día —junto a las paredes y las puertas de las casas— y se decían los unos a los otros, «Hey, vamos a ver el nuevo espectáculo del pueblo: ¡la predicación de Ezequiel!». Iban a escucharlo como si fueran a presenciar a un «gran cantante» o a un gran músico. No veían a Ezequiel como a un profeta que les hablaba de su salvación, sino que lo veían como un animador. En medio del gran entusiasmo por el evento, lo que había en sus mentes era sexo y dinero, no obediencia a Dios.

¿No suena esto como un problema moderno? Para que la gente aparezca en la reunión de la iglesia hoy, todo lo que necesitamos es publicar un tema atractivo en Twitter, armar una presentación musical emocionante o encontrar un orador con carisma que toque las emociones de la gente; y puntos adicionales si el tipo es cómico. No es difícil. Pero ten cuidado, Dios advirtió a Ezequiel y nos advierte a nosotros hoy: puedes atraer a una multitud con esos métodos, pero nunca atraerás sus corazones. El convencer corazones es el trabajo solo del Espíritu Santo.

En una cultura de evangelización, no confundimos entretenimiento por ministerio ni ministerio por entretenimiento. Declaramos juntos las maravillosas verdades de Dios. Compartimos unos con otros de su gran salvación, de su gloria entre las naciones y de sus obras maravillosas (Sal 96:2-3). Anhelo una iglesia que entienda los peligros del entretenimiento, considerándolo como lo que es: un león agachado ante la puerta evangélica, listo para devorarnos. Necesitamos una cultura de evangelización que nunca sacrifique ante el ídolo del entretenimiento, sino que sirva el rico banquete que se encuentra en el evangelio de Cristo.

4. *Una cultura que ve a la gente claramente*

De manera que nosotros de aquí en adelante a nadie conocemos según la carne. (2Co 5:16[a])

Qué fácil es adoptar la cultura del mundo y considerar a la gente basándonos en perspectivas sexistas, racistas u otros aspectos superficiales. Tendemos a olvidar que las personas a nuestro alrededor son personas de carne y hueso, con heridas, sueños, luchas y sentimientos reales.

Pero Pablo habla de cómo nuestra visión de la gente cambia cuando conocemos a Cristo. Ya no las vemos a través de los ojos del mundo, como lo hacíamos antes, sino a través de los ojos de Dios.

Cuando nos mudamos a nuestro vecindario en Lexington, Kentucky, verdaderamente deseábamos alcanzar a la gente de nuestro entorno. Pero la primera conversación que tuvimos acerca de cosas espirituales con nuestro vecino Tom, quien vivía a tres casas de nosotros, fue menos que prometedora. Un día me vio trabajando en el jardín y pasó a saludarme. Él tenía una bebida alcohólica en una mano y un cigarro en la otra. Comenzamos a charlar acerca de varias cosas, principalmente de lo bien que lucía su jardín, hasta que mi hijo de seis años apareció. «Fumar es peligroso, debes dejar de fumar», le dijo con su ceño fruncido y con sus manos en la cintura. «Pídeselo a Jesús y él te ayudará a dejarlo».

Me puse de pie sin decir nada, con una sonrisa congelada en mi rostro. «¡Oh, genial!», pensé. «¿De dónde salió eso? Probablemente ya piensen que estamos moralizando fanáticos religiosos que se sientan en torno a nuestra mesa para hablar de los malvados vecinos». En defensa de mi hijo David, su tía Linda, una nueva creyente, había decidido dejar de fumar, y David había estado orando por ella. No obstante, me sentía medio muerto.

Pero Tom tiró su cigarro, se inclinó para mirar a David a los ojos y, con una sonrisa, poniendo su mano sobre el hombro de mi hijo, le dijo: «¿Sabes qué, David? Puede que tengas razón, puede que tengas razón».

¡Qué respuesta tan increíble y llena de gracia de parte de Tom! Me dejó pensando acerca de mi opinión sobre él. Me di cuenta de que debía arrepentirme por ver a Tom tan solo como el tipo que vive al lado y debía comenzar a pensar en él por quién era verdaderamente. La presentación de David pudo haber sido ruda, pero fue mejor que mi falta de acción, y además nos llevó a una relación con Tom que no sé cómo se habría producido si no hubiese empezado a ver a Tom como una persona de verdad.

Cuando Pablo dice que deberíamos ver a la gente a través de los ojos de Cristo, lo que quiere decir es que veamos a los demás a través del evangelio. Así nosotros vemos a las personas como hermosas, valiosas criaturas hechas a la imagen de Dios. Cada uno de nosotros lleva la marca de Dios. Es por ello que los cristianos creemos que todas las personas tienen dignidad, honor y valor.

Al mismo tiempo, reconocemos que todas las personas han caído, son pecadoras y están separadas de Dios. Todos hemos torcido la imagen de Dios en nosotros, convirtiéndola en cosas horrendas. Es por ello que los cristianos no idealizamos a la gente tampoco. Pero en una cultura de evangelización, la mayoría de nosotros tiene presente lo que la gente puede llegar a ser: nuevas criaturas en Cristo, renovadas y restauradas por el poder transformador de Dios (2Co 5:17). Anhelo estar con cristianos que recuerden que las personas son portadoras de la imagen de Dios. Pero, por encima de todo, anhelo una cultura que recuerde lo que la gente puede llegar a ser a través del evangelio.

5. *Una cultura que trabaja unida en la misma dirección*
   Doy gracias a mi Dios siempre que me acuerdo de vosotros, siempre en todas mis oraciones rogando con gozo por todos vosotros, por vuestra comunión en el evangelio, desde el primer día hasta ahora. (Fil 1:3-5)

Pablo le escribió a la iglesia en Filipo, expresando su gratitud hacia ellos por su participación en el ministerio del evangelio. Esta es una imagen de lo que es una cultura de evangelización. Todos estaban trabajando juntos para el avance del evangelio; estaban activos en ese proyecto.

Cuando era entrenador del equipo de fútbol de mi hijo de cinco años, reuníamos al equipo —los pequeños se veían preciosos— y les preguntaba: «Bien, cuando el otro equipo tiene el balón, ¿cuál de nuestros jugadores defiende?». Entonces gritaban con entusiasmo: «¡Todos!». Después les preguntaba: «Y cuando nuestro equipo tiene el balón, ¿quiénes atacan?». «¡Todos!» respondían. Sin embargo, cuando comenzaba el partido, poner ese concepto en acción resultaba un poco más complicado con los pequeños de cinco años.

Así es la evangelización. La meta es la misma: que todos trabajen en la misma dirección juntos.

En una cultura de evangelización, existe el entendimiento de que todos están implicados. ¿Alguna vez has escuchado a alguien decir, «la evangelización no es mi don» como si eso fuese una excusa para no compartir su fe? Este entendimiento de la evangelización es inmaduro. Todos los cristianos son llamados a compartir su fe, como un acto de fidelidad, no como un don (Mt 28:19).

Anhelo compartir mi fe en el contexto de una iglesia que entiende lo que estoy haciendo y que empuja hacia adelante junto a mi. En tal cultura, cuando traigo a un amigo a la iglesia, nadie supone que mi amigo es cristiano. No se sorprenden cuando les presento a alguien diciendo: «Él es Roberto y está explorando qué es el cristianismo». Y no solamente no se sorprenden, sino que responden con palabras como: «Me alegra que estés aquí. Estaba en tu situación hace un par de años, y me encantaría conversar contigo. Dime, ¿qué piensas del cristianismo?».

Anhelo una cultura en la cual todos estemos trabajando juntos hacia el objetivo de ser testigos de Cristo.

6. *Una cultura en la que las personas se enseñan unas a otras*
   Estad siempre preparados para presentar defensa con mansedumbre y reverencia ante todo el que os demande razón de la esperanza que hay en vosotros. (1P 3:15[b])

   Retén la forma de las sanas palabras que de mí oíste, en la fe y amor que es en Cristo Jesús. (2Ti 1:13)

Pedro nos instruye a estar listos para compartir las razones y las respuestas de la esperanza que está en nosotros. Para hacer esto necesitamos un entrenamiento serio, que después ponemos en práctica. Por esta razón Pablo le recuerda a Timoteo que siga todo aquello que le enseñaron.

Felizmente cambiaría todo el dinamismo de impactantes oradores, la música impresionante y los dramas populares de Pascua por una cultura de evangelización en la cual la gente es entrenada para dirigir un estudio bíblico con un no creyente en el Evangelio según Marcos, apuntar al mensaje del evangelio a partir del texto, e instar al no creyente a venir a Jesús basado en la verdad de lo que ha aprendido en las Escrituras.

En una cultura de evangelización los miembros se enseñan mutuamente lo que aprendimos en el capítulo anterior: qué es la evangelización, qué es el evangelio, y qué es la verdadera conversión bíblica. También nos enseñamos cómo compartir el mensaje del evangelio. Después volvemos a repetir el proceso, teniendo en cuenta que tendemos a atascarnos en el asunto. En una cultura de evangelización, las personas se enseñan cuidadosamente unas a otras cómo compartir su fe de una manera bíblica.

7. *Una cultura en la que se da ejemplo en la evangelización*
   Lo que has oído de mí ante muchos testigos, esto encarga a hombres fieles que sean idóneos para enseñar también a otros. (2Ti 2:2)

Lo hermoso de una cultura de evangelización —si se logra llevarla a cabo correctamente— es que los nuevos creyentes tienen la pasión y los contactos que los cristianos más antiguos a menudo no tienen. Sin embargo, los cristianos que llevan más tiempo en la fe tienen la sabiduría y el conocimiento que los creyentes más jóvenes necesitan.

Mientras estoy escribiendo esto, mi esposa está sentada en el sofá preparándose para reunirse con Ruth y Samanti esta tarde. Leeann las está guiando a través de *Christianity Explained*. Ruth es una creyente nueva; está entusiasmada con su fe y comparte el evangelio. Ruth y Samanti trabajan juntas y tienen mucho en común ya que son de la misma ciudad de Sri Lanka. El padre de Samanti es budista, su mamá profesa el catolicismo romano, y su esposo es musulmán. Esto es común en Dubai. Cuando Ruth le contó a Samanti sobre su fe cristiana, Samanti le dijo que quería saber más. Ruth sabe perfectamente que su vida ha sido redimida por Jesús, pero cuando tiene que explicar su fe, necesita un poco de ayuda, especialmente con una persona con el trasfondo de Samanti. Por tanto, Ruth, sabiamente, trajo a Samanti para reunirse con Leeann.

Leeann, por el contrario, es una evangelista con una gran riqueza de conocimiento y entendimiento, pero su círculo de amigos, en su mayoría, está constituido por cristianos maduros. Leeann estaba emocionada por conocer y hablar con Samanti. ¡Y Samanti necesita a Jesús!

Ellas tres son un gran ejemplo de lo que sucede en una cultura de evangelización. Leeann toma la iniciativa explicando el evangelio y Ruth aprende cómo compartir su fe al participar en el estudio mientras cultiva su amistad con Samanti. Y, si el Señor quiere, Samanti escuchará y responderá al increíble mensaje de que Cristo salva a los pecadores. En una cultura de evangelización, la gente sirve de ejemplo para otros al evangelizar.

8. *Una cultura en la cual se celebra a quienes comparten su fe*
   Espero en el Señor Jesús enviaros pronto a Timoteo, para que yo también esté de buen ánimo al saber de vuestro estado; pues a ninguno tengo del mismo ánimo, y que tan sinceramente se interese por vosotros. Porque todos buscan lo suyo propio, no lo que es de Cristo Jesús. Pero ya conocéis los méritos de él, que como hijo a padre ha servido conmigo en el evangelio. (Fil 2:19-22)

Me encanta cómo Pablo honra a Timoteo por su trabajo en el evangelio. De una forma similar, John, quien es pastor en otra iglesia de nuestra ciudad, normalmente comienza el tiempo de comunión preguntando quiénes desean compartir las oportunidades que tuvieron de hablar de Jesús durante la semana. Después de los testimonios, pide que se ore por esas personas.

Esta práctica de celebrar los esfuerzos evangelísticos es simple y no requiere mucho tiempo, pero es tremendamente importante en el desarrollo de una cultura de evangelización. No hay nada más desalentador que sentir que una iglesia está más interesada en agrandar la sala de la guardería que en compartir la fe.

Ansío estar en una iglesia donde se celebran aun los intentos de evangelizar. Incluso si un esfuerzo evangelístico no llega a una conversación acerca del evangelio, el fracaso evangelístico es mejor que no intentar evangelizar en absoluto.

9. *Una cultura que sabe cómo afirmar y celebrar la nueva vida*
   Siempre orando por vosotros, damos gracias a Dios, Padre de nuestro Señor Jesucristo, habiendo oído de vuestra fe en Cristo Jesús, y del amor que tenéis a todos los santos... como lo habéis aprendido de Epafras, nuestro consiervo amado, que es un fiel ministro de Cristo para vosotros. (Col 1:3-4, 7)

Pablo sabía cómo confirmar a los nuevos creyentes. Celebraba su conversión, pero mantenía su enfoque —y el de ellos— en Cristo. Pablo no elevaba a estos nuevos creyentes inapropiadamente, pero tampoco los ignoraba. Una cultura de evangelización celebra la nueva vida en Cristo de una manera adecuada.

Después de una serie de reuniones personales y estudios bíblicos con Mark Dever, Rob rechazó su antigua fe atea y le dijo a Mark que se había convertido al cristianismo. Mark le dijo, «Bueno, Rob, dime qué quieres decir con esto». Rob explicó el evangelio y relató cómo se había arrepentido de su vida de incredulidad y cómo había puesto su confianza plena en Cristo.

Luego Mark le dijo: «Hermano, por lo que me dijiste, estoy de acuerdo contigo: *ya eres* cristiano. Oremos». Después de orar, Mark dijo: «Debes entender que la marca de una conversión genuina no es una oración, sino un caminar con Jesús a largo plazo. Así que, aunque creo que viniste a Cristo, veremos qué sucede con el paso del tiempo».

La respuesta de Mark es un ejemplo de lo que yo llamo la respuesta «'¡Aleluya!' y 'ya veremos'». Decimos «¡Aleluya!» porque la verdadera conversión es lo mejor que le puede suceder a una persona. Decimos «ya veremos» porque sabemos que existen falsas conversiones, aun cuando no sean intencionadas. La prueba más importante tiene tres componentes: un buen entendimiento del evangelio, una vida transformada y un caminar con Cristo a largo plazo.

Mark no dejó la conversión de Rob en secreto, pero tampoco le elevó instantáneamente como si fuera una celebridad. En su bautismo, Rob compartió, apropiadamente, cómo había llegado a la fe. Pero vendrían pruebas, y la manera en la cual Rob lidiaría con ellas era más importante que cualquier historia de conversión.

En una cultura de evangelización, los cristianos saben cómo responder a quienes han venido a la fe recientemente.

10. Una cultura que tiene un ministerio que se siente arriesgado y peligroso

Quiero que sepáis, hermanos, que las cosas que me han sucedido, han redundado más bien para el progreso del evangelio, de tal manera que mis prisiones se han hecho patentes en Cristo en todo el pretorio, y a todos los demás. (Fil 1:12-13)

El ministerio de Pablo fue tan arriesgado que lo metieron en la cárcel. Igualmente, vivo en una parte del mundo donde conozco personas que han ido a prisión por vivir vidas fieles a Cristo.

Como vemos en 2 Corintios 10:5, Pablo veía la vida cristiana como una guerra contra los pensamientos que se oponen a Dios: «Derribando argumentos y toda altivez que se levanta contra el conocimiento de Dios, y llevando cautivo todo pensamiento a la obediencia a Cristo». Esto es arriesgado. Al mundo no le gusta encontrar oposición contra sus pensamientos. ¿Estamos dispuestos a llamar a las personas para una evangelización arriesgada? Anhelo una cultura de evangelización que se arriesgue en el sentido de confrontar a la cultura. Esto significa principalmente no dar importancia a lo que la gente piense de nosotros.

La *Door of Hope Church* en Portland, Oregón, está alcanzando a los *hipsters* con grandes resultados. El liderazgo de la iglesia decidió incluso trasladar su reunión dominical de la tarde a un parque cercano. Era la reunión normal, solo que era al aire libre. Enfrentaron burlas, críticas y hasta una mujer se descubrió la parte superior de su cuerpo intentando impactar a la congregación. Pero otros, que vieron la bondad y el amor en la iglesia, se unieron a ellos.

Otros toman diferentes tipos de riesgos. Mi amiga Joanna dice: «Ni siquiera sé cómo dar un estudio bíblico sin algunos musulmanes en el grupo». Todos deberíamos pensar en maneras de correr riesgos en nuestros propios contextos. Algo gracioso sucede cuando asumimos riesgos: llegamos a ser peligrosos —me refiero a la esfera espiritual— para aquellos que tienen sus mentes en contra de Dios.

En Filipenses, Pablo dice que el evangelio había llegado a ser conocido entre la guardia imperial (1:13). Y cuando envía saludos, al final de la carta, escribe: «Todos los santos os saludan, y especialmente los de la casa de César» (4:22). Está claro que Pablo había visto a algunos de sus guardias venir a la fe.

Pablo arriesgó, y su vida de riesgo por el evangelio trazó un camino hacia la cárcel. Sin embargo, siempre me ha gustado la observación de que Pablo no estaba encadenado a un guardia, sino que el guardia estaba encadenado a Pablo.

Anhelo una iglesia donde los ateos y los no creyentes del vecindario ven a los ateos y a los no creyentes venir a la fe, siendo esto un indicador de que estamos formando parte de una cultura de evangelización que corre riesgos.

11. Una cultura que entiende que la iglesia es el método elegido y el mejor para evangelizar

Y perseverando unánimes cada día en el templo, y partiendo el pan en las casas, comían juntos con alegría y sencillez de corazón, alabando a Dios, y teniendo favor con todo el pueblo. Y el Señor añadía cada día a la iglesia los que habían de ser salvos. (Hch 2:46-47)

De acuerdo, sé que dije que eran diez cosas. Pero hay una más, una que fluye implícita en todas las demás: Anhelo ver una iglesia que entiende que la iglesia local es el método escogido y el mejor para evangelizar. Anhelo ver una iglesia donde los cristianos están tan llenos de amor por Jesús que cuando se reúnen para su tiempo regular de adoración, llegan a ser una imagen del evangelio. Anhelo una iglesia que impacta con su amor, no con entretenimiento, y que vive una confianza contracultural en el poder del evangelio. Anhelo una iglesia donde las mayores celebraciones se centran en aquellos que comparten su fe, y donde los héroes son aquellos que arriesgan su reputación para evangelizar. Anhelo una cultura de evangelización en la que los hermanos y las hermanas están hombro a hombro conmigo en la batalla; donde se me enseña y enseño lo que significa compartir nuestra fe; y donde veo a los líderes de la iglesia guiando personas a Jesús. Quiero una iglesia en la que puedas señalar vidas transformadas, donde puedas ver personas que se levantan y dicen: «Cuando vine a esta iglesia hace dos años, no conocía a Dios, ¡pero ahora sí!». Anhelo ser parte de una cultura de evangelización así. Apuesto que tú también. Ya mencioné antes que no creo que los programas sean la mejor —y ni squiera la principal— manera de evangelizar. Lo que sí creo es que la mejor forma de alcanzar a otros se da en una cultura de evangelización dentro de una iglesia sana. Este tema es demasiado amplio como para incluirlo en los diez puntos que tratamos en este capítulo. El papel de la iglesia y la forma de evangelizar es el tema de nuestro siguiente capítulo.

CONECTANDO A LA IGLESIA CON UNA CULTURA DE EVANGELIZACIÓN

Como mencioné antes, si eres parte de una iglesia sana que tiene una cultura de evangelización, eres parte de la mejor forma de evangelización que existe. ¿Cómo funciona este principio en la iglesia?

Pon a un lado cualquier objeción pragmática en contra de esta idea; estamos hablando de un concepto profundamente espiritual y bíblico. Jesús dijo: «En esto conocerán todos que sois mis discípulos, si tuviereis amor los unos con los otros» (Jn 13:35). Un poco después, estando con sus discípulos, oró pidiendo que ellos tuvieran unidad, «para que el mundo crea que tú me enviaste» (Jn 17:20-21). Jesús dice que el amor que tenemos unos por otros en la iglesia es una declaración de que hemos sido verdaderamente convertidos. Y cuando estamos unidos en la iglesia, mostramos al mundo que Jesús es el Hijo de Dios. El amor confirma nuestro discipulado. La unidad confirma la deidad de Cristo. ¡Qué poderoso testimonio!

Hay muchos pasajes en la Escritura que instruyen y dan forma a nuestros esfuerzos evangelísticos, pero estos versículos son fundamentales porque nos muestran que la iglesia debe ser una cultura de evangelización.

¡Deberíamos usar estos versos como catecismo para nuestros hijos!

P: ¿Qué acción confirma nuestra conversión genuina a Cristo?

R: Amar a otros cristianos.

P: Y, ¿cómo mostramos que Jesús es el Hijo de Dios?

R: Uniéndonos con otros creyentes.

LA IGLESIA LOCAL ES EL EVANGELIO HECHO VISIBLE

Si debemos mostrar una imagen del evangelio mediante nuestro amor unos por otros, esto debe tener lugar en una congregación local con personas que han hecho juntas un pacto en amor para ser una iglesia. No es un amor abstracto, sino un amor para personas que viven en el mundo real. No puedo decirte cuántas veces he escuchado de parte de no creyentes que la iglesia les resultó extraña, pero lo que les atrajo a la comunión fue el amor que había entre sus miembros.

Pero el evangelio es proyectado no solamente a través de nuestro amor. ¿Has pensado alguna vez en cuántas instrucciones bíblicas Dios ha diseñado para la iglesia que, si se siguen correctamente, sirven como proclamaciones del evangelio?

Al buscar una cultura de evangelización, no rediseñamos la iglesia para la evangelización. En vez de esto, permitimos que aquellas cosas que Dios ya ha diseñado para la iglesia proclamen el evangelio. Jesús no se olvidó del evangelio cuando edificó su iglesia.

Por ejemplo, los bautismos son imágenes de la muerte, la sepultura, y la resurrección de Jesús. Estas imágenes muestran cómo su muerte es nuestra muerte y cómo su vida es nuestra vida. La Santa Cena proclama la muerte de Cristo hasta que él regrese y nos lleva a confesar nuestros pecados y a experimentar el perdón una vez más. Cuando oramos, oramos las verdades de Dios. Cantamos las grandes cosas que Dios ha hecho por nosotros a través del evangelio. Damos financieramente para hacer avanzar el mensaje del evangelio. La predicación de la Palabra presenta el evangelio.

De hecho, para empezar, la predicación de la Palabra de Dios es lo que forma la iglesia. Y, una vez que está formada, a la iglesia se le da la tarea de hacer discípulos, quienes son luego enviados a predicar el evangelio para formar nuevas iglesias. Este ciclo ha venido sucediendo desde que Jesús ascendió al cielo y continuará hasta que regrese.

LO QUE SUCEDIÓ EN AUSTIN

Recientemente visité *High Pointe Baptist Church* en Austin, Texas. El pastor, Juan, me pidió impartir un seminario acerca de desarrollar una cultura de evangelización. Yo hablé y la gente hizo preguntas. Entonces alguien me hizo una pregunta de esas que parecen tener una respuesta obvia: «Muchos vietnamitas se están mudando a la comunidad en torno a nuestra iglesia; ¿qué hará la iglesia para alcanzarlos?».

Por un lado, esta pregunta era muy buena. Un miembro había reconocido que tenía el privilegio y la responsabilidad de alcanzar a estas personas con el evangelio. Ella vio una oportunidad para hacerlo. Por otro lado, la formulación de la pregunta parecía implicar que la responsabilidad de alcanzar a estas personas estaba sobre la iglesia, no sobre la persona que se dio cuenta de la oportunidad.

Pero una cultura de evangelización es el fundamento, no algo que va de arriba hacia abajo. En una cultura de evangelización, las personas entienden que la tarea principal de la iglesia es ser la iglesia. Ya hemos visto que las mismas prácticas de la iglesia son un testimonio en sí mismas y de ellas mismas. Por supuesto que la iglesia apoya y ora por tener oportunidades evangelísticas y alcanzar a otros, pero el papel de la iglesia no es crear programas. La iglesia debería cultivar una cultura de evangelización. Los *miembros* son enviados desde la iglesia para evangelizar. Sé que esto puede sonar un poco exigente, pero es muy importante. Si no entiendes esto correctamente, puedes trastocar a la iglesia; o puedes estar equivocadamente enojado con el liderazgo de la iglesia.

Así fue como respondí a la pregunta en *High Pointe*: «Que 'la iglesia' diseñe programas para alcanzar a los vietnamitas no es lo mejor que pudiera suceder. Lo mejor es que tú pienses cómo puedes alcanzarlos. Te recomendaría aprender algo sobre la cultura vietnamita, tal vez aprender algunos saludos en su idioma, probar su comida y conocer algunas de las luchas que enfrentan al vivir en la cultura de la mayoría. Acércate e invita a los amigos que hagas para que vengan a tu casa, a un estudio bíblico o a la iglesia. Entonces, quizá, algunos de vosotros podríais pensar en mudaros para vivir en la comunidad vietnamita con el propósito de dar testimonio del evangelio en esa comunidad».

Lo que siguió a mi respuesta fueron las miradas desconcertadas de los presentes. Pero había gran alivio en la cara del pastor Juan, quien estaba agradecido de que no le hubiese impuesto un nuevo programa evangelístico para que lo desarrollara.

Después añadí: «Y cuando traigas a tu amigo de la comunidad a la iglesia, ahora todos participan: todos deben estar alcanzando a la gente. Esto es una cultura de evangelización. No se trata solo de ser amigable, aunque eso es necesario, sino que se debe tener una profunda consciencia de que estamos en esto juntos. En una iglesia sana, los visitantes deben ver el evangelio en todo lo que hacemos. Por eso cantamos la Palabra, oramos la Palabra y predicamos la Palabra. Queremos que la gente oiga el evangelio en la reunión. Y cuando llevamos a cabo las ordenanzas, queremos que vean el evangelio y lo escuchen nuevamente cuando explicamos lo que hacemos. Cuando los creyentes vivimos el evangelio, el evangelio sale de nosotros».

Esta es una imagen de cómo funciona una cultura de evangelización. Sé que es un poco radical; y ni siquiera sugerí que inscribieran a sus hijos en la escuela con los niños vietnamitas. Algunos me acusarán de no preocuparme por la comunidad vietnamita porque le dije a la iglesia de *High Pointe* que no organizara un programa patrocinado para alcanzar a este colectivo. Pero diría que la mejor manera de preocuparse por esa comunidad o por cualquier comunidad es darles el evangelio para que ellos vengan a la fe. Es mejor llegar a esta meta a través del testimonio de una iglesia que tiene la cultura de evangelización, mediante miembros que hacen amigos con gente vietnamita, con quienes luego pueden compartir el evangelio. Este enfoque tiene un impacto mucho mayor que un programa de iglesia para distribuir ropa, una guardería, ir puerta por puerta, organizar un carnaval de niños, o cualquier otra cosa bienintencionada que las iglesias hacen.

En un sentido, todas las iglesias tienen una cultura de evangelización, de un tipo u otro. Incluso las iglesias que rechazan la evangelización tienen una cultura de evangelización, aunque no sea bíblica. La pregunta no es «¿Tenemos una cultura de evangelización?», sino «¿está nuestra cultura de evangelización sana o enferma?».

Quiero defender que la principal razón por la que las culturas de evangelización de las iglesias están enfermas no es porque temamos al hombre o porque no tengamos la estrategia o el método correcto —aunque estos asuntos son importantes— sino que no entendemos lo que la iglesia es.

UNO O DOS GRADOS DE DESVÍO TE LLEVAN LEJOS DEL OBJETIVO

Una de las mejores experiencias que tuve cuando dirigía un viaje de estudiantes en Kenia fue volar con un piloto misionero que nos ayudaba con el programa. Peter había estado volando desde antes que existiera el GPS, cuando un piloto navegaba usando una brújula y la intuición.

Peter llevaba a nuestros estudiantes a los lugares más remotos para cumplir con sus responsabilidades. A veces había espacio en el avión para que yo los acompañara. Después de dejar al estudiante, yo me convertía en el copiloto de Peter. Peter despegaba, estabilizaba el avión y me daba la oportunidad de dirigir el vuelo. Yo llevaba el avión sobre el *Great Rift Valley*, sobre la reserva del Masai Mara, y alrededor del *Mount Kenya*, el cual se alzaba como una gran torre al pasar volando. Peter disfrutaba de mostrarme algunos lugares y yo me deleitaba con las escenas frente a mis ojos. ¡Qué gozo!

No es tan difícil volar. La parte complicada es el aterrizaje, así que Peter hizo esa parte. Mi trabajo consistió solamente en mantener el avión a la altitud correcta y dirigirlo según el rumbo que marcaba la brújula. Generalmente me dirigía en la dirección correcta, pero no es que fuera algo excelente. De vez en cuando, Peter miraba la brújula y parecía molestarse. Tocaba el vidrio que cubría la brújula y decía bruscamente: «Te estás saliendo del rumbo». Yo pensé que Peter estaba siendo demasiado exigente, hasta que dijo: «Mack, tienes que entenderlo, dos grados de desvío nos llevan a otro país».

Es verdad. Solamente al observar un mapa puedes confirmar fácilmente los grandes problemas que pueden causar pequeñas desviaciones de la ruta. Y lo mismo sucede en la iglesia.

La raíz del problema con la pregunta en *High Pointe* no era que la mujer no entendiera la evangelización; el problema era que no entendía la iglesia. Ella se desvió unos grados solamente, pero ese par de grados fuera de rumbo la llevaron a otro lugar. Entender la iglesia nos ayuda a tener la dirección correcta para la evangelización. De manera que primero tenemos que pensar acerca de la iglesia y qué hace que una iglesia sea sana.

DEFINIENDO QUÉ ES LA IGLESIA

Supongamos que estás comprando en un centro comercial y alguien se acerca con un portapapeles y un bolígrafo y te pregunta: «Por favor, defina 'iglesia' de la mejor forma que pueda». ¿Podrías responder? Y si te preguntara después: «¿Cuáles son los componentes necesarios y sufi-cientes de una iglesia?». ¿Te quedarías sin palabras?

Si es así, no estás solo. He vivido con misioneros y los he visitado alrededor del mundo por décadas. Muchos de ellos se hacen llamar plantadores de iglesias. Son perso-nas increíbles, extraordinarias. Con todo, a menudo me sorprende los pocos que son capaces de definir bíblica-mente qué es una iglesia. Cuando explican lo que es una iglesia, sus definiciones están basadas en sus propios sentimientos y en estrategias humanas.

Me encantan las iglesias de *Acts 29*.[1] Ojalá hubieran más así. Pero desafortunadamente lo que tenemos en mu-chas partes del mundo no son iglesias «Hechos 29», sino, como las llamo, iglesias «Jueces 22»: iglesias que hacen lo que bien les parece (Jue 21:25). En lugar de esto, necesi-tamos iglesias firmemente arraigadas en las Escrituras.

Estuve con un misionero que estaba liderando un equi-po de plantación de iglesias en Rusia. Era y es un hermano en Cristo extraordinario. Está totalmente comprometido con la obra del evangelio. Posee un corazón de siervo y se sacrifica por la obra. Además, es un líder que influye mucho en la vida de aquellos con los que trabaja. Cuan-do me dijo que su principal llamado era plantar iglesias, me emocioné. Pero cuando comencé a hacerle preguntas sobre la iglesia, parecía no saber qué dirección tomar. Fi-nalmente, lleno de frustración, dijo: «Bueno, de acuerdo, entonces ¿cómo definirías tú lo que es una iglesia?».

Yo le respondí, «Bueno, los componentes esenciales de una iglesia se entienden mejor en tres categorías: lo que la iglesia es, lo que la iglesia hace, y cuál es la misión de la iglesia». Estuvimos hablando acerca de la iglesia hasta muy tarde esa noche. En resumen, aquí comparto lo que le dije.

La fe cristiana no tiene ninguna categoría para los creyentes que no son miembros de una congregación local. La iglesia no es —y nunca ha sido— opcional para el creyente.[2] Sin embargo, aun cuando la iglesia juega un papel tan fundamental en nuestro discipulado, el miembro promedio tiene una asombrosa variedad de ideas acerca de lo que la iglesia debería ser; ideas que no están enraizadas en la Biblia.

Ciertamente, las iglesias tienen la libertad de hacer muchas cosas. Las iglesias son libres para construir edificios o reunirse en salones alquilados, pueden hacer que la congregación se siente en bancos o en el suelo. También tienen la libertad —bajo la autoridad de la Palabra— de diseñar estrategias específicas para cumplir un amplio rango de mandamientos bíblicos. Por ejemplo, las iglesias pueden crear ministerios musicales, proveer comida, organizar reuniones de oración para hombres, poner en marcha escuelas cristianas, o desarrollar grupos pequeños.

Pero, ¿cuáles son los componentes esenciales, las cosas que son tanto necesarias como suficientes? Si quitas todo, ¿cuáles son las partes irreducibles de una iglesia? Esto es fácil de saber. Por ejemplo, quita la escuela cristiana y todavía tienes una la iglesia. Pero quita la predicación regular de la Palabra de Dios; ya no hay iglesia.

Todo cristiano debería saber lo que hace que una iglesia sea una iglesia. Y una respuesta bíblica en cuanto a lo que hace que una iglesia sea una iglesia resulta sorprendentemente simple, al menos sobre el papel.

Lo que la iglesia es

Una iglesia local es una asamblea de cristianos nacidos de nuevo, bautizados, que hacen un pacto en amor para reunirse regularmente bajo la autoridad de las Escrituras y el liderazgo de los ancianos para adorar a Dios, ser una imagen visible del evangelio y, al final, dar gloria a Dios (Jn 3:1-8; 13:34-35; Hch 2:41; 14:23; Ef 3:10; Col 3:16; 2Ti 3:16-17; Heb 10:24-25).

Lo que la iglesia hace

Una iglesia solo debe hacer algunas cosas para ser una iglesia: las personas se reúnen regularmente en el amor del evangelio para oír la Palabra predicada, cantar, orar, dar y practicar las ordenanzas del bautismo y la Santa Cena. Los miembros —aquellos que han hecho juntos un pacto— se preocupan amorosamente unos de los otros (1Co 12:12-26), incluso mediante la práctica de la disciplina en la iglesia (Mt 18:15-17).

La misión de la iglesia

La iglesia es el plan estratégico de Dios para la evangelización. Este plan tiene una misión primordial: ir a todas las naciones para hacer discípulos, enseñándoles a obedecer todo lo que Cristo ha mandado; incluyendo formar nuevas iglesias (Mt 28:18-20).

Aquí está: cuatro frases sobre la iglesia que ocuparon menos de una página, pero que nos toma toda una vida para vivirlas. Pero esta definición descarta el concepto que muchos tienen de la iglesia. No es un edificio; tampoco es meramente una reunión social de creyentes. Requiere un compromiso de unos con otros en una comunidad local. Una iglesia no tiene —de forma intencionada— miembros que no sean cristianos. Y solamente aquellos que han sido bautizados deberían ser miembros. La iglesia no es un mercado de buenas ideas para vivir bien, sino que es una fraternidad sometida a la Palabra de Dios.

UNA IGLESIA SANA

Acabamos de definir lo que es una iglesia. Ahora veamos lo que es una iglesia sana.

Es importante decir que las características mencionadas arriba no describen una iglesia perfecta, la cual no existe a este lado del cielo. Tampoco estamos tratando de distinguir entre una iglesia verdadera en contraste con una iglesia falsa. Más bien, queremos distinguir entre iglesias verdaderas que están enfermas e iglesias verdaderas que están sanas, y queremos ayudar a las iglesias enfermas para que se mejoren.[3]

Existen muchas maneras en las que los cristianos pueden ignorar los fundamentos básicos de una iglesia sana:

- Se pueden dar discursos motivacionales en lugar de la predicación de la Palabra de Dios. Si la predicación trata sobre buenos pensamientos para el día o para vivir una vida moral —o peor aun, para tener una vida próspera— y no sobre la Biblia, las personas no entenderán a Dios y su voluntad.

- La conversión puede llegar a ser confusa, indefinida y subjetiva, lo cual significa que a aquellos que no son cristianos se les enseña que lo son. De esta forma los que no son cristianos se hacen miembros. Cuando esto sucede, la iglesia no puede practicar una evangelización bíblica.

- La membresía puede verse como opcional. Sin embargo, no puedo amar a las personas —más allá de un amor teórico idealizado— si no sé quiénes son. Debo comprometerme con ellos y ellos conmigo.

- A los no creyentes se les puede dar posiciones de liderazgo en una iglesia. ¿Tengo que decir algo más con respecto a este asunto? No obstante, esto sucede a menudo, especialmente en iglesias que no tienen membresía.

- Las cosas difíciles pueden quedarse a un lado. Muy a menudo fallamos en amar a las personas que no nos agradan. O fallamos en disciplinar a quienes amamos en la iglesia.

Es posible que ninguna de estas prácticas parezcan gran cosa, pero si una iglesia falla en cualquiera de estos aspectos, pronto estará volando en dirección *opuesta* a lo que marca su brújula. Hay mucho en juego aquí, porque a veces personas con buenas intenciones llegan a ser guías ciegos y reproducen iglesias del tipo «Jueces 22». Para empeorar el asunto, cuando los fundamentos de la iglesia son desechados y la iglesia se enferma, la gloria de Dios es encubierta. La hermosura de la comunidad de Cristo como testimonio ante el mundo se pierde.

Necesitamos hablar de otro problema serio que lleva a una iglesia a enfermarse, el cual tiene un impacto directo sobre una cultura de evangelización. Este problema llega cuando los miembros confunden su obediencia personal en la evangelización con el papel de la iglesia.

LAS PRIORIDADES PERSONALES, LAS PRIORIDADES DE LA IGLESIA Y LAS CAJAS DE ZAPATOS

En una cultura de evangelización saludable, se entiende que existe una prioridad diferente para la iglesia y para el individuo. Algo que deberías hacer personalmente en la evangelización puede no ser lo mejor para que toda la iglesia lo haga. Esta fue la razón subyacente para mi respuesta a la pregunta sobre alcanzar a otros en *High Pointe*.

A continuación comparto un ejemplo de lo que quiero decir. El pastor Jacky es un amigo mío que trabaja con una iglesia china en Dubai. Ha hecho un trabajo increíble con los chinos pobres que vienen a la ciudad como obreros. Un año —en fechas navideñas— unos occidentales bienintencionados tuvieron la idea de distribuir cajas de zapatos a los obreros. Sin duda, no hay nada malo con eso. Así que las familias de las iglesias de Dubai pusieron jabón, toallas, un poco de colonia, peines, y algunos otros artículos de aseo y pequeñas prendas de vestir (en las cajas de zapatos). También pusieron folletos con información sobre la reunión de la iglesia, y luego adornaron las cajas con lazos navideños. Otra vez, ningún problema con esto.

Entonces se reclutaron algunas personas para recoger las cajas y —he aquí el problema— dárselas a Jacky. Recuerdo haber pasado por la oficina de Jacky y no poder entrar por la puerta por causa de todas las cajas de zapatos; cajas del suelo al techo.

Dejemos a un lado las dudas sobre si esto tenía base bíblica o no, y no consideremos las interrogantes sobre el bien que produciría a largo plazo, e incluso ignoremos el mensaje que se podría estar comunicando por parte de occidentales adineraros que dan artículos de aseo personal a obreros pobres. El problema fundamental era que Jacky no podía preparar su sermón. No podía reunirse con las personas que querían hablar con él acerca de Jesús. No podía cumplir con su ministerio ni equipar a los miembros de la iglesia para cumplir con su llamado porque hubo personas que no entendieron que era su responsabilidad alcanzar a estos obreros y que la responsabilidad de Jacky era predicar, pastorear, y orar. Las personas confundieron su papel *en* la iglesia con el papel *de* la iglesia.

Digamos que el ministerio de las cajas de zapatos hubiese dado los mejores resultados posibles y que la gente hubiera llegado a la iglesia china. Al llegar, ¿qué tipo de iglesia quisieras que se encontraran? ¿Una iglesia sana, donde escucharían el evangelio en la predicación de la Palabra, donde los miembros son discipulados y están involucrados en la evangelización, donde el evangelio es presentado por medio del bautismo y la Santa Cena, y todo lo demás? ¿O que se econtraran con una iglesia enferma, donde los líderes usan todo su tiempo para repartir cajas de zapatos?

Si Jacky usara todo su tiempo para repartir cajas de zapatos, sin ocuparse de la obra que se le ha encomendado de nutrir una iglesia sana, estaría descuidando la iglesia. Esto aplica no solamente en el caso de Jacky, sino que también en el ministerio de todo anciano de la iglesia. Los miembros son libres para hacer muchas otras cosas, pero deben de tener mucho cuidado y apoyar al liderazgo para que la iglesia vaya en la dirección correcta. Los creyentes en Dubai —aunque tenían buenas intenciones— no supieron distinguir entre la responsabilidad de la iglesia y su propia responsabilidad. Creyeron que la iglesia debía alcanzar a los obreros de la misma manera que ellos deseaban alcanzarlos personalmente. Pero al actuar sobre esta suposición, en realidad minaron la iglesia.

Un ejemplo bíblico de esta situación lo encontramos en Hechos 6, donde leemos que las viudas griegas estaban siendo descuidadas en la distribución diaria de comida. Uno sospecha que las viudas hebreas estaban recibiendo comida porque tenían conexiones con judíos que las viudas griegas no tenían. En cualquier caso, esta situación requería atención. Así que los apóstoles pidieron a *los miembros implicados* que escogieran a siete hombres piadosos para tratar la situación.

Todos estos hombres eran griegos —algo evidente por sus nombres— lo cual fue una manera segura de acabar con cualquier favoritismo o racismo. Pero observa por qué los apóstoles solucionaron esta injusticia de la forma que lo hicieron. Dijeron:

«No es justo que nosotros dejemos la palabra de Dios, para servir a las mesas. Buscad, pues, hermanos, de entre vosotros a siete varones de buen testimonio, llenos del Espíritu Santo y de sabiduría, a quienes encarguemos de este trabajo. Y nosotros persistiremos en la oración y en el ministerio de la palabra» (Hch 6:2-4).

Los miembros individuales de la iglesia fueron llamados para dar un paso al frente y solventar ellos mismos un problema, con el propósito de proteger el ministerio principal de los líderes de la iglesia: el ministerio de la Palabra y la oración.

Los miembros de la iglesia deben entender las prioridades que los apóstoles salvaguardaron. Aunque hay muchas cosas importantes que una iglesia puede hacer —como alimentar a las viudas— nada debería mermar el llamado principal de la iglesia: predicar la Palabra. Tanto los miembros como los pastores deberían unirse para proteger el llamado propio y principal de la iglesia.

CÓMO UNA CULTURA SANA DE EVANGELIZACIÓN CONECTA CON UNA IGLESIA SANA

¿Cómo funciona una cultura sana de evangelización? A continuación se da un ejemplo.

Abigaíl —una mamá a tiempo completo— se sentó en el autobús que iba a Washington, D.C., desde el aeropuerto Dulles. Había tenido un largo viaje de regreso de Texas, donde había asistido a un funeral. Deseaba estar con su familia. Se sentó al lado de una joven mujer asiática. Pero en lugar de abrir un libro y olvidarse del mundo, comenzó una conversación.

El nombre de la chica era Van. Mientras hablaban, Van le dijo a Abigaíl que acababa de llegar de China, y que esas eran sus primeras horas en América. Abigaíl sabía discernir cuándo se presentaba una cita divina. Quería alcanzar a esta chica, pero sabía también que debía ser sensible.

Al pensar sobre las cosas que estaban sucediendo en su iglesia, recordó que pronto habría una boda entre dos creyentes maduros en la fe. Abigaíl sabía que el evangelio sería presentado allí. Su iglesia anima a todos los miembros a venir a la boda y a traer amigos para que escuchen un testimonio. Así que Abigaíl le preguntó a Van, «¿Estarías interesada en venir a una boda cristiana?». Efectivamente, Van aceptó la invitación. Intercambiaron sus correos electrónicos y Abigaíl se ofreció para recoger a Van y llevarla a la boda.

Observa que Abigaíl confió en una cultura saludable de evangelización. No hubo necesidad de llamar al pastor y presionar al personal de la iglesia para comenzar un programa de evangelización para chinos. No tuvo que preguntarse si en la boda se anunciaría el evangelio con claridad. En una iglesia donde existe una cultura sana de evangelización, el evangelio satura todos los ministerios. Abigaíl escogió una boda, pero podría haber invitado a Van a varias otras cosas.

Tal y como era de esperar, la boda se enfocó tanto en el Novio celestial como en el novio y la novia terrenal. Tanto la pareja como el pastor compartieron el evangelio. Pero lo mejor de todo fue que, después de la reunión, antes de la recepción, Abigaíl llevó a su hija de cuatro años al patio de la iglesia y Van fue con ellas. Van comenzó a hacer preguntas sobre la diferencia entre una boda cristiana y una secular. Abigaíl —bien enseñada en el mensaje del evangelio— aprovechó la oportunidad para explicar a Van, a partir de la boda, todo el evangelio.

Luego, Abigaíl le preguntó a Van si quería una Biblia. Ya que la iglesia proveía biblias para los estudiantes internacionales en un stand de libros, ambas regresaron a la iglesia y Abigaíl le dio a Van una Biblia en mandarín; la primera Biblia que Van había visto jamás. Abigaíl se ofreció para reunirse con Van para leer la Biblia. Así lo hicieron. Luego Abigaíl incluso invitó a algunos miembros de la iglesia que hablaban mandarín para que se reunieran con Van y compartieran sus testimonios durante una de sus reuniones de lectura de la Biblia. Cuando esto sucedió, Van fue conmovida y comenzó a hacer preguntas penetrantes.

Abigaíl y Van continuaron leyendo la Biblia y hablando acerca del evangelio hasta que Van se fue a Boston para comenzar a estudiar unas semanas más tarde. Pero esto no había terminado para Abigaíl. Tenía una amiga en Boston, quien aceptó continuar leyendo la Biblia con Van. Esto está sucediendo mientras escribo estas palabras.

Abigaíl no esperó a que la iglesia hiciera algo. Ni siquiera lo pensó. Puso su confianza en que la iglesia fuese la iglesia. Se apoyó en el poder del evangelio y confió en que el Espíritu Santo obraría a través de sus obedientes pasos como embajadora de Cristo.

Así es como funciona una cultura de evangelización en una iglesia. No es algo ostentoso, no es un programa, es algo muchísimo mejor.

EVANGELISTAS INTENCIONALES EN UNA CULTURA DE EVANGELIZACIÓN

Kelly, una joven de 16 años, viajó desde su país de origen, Brasil, a Portland, Oregón, para asistir a una escuela de secundaria como estudiante de intercambio. Connie y John, los padres americanos que la recibieron, eran agradables, personas simpáticas que asistían regularmente a una iglesia centrada en el evangelio. Kelly era una buena estudiante y, al venir de un trasfondo japonés/brasileño, se sentía cómoda en medio de múltiples culturas, por lo que le fue fácil adaptarse a su escuela en Portland.

Connie y John oraron por Kelly y la llevaron a la iglesia, pero Kelly parecía no estar interesada en la fe cristiana. No obstante, John y Connie se ganaron el aprecio de Kelly, así que, tras regresar a su país, siguieron en contacto. Connie oró por ella durante los siguientes años; por cinco, diez y hasta incluso quince años.

Recientemente nos pidieron a Leeann y a mí que enseñáramos en la iglesia de John y Connie, *Hinson Baptist*. Durante la comida después de la reunión, Connie se sentó al lado de Leeann. «Hace mucho», le dijo Connie a Leeann, «recibimos a una estudiante de intercambio llamada Kelly, quien es ahora una azafata en Emirates Airlines. Es una joven muy dulce». (Aunque Kelly era ahora una mujer adulta). «Vive en Dubai. ¿Crees que podrías contactar con ella? Está pasando un tiempo de soledad porque acaba de terminar su relación con su novio».

Leeann estaba encantada con la oportunidad de contactar con Kelly, pero iban a pasar varias semanas hasta que regresáramos a nuestra casa en Dubai. Así que Connie y Leeann escribieron a Kelly contándole acerca de nuestra iglesia, *Redeemer*. Siguiendo el consejo de Connie, Kelly fue a *Redeemer* antes de que Leeann regresara a Dubai.

Cuando Kelly entró a la iglesia, inmediatamente fue recibida por Hetty, de Filipinas, quien dirigía la mesa de bienvenida. Luego Kanta, de la India, la saludó en el puesto de libros. Kelly escuchó al pastor Dave predicar el evangelio y su corazón fue conmovido de un modo extraño. Después, Hetty y Kanta, que no sabían que Kelly era un contacto de nuestros viajes a los Estados Unidos, le invitaron a almorzar. Cuando Kelly llegó a su casa, abrió el paquete de bienvenida que había recibido en la iglesia y encontró dos libros: *La vida cruzcéntrica* de C. J. Mahaney y *Two Ways to Live*, una explicación del evangelio escrita por Philip Jensen y Tony Payne. Devoró ambos libros. Hetty y Kanta invitaron luego a Kelly a un estudio bíblico de grupo pequeño, donde fue calurosamente recibida.

Cuando Leeann regresó a Dubai, ella y Kelly fueron a comer. Kelly le compartió a Leeann acerca de su vida y cuánto le había gustado la iglesia. Le dijo: «Quiero ser miembro». Entonces preguntó: «¿Tengo que hacer algún pago por la membresía?». Leeann sonrió y le dijo: «No, no hay ningún pago que tengas que hacer en nuestra iglesia, pero hay algo muy importante que debes entender para ser miembro; lo que nosotros llamamos el evangelio».

«Oh, háblame entonces de este evangelio», dijo Kelly.

Múltiples continentes, un par de iglesias, varias ciudades, muchos idiomas, numerosas etnias, diversas personalidades, años de oración, comunicación oral y escrita, dos comidas; y un evangelio. Cuando bauticé a Kelly en la piscina del hotel donde nuestra iglesia celebra los bautismos, no pude evitar llorar de gozo por todo lo que Dios había orquestado por una de sus hijas que se había perdido, Kelly.

Kelly era la que menos sabía que Dios estuvo moviendo personas y eventos para traerla a sí mismo. Pero ahora lo ve. De hecho, se unió al equipo de bienvenida de la iglesia porque desea expresamente alcanzar a quienes no conocen a Dios. Recientemente, Kelly conoció a dos azafatas de Brasil que visitaron la iglesia por primera vez. ¿Quién sabe cómo Dios ha obrado en sus vidas para traerlas aquí? ¿Quién sabe lo que Dios hará?

En una cultura de evangelización, las personas que aman a Jesús trabajan juntas como instrumentos en la gran sinfonía de la obra de Dios. No siempre sabemos cuál será la siguiente melodía; el Espíritu Santo es quien orquesta eso. Pero si nos enfocamos en él y en su dirección, llegamos a ser parte de su obra en la vida de las personas.

Es muy fácil tocar para la audiencia y no para el director. Recuerda, el Señor es nuestro director. Sé intencional al evangelizar: sigue la guía de Cristo. Existen muchas maneras de distraerse y perder el tono de la sinfonía. Pero en una cultura de evangelización que va hacia la madurez, las personas confían en que Dios hará algo más grande de lo que pueden ver con sus ojos físicos.

DIFERENTES PARTES, EL MISMO OBJETIVO

En una cultura de evangelización, instamos a los creyentes a caminar en fe y a estar abiertos para ser parte de la obra de Dios en las personas de su entorno. Como parte de este llamado, los miembros de la iglesia deben tener una perspectiva a largo plazo. Las personas alrededor de Kelly confiaron en que Dios obraría a través de ellos, en su caminar con Cristo. Así que consideremos a las diversas personas que tuvieron parte en su historia y veamos lo que podemos aprender de estos ejemplos.

Connie no dejó la amistad con el paso del tiempo, sino que oró y esperó la oportunidad. La oportunidad llegó, aunque después de quince años. No te pienses que la gente es lo que parece. No lo creas ni por un segundo. Traemos palabras de vida a quienes están en desesperación y muerte, no importa cuál sea la apariencia externa. Por tanto, ora y permanece atento, tanto a nivel personal como colectivo.

Kanta y Hetty no se consideraban evangelistas, pero lo eran. Eran evangelistas amables y prudentes, que siempre tenían sus pies calzados con el apresto del evangelio (Ef 6:15).

El pastor Dave predicó fielmente el evangelio, como es su costumbre semana tras semana. Las personas de la congregación saben que cuando traen a sus amigos y familiares a la iglesia, estos oirán el evangelio. Dave dice a menudo desde el púlpito: «Aquellos de ustedes que vengan hoy de otros trasfondos de fe, queremos que sepan lo contentos que estamos de que estén aquí. Les animamos a que hablen acerca del sermón conmigo, o con cualquiera de nuestros ancianos, o con aquellos que les invitaron a la iglesia».

El grupo pequeño de estudio bíblico al cual Kelly asistió fue un lugar cálido y personal para estudiar las Escrituras. Leeann no desperdició la oportunidad que se le presentó. Hubiera sido fácil pensar que una relación de quince años terminaría en el olvido y que no valía la pena invertir más tiempo en ella. Pero Leeann estaba equipada para compartir el evangelio y responder a las preguntas.

Nadie le dijo a Kelly que «cruzara la línea». No hubo técnicas para ejercer presión. En un momento de la relación, al hablar Leeann con Kelly, se confirmó que Kelly entendía y se había comprometido con el evangelio. Pero si le hubieras preguntado a Kelly quién le había dirigido a Cristo, seguramente se sentiría confusa con la pregunta. Podría haber respondido: «el Espíritu Santo» o «muchas personas».

En una cultura de evangelización, la meta es que cada uno comparta, ore y aproveche las oportunidades que le lleguen. Podemos desafiar a las personas a venir a la fe, pero no hay instrucciones en el Nuevo Testamento sobre cómo hacer la oración del pecador. Confiamos en que Dios traerá a los pecadores al arrepentimiento. Nuestra responsabilidad es ser testigos fieles, juntos.

¿Cómo podemos ser parte de una cultura de evangelización vibrante como esta? ¿Cómo podemos llegar a ser evangelistas intencionales viviendo en culturas intencionales de evangelización? ¿Qué clase de plataformas debemos construir para estar preparados a la hora de compartir el evangelio? Creo que hay seis:

- Preparar nuestros corazones, mentes y pies
- Entender qué significa vivir una vida moldeada por el evangelio
- Hacer morir nuestras suposiciones
- Ver la evangelización como una disciplina
- Orar
- Cuando sea posible, proveer liderazgo en la evangelización

1. PREPARADOS PARA COMPARTIR:
CORAZONES, MENTES Y PIES

En mi primer libro sobre la evangelización, *Speaking of Jesus*, dije que existen tres áreas en las que necesitamos examinarnos en la evangelización: ¿Estamos motivados? ¿Estamos equipados? ¿Estamos dispuestos? Estas tres preguntas nos ayudan a asegurarnos de que nuestros corazones, mentes y pies, respectivamente, están listos para compartir la fe.

Por ejemplo, uno puede tener muchos amigos no creyentes y estar motivado para compartir, pero puede sentirse inseguro acerca del mensaje del evangelio. Por otro lado, uno puede entender muy bien el evangelio, pero no conocer a nadie que no sea creyente. O puede que una persona conozca el evangelio y a muchos no creyentes, pero que sea indiferente a la realidad espiritual del juicio eterno que enfrentan aquellos amigos sin Cristo.

Tras el paso de los años, al compartir tiempo con personas y mirarlas a través de la matriz de los «motivados», «equipados» y «dispuestos», he descubierto que hay dos categorías principales de personas que se sienten bloqueadas al compartir su fe. La primera la forman aquellos que evitan compartir su fe por miedo. Hay muchas cosas por las que tienen temor: no saber qué decir, ser rechazados, ser vistos como tontos, o hacer sentir incómoda a la gente.

En la segunda categoría están aquellos que están aislados de los no creyentes. Hay varias razones que explican este aislamiento: tal vez se han retirado metiéndose en una subcultura cristiana cómoda, el estilo de vida de los no creyentes les parece ofensivo, o están, irónicamente, demasiado ocupados con el ministerio.

Preguntarnos si estamos motivados, equipados y dispuestos nos ayuda a diagnosticar nuestro testimonio personal. Pero estos criterios también son útiles para diagnosticar nuestra cultura de evangelización. Tras haber hecho el diagnóstico, podemos buscar algunas curas.

Corazones motivados en la iglesia

De la misma manera que examinamos nuestros corazones para ver si tenemos motivación personal, las iglesias deberían considerar su motivación colectiva. A continuación se presentan algunas preguntas que pueden ser útiles:

- ¿Está cultivando nuestra iglesia compasión por aquellos que no conocen a Cristo?
- ¿Necesitan nuestros miembros ser animados
- cuando los corazones de los no creyentes parecen estar tan endurecidos?
- ¿Están convencidos nuestros miembros de que el evangelio es lo que produce el cambio más grande que el mundo pueda conocer en los corazones, las mentes, las vidas y en la comunidad en general?

A veces, involuntariamente, motivamos a las congregaciones con instrumentos inútiles como la culpa. Pero deseamos que los miembros de las iglesias estén motivados por lo que se enseña en la Escritura y que vean su papel como embajadores de Cristo, mediando entre dos facciones en guerra, con el ofrecimiento de la paz y la reconciliación.

Mentes equipadas en la iglesia

Las iglesias deben asegurarse también de equipar a sus miembros con el evangelio. Deben usar sus reuniones para repasar regularmente y pensar sobre el evangelio, a todos los niveles.

El evangelio debería estar presente en nuestras canciones. Mi nuera, Stephanie, me dijo que cantó una canción en su graduación que se canta a menudo en las reuniones de la iglesia; *God of This City*. La mitad de sus compañeros eran musulmanes, y no tuvieron inconveniente en cantar la canción con gusto. Si personas de otros trasfondos de fe pueden cantar una canción con entusiasmo en una graduación secular de secundaria, podemos estar bien seguros de que no hay evangelio en esa canción. La canción *God of This City* es una buena canción, ciertamente mejor de lo que está sonando en la cultura pop, pero no contiene el evangelio.

Cuando pienso en las letras de algunas canciones que he entonado en la iglesia a través de los años, veo que no había evangelio en ellas tampoco. Por ello agradezco que el líder musical de nuestra iglesia escoja cuidadosamente canciones que se centren en el mensaje de la cruz. Él quiere que el evangelio sea proclamado a través de los cánticos.

El evangelio debería estar presente también en toda nuestra predicación. Un pastor, amigo mío, vino a charlar conmigo después de haber predicado en su iglesia. Me contó cómo un anciano había elogiado uno de sus mensajes hace unos meses, el cual fue un desafío para él. Pero luego, el anciano le dijo: «Mi única preocupación es que no escuché el evangelio». Entonces, mi amigo pastor dijo: «Quiero hacer por ti lo que él hizo por mí. Mack, me encantó tu sermón. Técnicamente fue sobresaliente. Pero, sabes, no estoy seguro de que alguien hubiese venido a la fe a través de las palabras que dijiste hoy». Mi amigo tenía razón, y estoy muy agradecido por la disposición de este hermano para indicarme mi error. ¿Son nuestros sermones de ayuda para que la gente vea su pecado y el ofrecimiento de redención de Cristo?

Hay otras áreas de nuestra vida congregacional que debemos examinar. Nuestras oraciones públicas deberían proclamar que el evangelio es nuestra fuente de esperanza en medio de las preocupaciones que traemos delante del Señor. Podemos acercarnos a su trono confiadamente porque Jesús es nuestro Sumo Sacerdote (Heb 4:14-16). Podemos incluir enseñanza acerca del evangelio en nuestras clases dominicales, en las entrevistas para la membresía y en nuestros grupos de discipulado. Podemos desafiar a los miembros de la iglesia a que aprendan un bosquejo básico que explique el evangelio y podemos enseñarles cómo compartir sus testimonios. Podemos recomendarles libros y folletos que expliquen el evangelio, publicaciones que los creyentes deberían leer por sí mismos o, mejor aún, con no creyentes.

Estas cosas no son difíciles de hacer, pero son fáciles de olvidar. Para equipar a las congregaciones es importante que el evangelio esté presente en todos los aspectos de la vida de la iglesia.

Pies dispuestos en la iglesia

Las iglesias pueden saber si tienen disposición, colectivamente hablando, para los no creyentes solo por preguntarse si en sus reuniones estos son bienvenidos.

Aquí debemos tener cuidado. Es fácil pasar de ser una iglesia hospitalaria a ser una iglesia que tira por la borda el evangelio en su deseo de ser «amigable». Desafortunadamente, muchas iglesias caen en esta herejía cuando su preocupación principal son los no creyentes en lugar de la fidelidad al evangelio. La ruta más rápida para llegar a la herejía y al error es una evangelización «relevante». Las buenas intenciones que intentan acomodar a la iglesia para las necesidades del hombre y no para la gloria de Dios provocan la muerte de las iglesias bíblicas.

La iglesia está llamada a ser una comunidad centrada en la cruz, enfocada en el evangelio y en dar gloria a Dios para la alabanza de Cristo. No podemos olvidar que el objetivo de la iglesia es Jesús, el Cristo, no los inconversos y su comodidad. El antiguo movimiento que promovía que las iglesias debían ser sensibles, y sus reemplazos modernos, intercambian el orden: las iglesias son llamadas a concentrarse en Dios, mientras que los individuos son llamados a ser sensibles a los inconversos.

Entonces, ¿estamos animándonos unos a otros individualmente para prestar atención a los no creyentes que asisten a nuestras reuniones? ¿Estamos preparados para darles la bienvenida y ayudarles a entender lo que es una reunión de adoración cristiana? ¿Estamos construyendo amistades para compartir intencionalmente el evangelio? Es muy fácil y peligroso suponer que todos en la iglesia son cristianos.

Tener disposición no solo consiste en mover nuestros pies para estar con los no creyentes, sino que tenemos que examinar la «actitud de la mente». Nuestra tendencia es eliminar a las personas de nuestras mentes: suponemos que algunos amigos nunca estarían interesados en el cristianismo; colegas que parecen demasiado pecadores, que se pasaron de la raya; o familiares que dicen que es mejor no hablar de «tu religión». Cuando comienzo a pensar de esta manera, necesito amigos que me recuerden que ningún corazón es demasiado duro para el Espíritu Santo.

Por tanto, en una cultura de evangelización, debemos pensar cuidadosamente acerca de tres cosas: cómo motivamos nuestros corazones, cómo equipamos nuestras mentes y cómo movemos nuestros pies para la acción.

2. NUESTRA COSMOVISIÓN DEL EVANGELIO: LA CENTRALIDAD DEL EVANGELIO

Las iglesias deben ver el evangelio como una forma de vida. La centralidad del evangelio es crucial en una cultura de evangelización.

Pablo, el humilde apóstol principiante, necesitó valentía para reprender al apóstol Pedro, pilar de la iglesia en aquel entonces (Gá. 2:11-14). Pedro, al fin y al cabo, había caminado con Jesús por tres años en Palestina. Había predicado el mensaje de la gracia en Hechos 2 para abrir las puertas de la primera iglesia. Había confrontado el Sanedrín, la misma corte que había condenado a Cristo a la muerte pocas semanas antes. Pero en Gálatas, Pablo nos dice que el temor al hombre hizo tropezar a Pedro; quien se estaba deslizando hacia la ley, olvidando que la gracia de Dios se había extendido a todos. El asunto, a primera vista, era la mesa donde comían, pero Pablo vio el significado más profundo. Las acciones de Pedro estaban contradiciendo la justificación solamente por gracia. Esta escena en Gálatas es importante porque ayuda a los cristianos a entender la gracia que Dios nos mostró en Cristo. Pablo incluso dice en Gálatas 2:5 que esta «disputa familiar» entre Pedro y él preservó el evangelio.

Pablo usa una frase muy útil para entender cómo podemos mantener nuestras vidas enfocadas en el evangelio. Pablo dice que Pedro «no andaba rectamente conforme a la verdad del evangelio» (Gá 2:14). Esta pequeña frase abre para nosotros una perspectiva completamente nueva acerca del evangelio. Nos dice que el evangelio no es solo un mensaje de salvación, sino una manera de vivir.

Me he dado cuenta de que cuando vivimos el evangelio, compartir el evangelio se convierte en parte de nuestras vidas. Sin embargo, vivir el evangelio no es lo mismo que tener una vida moral. Hay similitud en la superficie; tal vez por esta razón el apóstol Pedro estaba confundido. Pero intentar vivir una vida moral es imposible. Vivir el evangelio es un regalo de Dios.

Cómo vivir el evangelio

Decir que deberíamos vivir el evangelio y saber cómo hacerlo son dos cosas diferentes. Afortunadamente, la Biblia nos dice cómo hacerlo. El Nuevo Testamento a menudo toma un tema del evangelio y lo aplica a nuestras vidas.

Algunos argumentan que todo lo que Pablo hace es una aplicación del evangelio. Esta es una manera justa de entender las cartas de Pablo: predica el evangelio, y luego habla de las implicaciones del evangelio en nuestras vidas. Una «implicación» no es el mensaje del evangelio en sí mismo, sino algo que fluye del evangelio. Por ejemplo, Pablo nos dice que perdonarnos unos a otros está unido al evangelio: «De la manera que Cristo os perdonó, así hacedlo vosotros» (Col 3:13). Nuestra manera de vivir está ligada al evangelio: «Solamente que os comportéis como es digno del evangelio de Cristo» (Fil 1:27). Incluso la manera en que ocupamos posiciones de autoridad está directamente conectada con el evangelio:

> Entonces Jesús, llamándolos, dijo: Sabéis que los gobernantes de las naciones se enseñorean de ellas, y los que son grandes ejercen sobre ellas potestad. Mas entre vosotros no será así, sino que el que quiera hacerse grande entre vosotros será vuestro servidor, y el que quiera ser el primero entre vosotros será vuestro siervo; como el Hijo del Hombre no vino para ser servido, sino para servir, y para dar su vida en rescate por muchos. (Mt 20:25-28)

Así que, para los cristianos, la manera en la que perdonamos, vivimos, trabajamos, lideramos y, verdaderamente, todo lo que hacemos en nuestra vida, debería estar arraigado en el evangelio. ¿Qué tiene esto que ver con una cultura de evangelización? Bueno, tiene todo que ver.

Entender el evangelio como una forma de vida implica que debemos asegurarnos de alinear nuestras vidas con el evangelio en todos los aspectos. Esto ayuda a que el evangelio salga de nosotros ya sea que estemos con creyentes o no creyentes. Si vivimos vidas centradas en el evangelio, compartiremos el evangelio. Si los miembros de nuestras congregaciones saben cómo aplicar el evangelio a toda su vida, entonces veremos la explosión de una evangelización centrada en el evangelio.

3. MATANDO NUESTRAS SUPOSICIONES

Suponer el evangelio es mortal. Digo esto de la forma más clara y franca que puedo. Cuando suponemos el evangelio, empezamos a pensar que todo el que aparece en la iglesia es cristiano. Aunque pueda parecer extraño, muchas personas en las iglesias se comportan como si esto fuese cierto.

Esta mala suposición nos lleva a la siguiente: no hay necesidad de compartir, enseñar o predicar el evangelio. Con el paso del tiempo, la confusión acerca del evangelio empieza a crecer: las acciones externas se confunden con la fe cristiana genuina. La moralidad se convierte en una expectativa y no en una respuesta fruto del amor. La cruz se trata meramente como un ejemplo, no el lugar donde la ira y el amor de Dios se juntaron de un modo único. Al final, todo el evangelio termina perdiéndose. Esto es una farsa en la comunidad cristiana. Por esto Pablo instruyó a Timoteo para que protegiera el evangelio y lo pasara a otros con cuidado; sabía que el evangelio podía perderse.

No dejes que tus suposiciones maten el testimonio de tu comunidad; mátalas ahora. Si estás aburrido del evangelio, debes examinar en profundidad el pecado de tu corazón. Incluso algo más serio, si el evangelio no impacta tu corazón, examina y ve si estás convertido de verdad.

Andrei vino a nuestra congregación cuando era un estudiante universitario de segundo año. Era tentador involucrarlo en el liderazgo porque tenía mucha experiencia en el ministerio. Había sido líder en su grupo de jóvenes, y los chicos le amaban. Tenía talento con la guitarra. Era atractivo, guapo y, en general, un buen chico. Como hijo de pastor, conocía el lenguaje cristiano y los versículos bíblicos que le resultaban útiles.

Bueno, los versos le sirvieron hasta que empezamos a hacer un estudio bíblico en profundidad. Estudiamos el libro de Marcos. Andrei estaba aburrido. Conocía todas las historias acerca de Jesús, y cada sesión le parecía repetitiva. No obstante, empezó a tener un sentimiento incómodo e inquietante; el Espíritu Santo estaba obrando. Mientras leíamos Marcos 8, que narra cómo Jesús sanó a un hombre ciego al tocarlo por segunda vez, Andrei de repente se dio cuenta de que, aunque había escuchado de Jesús por muchos años, él no podía «ver» a Jesús. Así como el hombre ciego veía inicialmente «hombres como árboles» caminando (v. 24) y necesitó que Jesús le tocara por segunda vez, de la misma manera Andrei, quien había pasado mucho tiempo en una comunidad cristiana, no era un verdadero seguidor de Cristo.

Andrei se arrepintió de su pecado, el pecado más perverso, el del corazón más duro, el pecado más difícil de arrancar, el pecado más condenado por Jesús: el orgullo espiritual y la arrogancia religiosa. La conversión de Andrei es una de las más milagrosas que he visto jamás, debido a que su vida pasada había parecido estar muy cerca de una verdadera vida cristiana. Sin embargo, cuando Andrei puso toda su fe y confianza en Jesús, el cambio fue evidente. Tenía claro lo que era el evangelio. Sentía gozo donde antes solo había algo mecánico. Andrei ahora sabe lo que le sucedió.

Pero piensa en lo que pudo haber pasado si la comunidad hubiera supuesto el evangelio. Andrei habría sido colocado en posiciones de liderazgo. Aquellos que le rodeaban hubieran continuado suponiendo que Andrei era cristiano. Al no ser cristiano, habría estado enseñando a los niños y a los estudiantes de la iglesia. Lo peor de todo, Andrei habría estado perdido en su pecado incluso mientras la comunidad afirmaba su fe. Siempre habrá personas en nuestras iglesias que parezcan creyentes. Por esto es tan importante que sigamos compartiendo el evangelio. Estos suelen ser los que insisten en lo aburrido y repetitivo que es hablar sobre el evangelio.

Hubo un tiempo en el que tales quejas me habrían tentado a hacer más divertidas nuestras reuniones de iglesia. Pero ahora, cuando alguien me dice que el evangelio es aburrido o que tenemos que avanzar a enseñanzas más pertinentes, tomo esos comentarios como una alarma que me lleva a averiguar qué es lo que quiere decir esa persona. Hay muchos que simulan tener fe. Hay muchos más que han recibido una falsa seguridad de que son cristianos por cómo han sido criados, por haber participado en la iglesia, o por haber tenido estándares morales altos. Sabiendo esto, ya no soy tentado a hacer acomodaciones.

Seré directo otra vez: deja de suponer que todos los que participan en tus reuniones cristianas son cristianos. Supón que los no cristianos *están* ahí.

Hace poco prediqué en la capilla del *Southern Baptist Theological Seminary*. Es un seminario que tiene un fuerte compromiso evangélico. Admiro profundamente a la administración y a la facultad. Confío en que sus estudiantes están comprometidos profundamente con el ministerio. No obstante, yo quería que el evangelio quedara claro en mi charla, no solo para servir como ejemplo a los futuros pastores, sino que también para cualquier visita que estuviera presente. Francamente, he vivido bastante y he visto a muchos en el ministerio caer o venir a la fe, como para pensar que no podría haber algunos en el medio: seminaristas que no conocen verdaderamente a Cristo.

¿Qué podemos decir acerca de nuestros hijos? Muchos niños hacen la oración del pecador cuando tienen cinco años, pero he visto a muchos de ellos venir a Cristo cuando llegan a la universidad. Y he llorado con muchos padres cuyos hijos adultos están lejos de la fe incluso a pesar de haber actuado como cristianos cuando estaban creciendo. Sigue hablando a tus hijos sobre el evangelio, tanto en casa como en la iglesia.

Antes dijimos que el evangelio debe verse claramente en todo lo que hacemos como comunidades de iglesia, para que los miembros estén equipados para compartir el evangelio. Pero también debe verse claramente en todo lo que hacemos para que los no creyentes puedan venir a la fe en Cristo. Cantamos el evangelio. Prestamos mucha atención a las letras para asegurarnos de que declaran verdades acerca de Jesús. Conozco a una mujer en nuestra iglesia que vino a la fe mientras entonaba una canción acerca de la obra redentora de Cristo.

Oramos el evangelio. Incluso cuando oramos antes de comer, podemos reconocer que, si bien estamos agradecidos por el sustento, estamos más agradecidos por el sustento que llega a nuestras almas a través del evangelio.

Predicamos el evangelio. Ya hemos mencionado que los sermones necesitan el evangelio y que debemos preguntarnos si alguien podría venir a la fe al escuchar el sermón. Pero, ¿animamos a las personas a que hablen sobre el sermón después de la reunión por si tienen preguntas? Estuve en una reunión familiar en la que el padre dijo: «Bueno, escuchad todos, quiero oír algo que haya sido de ánimo para vosotros relacionado con el sermón de hoy». Necesitamos que esto se haga más a menudo.

Busca el evangelio en tus estudios bíblicos. Está ahí, en el texto. Confía en Jesús cuando dice que todas las

Escrituras apuntan a él (Lc 24:27). Nunca supongas que todos conocen la buena noticia acerca de Jesucristo. Muchas personas entran y salen de las iglesias sin escuchar este mensaje. No corramos este riesgo.

4. LA EVANGELIZACIÓN COMO UNA DISCIPLINA

Las disciplinas espirituales, como la oración, el estudio de la Biblia y el reunirse como una comunidad de iglesia, son medios de gracia en nuestras vidas. Los cristianos que aprenden estas prácticas desde temprano en su caminar con Cristo crecen en su fe. Dios usa las disciplinas espirituales para nuestra salud espiritual. Crecemos cuando las practicamos. Nuestras vidas cristianas se ven afectadas cuando no lo hacemos. Pero, ¿has pensado alguna vez en la evangelización como una disciplina espiritual?

Don Whitney escribió un libro excelente acerca de las disciplinas espirituales. Él me dijo que, hasta donde sabe, su libro es el único que específicamente dice que la evangelización debe ser vista como una disciplina espiritual. A continuación leemos lo que él dice:

La evangelización es un resultado natural de la vida cristiana. Todos deberíamos ser capaces de hablar sobre lo que el Señor ha hecho por nosotros y lo que él significa para nosotros. Pero la evangelización es también una *disciplina*, porque debemos disciplinarnos para entrar en el contexto de la evangelización, esto es, no debemos simplemente esperar para que se den las oportunidades de testificar.

Jesús dijo en Mateo 5:16: «Así alumbre vuestra luz delante de los hombres, para que vean vuestras buenas obras, y glorifiquen a vuestro Padre que está en los cielos». Dejar que nuestra luz alumbre delante de otros significa más que simplemente: «No hagas nada que impida que tu luz brille». Piensa en su exhortación de la siguiente manera: «Procura que brille la luz de las buenas obras en tu vida, que haya evidencia de un cambio que honre a Dios, como algo que irradia de ti. ¡Que empiece! ¡Haz lugar para ello!».[1]

Más adelante Whitney dice: «A menos que nos disciplinemos para la evangelización, es muy fácil poner excusas para nunca compartir el evangelio con nadie».[2] Whitney cree que la clave para disciplinarnos en la evangelización es planificar; que los cristianos lo pongan de verdad en sus agendas.

Dios usa esta disciplina. Quizá no ocurrirá la primera vez que se presente una oportunidad de testificar, pero a medida que nos disciplinamos con el paso del tiempo, llegará un día cuando nos encontremos en una emocionante conversación acerca de Jesús con alguien que no es cristiano, una conversación acerca de su poder salvador y lo que él puede hacer por aquellos que verdaderamente desean conocerle y recibir su perdón.

5. EL LUGAR DE LA ORACIÓN

Me encanta la frase que se atribuye a Charles H. Spurgeon: «Señor, salva a los elegidos, y ¡elige a algunos más!». Me encanta la oración y la actitud. No sabemos a quién Dios está llamando. Orar para que otros sean salvos nos mantiene conscientes de esto.

Oré por mi hermana, Linda, por veinte años, y casi me rindo. Pero Dios, en su misericordia, la atrajo hacia él. Esto me da esperanza de que otros familiares y amigos por los que he orado durante muchos años puedan aún venir a la fe.

Oro frecuentemente de esta forma: «Señor, no dejes pasar un año en el que yo no esté directamente implicado en ver a alguien venir a ti en fe». Dios ha sido fiel a esta oración. Si Dios me concede más años en esta tierra, cuando llegue al cielo puede que haya cincuenta o sesenta personas para las que fui un instrumento para venir a la fe. ¡Qué gran gozo sería esto!

Convierte en una disciplina el orar regularmente por aquellos que no conocen a Cristo, para que vengan a él. Ora en las reuniones de la iglesia, en los grupos pequeños, en las reuniones en casas, en los eventos especiales, y como parte de tu tiempo devocional. Tengo un amigo que dice que intenta orar como lo hacían los puritanos, oraciones por las que «Dios se sonrojaría, si no las contestara». Deja que la gente que te rodea sepa que la salvación de los perdidos está en tu corazón ante Dios.

6. EL LIDERAZGO ESPIRITUAL

Uno de los elementos clave en una cultura de evangelización es el liderazgo de la iglesia o de la comunidad cristiana. Si es importante que los miembros se involucren, es doblemente importante que los ancianos y los pastores lideren enseñando y siendo ejemplos en la evangelización.

Dave, mi pastor, vive en un gran edificio de apartamentos que está cerca de un centro comercial. Llama por su nombre a los guardias de seguridad y al personal de mantenimiento. Conoce a todos los cajeros del supermercado y a todos los que sirven en el restaurante Tex-Mex (su favorito). Frecuentemente va a cortarse el pelo, con el fin de construir una relación con su peluquero.

Dave es un tipo amigable, pero tener una simple amistad no es su motivación principal en todos estos contactos. Lo que le motiva es su preocupación por la gente y un deseo de hablarles sobre el evangelio, lo cual hace a menudo. Asiduamente me presenta a personas de su edificio que vienen con él a la iglesia y le oyen predicar. Luego, ambos les hablamos sobre el evangelio. Siempre termino esas conversaciones animado para seguir compartiendo mi fe.

Aparte de enseñar y ser ejemplos, una de las cosas más importantes que los líderes pueden hacer es simplemente hablar acerca de la evangelización. Si eres pastor, es importante que apartes tiempo en las reuniones de personal y de los ancianos para hablar de tus esfuerzos personales para compartir tu fe. Busca maneras de orar y promover la evangelización en otras reuniones del liderazgo en la iglesia.

Estaba dirigiendo un seminario sobre evangelización en una iglesia. El pastor me preguntó cuál era, según mi opinión, la parte más útil del entrenamiento para la gente. Dije: «Simplemente hablar sobre la evangelización es lo más útil».

Me miró extrañado.

«No», le dije, «sé lo que estoy diciendo. En verdad no se trata tanto de lo que yo diga, aunque esto es importante. Lo importante es tomarse el tiempo para pensar sobre la evangelización. El hecho que la gente haya dedicado medio día para orar por amigos que no son cristianos, y pensar en lo que deben hacer para evangelizar, es algo mucho más útil que cualquiera de los puntos de mi charla. El hecho de que tú, como líder en esta iglesia, hayas organizado este seminario es, en cierta manera, la declaración más importante».

El pastor Pete regularmente pide a personas de su congregación que compartan acerca de cualquier oportunidad de evangelización que hayan tenido durante la semana pasada. Cuando la gente se dio cuenta de que esto iba a suceder cada semana, no solo comenzaron a venir a las reuniones listos para contar cómo Dios les había usado, sino que también comenzaron a aprovechar las oportunidades que tenían durante la semana. Esta es una manera sencilla de mantener la evangelización como una prioridad en la iglesia.

Para que la evangelización sea una prioridad en nuestras iglesias, se necesita un ánimo constante, un entrenamiento permanente y un liderazgo enfocado a largo plazo, como el que Pete y Dave proveen a sus congregaciones.

En este capítulo hemos estado mirando algunos preparativos importantes para compartir nuestra fe. Son aspectos esenciales. Pero el objetivo no es solo estar preparados; nuestra meta es tener conversaciones con otros, en las que compartamos las palabras de vida. En nuestro siguiente capítulo daremos ideas para tener estas conversaciones.

COMPARTIENDO VERDADERAMENTE NUESTRA FE

Algunos años después de casarme, compré un libro acerca del matrimonio. Era un libro que debería haber leído antes de casarme y que ciertamente habría necesitado antes en mi matrimonio. Cuando lo agarré por primera vez, leí el índice y me fui al capítulo que más me interesaba.

Ese capítulo comenzó con unas palabras como estas: «Este capítulo es el capítulo que muchos de vosotros habéis buscado primero, antes de leer los capítulos previos, pero quiero animaros a empezar desde el principio». Dio en el blanco.

¿Cómo supo el autor que yo iba a buscar ese capítulo primero? El capítulo hablaba de sexo.

Lo admito, aquel capítulo acerca del sexo era más atractivo que este capítulo acerca de compartir verdaderamente nuestra fe, pero sospecho que muchos buscarán este capítulo antes de leer los anteriores. Si eres uno de ellos, bueno, ¡está bien! No voy a decirte que vayas al principio y que leas los otros capítulos.

Agradezco que quieras leer este capítulo. Confío en que puedas definir qué es la evangelización, el evangelio, y la conversión bíblica. Has rechazado una evangelización pragmática y basada en programas, y ves el atrayente llamado a una cultura de evangelización. Ves a la iglesia como el gran plan de Dios para la evangelización y ves que desarrollar una cultura de evangelización en el contexto de la iglesia local es lo mejor que podemos hacer para la proclamación del evangelio. Confío en que te hayas preparado para ser un evangelista intencional porque ves el evangelio como una forma de vida, nunca supones el evangelio, consideras la evangelización como una disciplina espiritual y estás orando por tus amigos que no conocen de Jesús. Aquellos que estáis en el liderazgo, lideráis en la evangelización, tanto en la enseñanza como en la práctica.

Genial. Por supuesto, si cualquiera de estos conceptos es nuevo para ti, o no los tienes claros en tu mente, quizá tengas que empezar desde el principio. Sea como fuere, hemos llegado a este capítulo; el capítulo acerca de hablar verdaderamente de Jesús.

HABLANDO COMO UN EMBAJADOR

Para mí, no hay mejor instrucción para cómo hablar acerca de Jesús que la ilustración de un embajador que Pablo usa en 2 Corintios 5:20-21:

Así que, somos embajadores en nombre de Cristo, como si Dios rogase por medio de nosotros; os rogamos en nombre de Cristo: Reconciliaos con Dios. Al que no conoció pecado, por nosotros lo hizo pecado, para que nosotros fuésemos hechos justicia de Dios en él.

Pablo nos insta a recordar el poder que hay detrás del mensaje: Cristo mismo. Se nos habla sobre nuestra enorme responsabilidad de ser representantes del reino de Dios. Somos los embajadores de Cristo. Estamos llamados a ver a las personas de manera diferente, dejando a un lado la perspectiva humana y mundana de los demás, para conocerles y amarles, entendiendo que son pecadores perdidos que necesitan ser reconciliados con Dios.

Debemos entender bien el mensaje. Al fin y al cabo, los embajadores no tienen la libertad de cambiar el mensaje; su trabajo es entregarlo con precisión. De la misma manera, no debemos añadir o quitar al mensaje de Cristo. Debemos entregar correctamente el mensaje para que los pecadores puedan ser reconciliados con el Dios santo, el Creador del universo, el dueño de todos y de todo lo que nos rodea. A pesar de que nuestro pecado es perverso ante su presencia, él preparó un camino de salvación al hacer pecado a aquel que no conoció pecado, para que recibiera el justo castigo de Dios en nuestro lugar en la cruz. Esto sucedió para que, en Jesús, nosotros fuésemos hechos justicia de Dios. Podemos ser restaurados a una relación correcta con Dios solo creyendo en Cristo, arrepintiéndonos de nuestros pecados y volviéndonos a él en fe. Este es el mensaje que hemos recibido para anunciar.

Debemos entregar este mensaje independientemente de la incomodidad que produzca, del esfuerzo que requiera y del oprobio que se tenga que soportar. Los embajadores *existen* para entregar mensajes. Así que exclamamos: «Reconciliaos con Dios». Puede que no nos sintamos como representantes del reino de Dios, pero eso es lo que somos. Así es como somos vistos en la esfera espiritual, y es una verdad asombrosa.

Por supuesto, podemos ser buenos o malos embajadores. Si estás leyendo este libro, supongo que quieres desempeñar bien tu papel, así que pensemos en maneras para mejorar en aquello para lo que hemos sido llamados.

LOS EMBAJADORES Y SU ENFOQUE: PENSANDO EN LAS CONVERSACIONES

A continuación comparto una carta que recibí que tocó mi corazón. Mientras la lees, piensa en cómo hubieras respondido:

Estimado Mack,

Llevo un buen tiempo orando por Candice; por oportunidades para compartirle el evangelio. Un poco de trasfondo: Candice fue criada como católica pero actualmente no va a ninguna iglesia. Vive un estilo de vida homosexual en el contexto de una familia con cuatro niños. Su pareja es la madre biológica de los niños, pero Candice es quien los cuida. La madre de Candice tiene cáncer, y vive a más de mil seicientos kilómetros de distancia. Conozco a Candice desde hace veinticinco años y he trabajado para ella en los últimos dos años. Ella sabe que me tomo mi fe en serio y, en general, diría que me tiene alta estima. Me he ofrecido a orar por ella, lo cual agradece, y ha dado apoyo financiero para que yo vaya a viajes misioneros de corta duración.

El otro día, mientras me contaba que iría a visitar a su mamá, rompió a llorar. Nunca la había visto llorar. Mientras estaba frente a ella, en mi mente intentaba pensar en cómo el evangelio podría ser de ayuda en su situación, ver una forma de comunicar algo de valor eterno que no pareciera falto de compasión. Al final, no dije nada que tuviera un valor eterno obvio. Solamente intenté que se sintiera cómoda llorando en mi presencia, afirmando mi empatía con su situación. Creo que podría haber hecho algo mejor.

Tras reflexionar sobre la situación más tarde, ojalá hubiese dicho algo como: «Este dolor que estás sintiendo es normal en un mundo roto, enfermo de pecado. Este mundo está roto, pero será diferente cuando Dios reconcilie todas las cosas consigo

mero hecho de consolarla pudo haber sido lo mejor que se pudiera hacer en ese momento; una de las tantas cosas buenas que ella ha visto en ti.

Lo que habría que hacer ahora, creo, es tener una conversación de seguimiento. ¿Sería posible que invitaras a Candice a tomar un café y tener una conversación? Yo diría algo así: «Candice, quiero tener una conversación sobre temas espirituales, mientras tomamos un café. ¿Te sentirías ofendida?». En mi experiencia, cuando confirmamos a las personas que los asuntos de la fe pueden ser ofensivos, la gente tiende a estar más abierta.

Tomando un café o compartiendo una comida, le diría lo que dijiste (me gustó tu forma de expresarlo): «Este dolor que estás sintiendo es normal en un mundo roto, enfermo de pecado». Sin duda te animaría a decir eso pero, en ese momento, le pediría permiso, otra vez, para explicarle cómo Dios reconcilia consigo mismo a un mundo roto: «Candice, ¿me darías permiso para decirte de qué manera pienso que Dios obra en un mundo que está roto?», y entonces «Candice, tus lágrimas me conmovieron verdaderamente, y cuando lo he pensado, no puedo imaginar nada más importante que pudieras saber en tu situación, que no sea el mensaje de Cristo», o le diría «sé que el tema de la religión puede ser divisivo, pero Candice, por los últimos dos mil años las personas han encontrado en el mensaje de Jesús la clave para entender la vida y la muerte, y quiero contarte al respecto», o «Candice, sabes que creo en un Dios que sufrió en una cruz, o sea, un Dios que se ha identificado con nuestra muerte. Y esto tiene tanto que ver con tu situación que me gustaría explicarte el mensaje de Jesús»; algo así, o tal vez una combinación de las tres. Tú sabrás mejor cómo decirlo en tu contexto y en el de Candice, pero el objetivo es darle una explicación honesta del evangelio, llena de significado eterno y que le ayude a ver su mayor necesidad: arrepentirse de su pecado y responder en fe.

En un sentido, mi mayor preocupación sería que la madre de Candice oyera una explicación clara del evangelio, si es que no lo ha hecho ya, pero aquí ya estoy yendo más allá del asunto. Por cierto, creo que sería de ayuda leerte el libro *Is God Anti-Gay?*, de Sam Allberry.

Tu hermano, Mack

Este intercambio revela algunos de los principios básicos que uso en mis conversaciones con las personas acerca de la fe. Estos incluyen:

- Muestra gracia cuando compartas tu fe. He notado que a menudo temo evangelizar porque hay muchas maneras de equivocarse. Puedo meter la pata con el mensaje. Puedo quedarme callado cuando debo hablar. Puedo decir cosas que luego me parecerán estúpidas. Pero es bueno recordarte que aun tus errores pueden ayudarte a ser un mejor embajador.

- Conoce gente allí donde se encuentren.
- Busca puertas abiertas. Una cultura de evangelización es muy útil en este punto. Cuando los miembros de una iglesia comparten acerca de las puertas que han visto abrirse a su alrededor, otros miembros pueden encontrar oportunidades para implicarse.
- Sé compasivo y mantén un corazón tierno hacia otros. Recuerda que eres un pecador. La humildad respalda el evangelio.
- Recuerda que tenemos respuestas a las grandes preguntas de la vida. Esto es algo que puedes ofrecer. Cuando la realidad de la vida rompe las barreras superficiales que separan a la gente de Dios, ahí es cuando puedes hacer brillar la luz del evangelio. No la escondas bajo una cesta.
- Enfócate en la separación que hay entre la gente y Dios, no te enfoques en ser moralmente correcto.
- Sé intencional en tu conversación. Planea lo que vas a decir. Esto te ayudará a decir cosas útiles, no cosas incómodas u ofensivas.
- Reconoce lo que sabemos y lo que no sabemos. La frase de Kim «un mundo roto, enfermo de pecado» reconoce la verdad que vemos a nuestro alrededor.

El cristiano sabe cómo moverse en ese ambiente porque sabe lo que pasó. También encuentro útil decirle a la gente que no siempre sabemos las razones por las que Dios hace las cosas, pero sí confío en él como el que da sentido a un mundo roto.

- Es bueno —aunque no es obligatorio— pedir permiso para compartir el mensaje del evangelio.
- Haz muchas preguntas. Sé un buen oyente.
- Finalmente, si anticipas alguna situación en la vida de una persona, es bueno informarse sobre ese asunto con la lectura de un libro o hablando con alguien que sepa del tema.

LOS EMBAJADORES DEBEN SER VALIENTES Y CLAROS

Si estuviera en la cárcel por evangelizar, estoy bastante seguro de que estaría pidiendo a mis amigos que oraran «¡para que me liberaran!». Pero el prisionero Pablo pidió valentía y claridad para presentar el evangelio (Ef 6:19; Col 4:3-4).

Siento que el elemento más necesario para la evangelización en la comunidad cristiana es la valentía, por lo menos en Norte América. Es un área en el que podemos aprender de nuestros hermanos y hermanas que viven donde no hay libertad religiosa.

Conocí a un iraní llamado Farshid cuando vino a nuestra casa de Dubai, en una reunión de estudiantes. Nos sentamos juntos para escuchar una charla de Nisin.

Probablemente había unos treinta estudiantes en la sala. Mientras Nisin hablaba, noté que Farshid estaba incómodo. Finalmente, se acercó a mí y me dijo: «Mack, es un gran orador, pero, ¿cuándo va a llegar al evangelio?».

Por fin entendí la razón de su incomodad. Farshid quería que el evangelio quedase claro a los estudiantes.

«No te preocupes, hermano», le dije, «nunca he visto que Nisin deje fuera el mensaje de vida; ya vendrá». Y llegó. Nisin proclamó la maravillosa historia de que Cristo salva a los pecadores. Al hacerlo, Farshid dejó de moverse y sus ojos se llenaron de lágrimas. Me di cuenta de que aquellos que vienen de un trasfondo donde muchos odian la cruz, tienden a amarla mucho más.

El siguiente año compartí un almuerzo con Farshid en Ciudad del Cabo, Sudáfrica, durante el Congreso de Lausana. Me dijo que las cosas se estaban poniendo difíciles en Irán y que sentía que era cuestión de tiempo que lo arrestaran; solo por ser un testigo valiente y claro del evangelio. Dejó la seguridad de la comunión que teníamos en Ciudad del Cabo para irse a Teherán; qué hermano tan valiente.

En el día de Navidad Farshid fue arrestado. Los cargos eran «traición contra el Estado Islámico de Irán», o, diciéndolo de otro modo, ser un fiel testigo de Cristo. Su sentencia: seis años. Su esposa y sus dos hijos pequeños escaparon por las montañas turcas para llegar a un campamento de refugiados. Está detenido en la famosa prisión Evin en Irán. Cuando Farshid logra enviar una carta desde la cárcel, le pide a sus amigos que oren para que sea valiente y claro al presentar el evangelio, y pide para que pueda seguir regocijándose en Cristo.

La mayoría de nosotros no enfrentamos este tipo de dificultades por ser fieles. Pero Farshid ama a Jesús y su evangelio. Como Pablo, él estima *todas las cosas cómo pérdida por la excelencia del conocimiento de Cristo Jesús* (Fil 3:8). De manera que con claridad y valentía continúa diciéndole a la gente que le rodea acerca de la salvación que se encuentra en Cristo.

Toma valor con la historia de Farshid y sé valiente y claro con el evangelio en tu propio contexto. La Biblia nos llama a recordar a aquellos que han sido valientes y fieles, para seguir su ejemplo.

LOS EMBAJADORES DEBEN ENTREGAR EL MENSAJE Y CONFIAR EN CRISTO PARA LA RESPUESTA

Cuatro de nosotros estábamos en la zona de recogida de equipajes en el aeropuerto O'Hare. Habíamos venido a Chicago para estar en una reunión de negocios importante. De hecho, la reunión había comenzado mucho antes de que llegáramos al hotel: estábamos bien adentrados en conversaciones tras subir al taxi que conducía Ibrahim.

Mientras hablábamos acerca de las implicaciones de diferentes políticas, Ibrahim me dijo, «¿Sabes? ¡Este mundo es maravilloso!». Le miré, mientras trataba de seguir la que se decía detrás de mí.

«Alá ha creado todo esto», me dijo con un gesto que señalaba al centro de Chicago, un gesto que hizo que el automóvil se desviara bruscamente al otro carril. Yo meneé la cabeza sin decir nada, deseando estar en el asiento trasero. «Pero lo maravilloso sobre Alá es que mantiene un registro de todo lo que hacemos».

«Sí, estoy de acuerdo», le dije, luchando por quitar de mi mente mis ideas de gerente. «Soy cristiano, y creo que sí, Dios tiene un registro completo».

«¿Sabes cuál es la diferencia entre tú y yo?» continuó Ibrahim. Sentí que en verdad no era una pregunta genuina.

«Tú crees que Jesús era Dios», continuó, «y yo creo que fue solamente un profeta». A Ibrahim no le faltaba valor como evangelista musulmán.

«Eso es cierto también, Ibrahim», le dije. Esto pareció animarlo, así que comenzó un monólogo teológico que duró hasta casi llegar al hotel.

Pero cuando llegamos a nuestro destino, Ibrahim guardó silencio mientras yo rellenaba el formulario de pago mediante tarjeta de crédito. Por fin tuve la oportunidad de hablar: «¿Sabes qué, Ibrahim? Estoy de acuerdo con que los musulmanes y los cristianos creemos que todos los pecados están registrados, pero el musulmán cree que los pecados se comparan con las buenas obras, mientras que el cristiano cree que Jesús ofrece perdón de pecados por medio de la fe. Creo que esa es la gran diferencia. Por eso amo a Jesús: él no compara nuestros pecados con nuestras buenas obras; él perdona nuestros pecados porque pagó por ellos».

Ibrahim miró al techo de su taxi. «Hmm», dijo. Luego me ayudó con mis maletas. Mientras veía como se iba, me pregunté si mis palabras tuvieron efecto.

¿Debería haberle dado más propina? De repente, vi que las luces de sus frenos se encendieron, y su taxi giró de regreso. «¡Quizá mis palabras tuvieron efecto!» pensé. «Apuesto que quiere preguntar sobre Jesús, ¡o tal vez sobre el perdón!». Me preparé para llevar a este hombre a Cristo.

Pero no, solo me había olvidado mi tarjeta de crédito. Ibrahim me sonrió y me dio la tarjeta por la ventana. Me alegré de que este hombre fuese bueno, un musulmán honesto. Pero mientras lo veía alejarse por segunda vez, de nuevo tuve ese sentimiento familiar de haber fracasado al compartir mi fe. Ojalá hubiese dicho más acerca del evangelio, o tal vez haberlo dicho de una mejor manera.

Pero mientras pensaba acerca de esto, me di cuenta de que el asunto no era lo que podría haber dicho o lo que debería haber dicho. Lo que *dije* era verdad, y tenía que confiar en que Dios lo usaría con Ibrahim, y conmigo también. Él me ama y le agrada que hubiese asumido un riesgo para defender la fe. Él no usa mi pecado —o mis fracasos, o incluso mis esfuerzos torpes— como reproche contra mí. Y si él decidiera llamar a Ibrahim a la fe, no será porque lo dije todo bien, sino que sería solo por su gracia.

Necesité un rato para hacer que mi mente regresara a la reunión de negocios, porque me estaba regocijando en el amor y el perdón de Dios. Las riquezas de Cristo en mi vida parecían más reales porque había compartido mi fe. No sé si lo que hablé con Ibrahim lo cambió, pero ciertamente me hizo recordar lo importante: la vida con Jesús es mejor que cualquier reunión de políticas. Me recordó también de la gracia de Dios en mi propia vida. ¿Sabía yo que había sido perdonado antes de hablar con Ibrahim? Por supuesto. Pero hablar de la gracia con alguien que verdaderamente cree en la justicia por obras hizo que esa gracia penetrara más profundamente en mi corazón. No es algo que conozca solo de forma intelectual. Mi oración es que un día Ibrahim conozca esta misma esperanza y gozo.

Es bueno que recordemos que la salvación es una obra del Espíritu. Intentamos ser inteligentes, valientes y claros en nuestra forma de compartir el evangelio con otros, pero Dios es quien produce los resultados. Podemos descansar en este conocimiento.

LOS EMBAJADORES NO DEBEN DESANIMARSE

Pablo dice en 2 Corintios 4:1: «Por lo cual, teniendo nosotros este ministerio según la misericordia que hemos recibido, no desmayamos». Debemos recordarnos esto cuando somos tentados a pensar que nuestros intentos de evangelización son inútiles.

Mientras viajaba, me encontré con Craig en el aeropuerto de Cincinnati. Conocía a Craig de la iglesia. Se identificó como un no cristiano que estaba explorando el cristianismo pero, desde mi distante perspectiva, me pareció que estaba más interesado en la comunidad de la iglesia que en la fe. Fue una rara coincidencia habérmelo encontrado, así que lo invité a sentarse conmigo.

Craig tenía el aspecto de un violinista clásico: su pelo lucía como el de Einstein, largo y color plata, saliendo de los lados de su cabeza. En aquel momento tenía su mirada perdida, con una expresión cansada y melancólica. Me contó que hace poco había perdido a su madre, después de una larga enfermedad. Esto confirmó mi sentir de que nuestro encuentro no había sido un accidente: Dios estaba obrando en la vida de Craig, así que me preparé para hablar con él acerca de Jesús.

«Quién sabe», pensé, «quizá este sea su momento».

Hice todo lo que se supone que debía hacer. Le expresé mis condolencias por la muerte de su madre y le pregunté cómo estaba. No forcé la conversación y oraba mientras escuchaba, sintiendo que nuestra conversación tenía todas las características de un encuentro orquestado por Dios. Pero cuando comencé a tantear la respuesta de Craig a Jesús, levantó su guardia. Estaba bien, gracias. Fue una conversación amable y socialmente aceptable, pero aparentemente infructuosa a nivel espiritual.

Mientras le veía marcharse, reconocí que yo también estaba cansado. Estaba cansado de hablar a personas cansadas, acerca de un tesoro que necesitaban pero que no parecían querer. Estaba cansado de mis absurdos miedos al rechazo. Pero, sobre todo, estaba bastante cansado de pensar que no debía sentirme así; un sentimiento que a veces *me hacía querer dejar de compartir mi fe.*

Antes de que ese cansancio me abrumara totalmente, Dios en su gracia me guió a un versículo en Filemón, del cual no me había dado cuenta antes: «[oro] para que la participación de tu fe sea eficaz en el conocimiento de todo el bien que está en vosotros por Cristo Jesús» (Flm 6).

Aquí Pablo tiene más que la evangelización en mente, aunque no menos que eso. Aun así, la oración de Pablo es para que seamos activos en compartir nuestra fe. Pero observa que la razón no es ni la respuesta ni nuestra efectividad. Pablo está diciendo algo que rara vez escucho: compartir nuestra fe es para nuestro beneficio también, para que obtengamos un entendimiento más pleno de las cosas buenas que tenemos en Cristo. La Biblia dice que, entre todas las buenas razones que hay para compartir nuestra fe, una de ellas es lo que sucede en nosotros. Creo que esto es importante, no solo para nosotros como cristianos individuales, sino que también para la comunidad.

Parte de mi cansancio en la evangelización es mi enfoque constante en lo que se supone que debe ocurrir en *otros.* Cuando ese es mi enfoque y nada sucede, entonces me desanimo. Pero saber que Dios obra en mí cuando comparto activamente mi fe me da esperanza incluso cuando nadie responde positivamente a mis esfuerzos.

De hecho, estoy convencido de que compartir nuestra fe, independientemente de la respuesta, es la clave para la salud espiritual del individuo y de la comunidad. Sí, por supuesto, queremos ser efectivos en nuestro testimonio. Sí, muchos cristianos hacen cosas tontas que obstruyen el mensaje del evangelio —de acuerdo, *he hecho* cosas tontas que obstruyen el evangelio— pero deberíamos dar los pasos para cambiar estas cosas. Si deseamos entender las riquezas de Jesús más profundamente, necesitamos compartir nuestra fe activamente.

Craig siguió viniendo a nuestra nueva iglesia después de nuestro encuentro en el aeropuerto. Durante meses se sentó y oyó testimonios que glorificaban a Dios y explicaciones claras del evangelio sin aparente respuesta. Pero un día, el primer domingo que yo estaba de vuelta en la iglesia tras un largo viaje, Craig me sorprendió al ponerse de pie y decirme cómo había venido a Cristo. Mi corazón se ensanchó al escuchar a Craig compartir lo que Dios había hecho en su vida.

Craig nos dijo que pasaron muchos meses antes de que se diera cuenta de que los testimonios que escuchaba no eran dramas. Había pensado que en realidad estos testimonios eran representaciones de eventos espirituales dramatizados por actores profesionales. Que las personas revelaran cómo habían llegado a entender el evangelio de un modo tan íntimo y profundo se salía de la experiencia de Craig. Pero con el paso del tiempo, Craig se dio cuenta de que estas personas estaban hablando sobre *sus* vidas.

«Bueno, aquí estoy», dijo, «de pie ante vosotros contando cómo he venido a la fe... Ahora entiendo el evangelio». Tal vez solo sea mi imaginación, pero la voz de Craig parecía haber perdido el cansancio. Me parecía alguien distinto: lleno de vida.

Mientras Craig le contaba a nuestra iglesia aquel domingo por la mañana cómo había llegado a entender lo que Jesús había hecho por él, también sentí que mi cansancio se marchó. No guié a Craig a Jesús, pero fui activo en compartir mi fe con él; hice mi parte. Fui parte de una iglesia que tenía una cultura de evangelización. Y en esta ocasión, al menos, Dios me dejó ver cómo mi diminuta parte jugó su papel.

La mayor parte del tiempo no podemos ver esto; tenemos que confiar en Dios. Pero esto es algo *bueno*. Dios obra a través de nosotros cuando compartimos nuestra fe; incluso cuando no lo vemos a este lado del cielo. Tal vez él obre a través de un poco de tiempo que compartamos en la entrada de un restaurante; tal vez mediante una breve conversación en la que compartimos el evangelio en un minuto, o quizá a través de una importante observación teológica acerca del perdón. Quién sabe, ¿posiblemente Dios obre mediante algo que hagas hoy? Así que recibe ánimo, aun en medio del desaliento. Comprende que Dios está obrando en ti y a través de ti. Puedes depender de él. No caigas en la tentación de renunciar.

Después de que Craig compartiera su historia en la iglesia, algunos no creyentes se le acercaron para hablar más sobre Jesús. Craig quedó impactado por la respuesta de estas personas. Él esperaba que la gente pensaría que estaba loco. Pero lo que no podía quitarse de la mente, nos dijo después, era el deseo en sus corazones que solo Jesús podía llenar. «No sé cómo puedes soportarlo», dijo, «ver tal necesidad en las almas de la gente». Sé a lo que se refiere: a veces no sé si puedo soportarlo. De hecho, vi esa necesidad en Craig y fui tentado a renunciar. Posiblemente toda esa gente cansada a tu alrededor te hace pensar si puedes soportarlo. Quizá los intentos infructuosos de compartir tu fe con un vecino a quien ves día tras día, o el taxista que ves solo una vez en tu vida, te han hecho preguntarte si vale la pena. Tal vez, en lo secreto de tu corazón, también estás siendo tentado a renunciar.

Anímate. La evangelización es más grande de lo que podemos ver. Recuerda la promesa de Dios: te está dando un entendimiento más completo de las riquezas que tenemos en Cristo. Te está dando sus ojos para que veas a las personas como él las ve. Te está ayudando a comprender el rico significado del mensaje que llevamos, y te está ayudando a depender de él para obrar en las vidas de las personas.

Estas son razones suficientes para seguir, pero aun hay algo mejor. A veces Dios nos permite ver personas cansadas que son transformadas en personas llenas de luz. Esto es algo glorioso, maravilloso y esperanzador.

UNA EXPLICACIÓN DEL EVANGELIO

Dios, nuestro Creador, es santo, justo y amoroso. Nosotros somos suyos, hechos a su imagen. Aunque una vez tuvimos comunión con Dios y fuimos amados por él, ahora estamos separados de él. Esta separación entre Dios y sus criaturas comenzó con una rebelión de nuestros ancestros. En esencia, la rebelión fue nuestra decisión de no creer a Dios, intentando ser Dios nosotros mismos. Esta rebelión traicionera fracasó, y el juicio fue la muerte eterna. Horriblemente, el pecado de rebelión es transmitido de generación a generación como una maldición: todas las personas heredamos tanto el pecado como el juicio. Nuestra naturaleza pecaminosa hace imposible que nadie pueda ganarse su regreso a Dios.

Pero aun cuando somos incapaces de comprar o conseguir un escape de la maldición, Dios en su amor proveyó una forma para regresar a una relación de amor y perdón con él. Toda la Biblia profetiza, registra y explica la venida de un Salvador que vino para tal fin: el Hijo de Dios, Jesús.

Jesús, plenamente Dios y plenamente hombre, vivió en la tierra haciendo milagros y enseñando acerca de los caminos de Dios. Vivió una vida perfecta y fue el sacrificio perfecto para rescatarnos de la maldición del pecado y de la muerte. Jesús pagó el precio por nuestros pecados a través de su muerte en la cruz. Se levantó de la tumba, conquistando a la muerte, y probando así que lo que dijo era cierto. Mediante su muerte, Cristo compró el derecho de ofrecernos perdón de pecados y el derecho de que cualquiera que se vuelva a él sea hecho hijo de Dios.

Todo aquel que oye este mensaje de buenas noticias y responde a Jesús no será rechazado. Jesús nos llama a convertirnos de un estilo de vida de incredulidad, y del pecado que nos atrapa, y a poner toda nuestra confianza y fe solamente en él para rescatarnos de la maldición. Así que para llegar a ser un seguidor de Jesús, le ofrecemos nuestra vida en fe y nos comprometemos a seguirle como Señor todos nuestros días.

DEFINICIONES

- Evangelización: Enseñar o predicar el evangelio con el objetivo, o propósito, de persuadir o convertir.
- Evangelio: El maravilloso mensaje de Dios que nos lleva a la salvación.
- El mensaje de Dios: La explicación de quién es Dios, el problema humano del pecado y la perdición, la obra de Cristo para nuestra salvación, y la respuesta

que las personas tienen que dar para que su relación con Dios sea restaurada. Esto puede encapsularse en las cuatro partes del esquema del evangelio: Dios, el hombre, Cristo y la respuesta.

- Pecado: Un estado de rebelión contra Dios caracterizado por el egoísmo y la incredulidad.
- Pecados: Los síntomas y expresiones del estado de rebelión e incredulidad.
- Arrepentimiento: Dejar la vida de incredulidad.
- Conversión: Pasar de muerte a vida, de la culpa al perdón.

Creer: Confiar completamente en Dios y su gracia salvadora mediante Cristo.

PASAJES DE LA ESCRITURA PARA UN ESQUEMA DEL EVANGELIO

Hay muchos versículos de la Escritura que deberías conocer. Los siguientes versículos proveen hechos básicos acerca de Dios, el hombre, Cristo, la respuesta, y el costo de seguir a Jesús:

DIOS

- Isaías 6:1-3. *Dios es santo.*
- Colosenses 1:16-17; Salmos 8:1-4. *Dios es el Creador.*
- Juan 3:16. *Dios es amoroso.*
- Romanos 1:18. *Dios muestra ira contra el pecado.*

EL HOMBRE

- Génesis 1:26-27. *Hemos sido creados a la imagen de Dios.*
- Romanos 3:9-12. *Todos somos pecadores.*
- Efesios 2:1-3. *Estamos muertos en nuestras transgresiones.*
- Isaías 53:6. *Estamos en rebelión contra Dios.*
- Isaías 59:2. *Estamos separados de Dios.*
- Romanos 6:23. *La muerte es el pago de nuestra rebelión.*

CRISTO

- Juan 3:16. *Jesús es el camino a Dios.*
- Romanos 5:6-8. *Jesús murió por nosotros.*
- Romanos 6:23. *El regalo de la vida eterna es a través de Cristo.*
- Efesios 2:4-9. *Dios nos da gracia en Cristo.*
- Colosenses 1:19-23. *Dios nos reconcilia consigo mismo por medio de Cristo.*
- 1 Pedro 2:22. *Cristo vivió una vida perfecta.*
- 1 Corintios 15:3-4. *Cristo se levantó de entre los muertos.*
- Juan 10:10. *Cristo vino a dar vida.*

LA RESPUESTA

- Romanos 10:9-11. *Debemos confesar con nuestra boca y creer en nuestro corazón.*
- Mateo 4:17; Hechos 2:38. *Debemos arrepentirnos.*
- Juan 8:12. *Debemos seguir a Jesús.*
- Juan 5:24-25. *Debemos oír la Palabra de Jesús.*
- Juan 1:12. *Debemos creer en el nombre de Jesús.*

EL COSTO

- 1 Pedro 1:18-19. *Cristo nos redimió con su sangre.*
- Efesios 2:8-9. *Dios nos salvó por su gracia.*
- Lucas 9:23-24. *Debemos negarnos a nosotros mismos y tomar la cruz.*

REFERENCIAS

CAPÍTULO 1

1. J. I. Packer, *El evangeslimo y la soberanía de Dios* (Publicaciones Faro de Gracia, 2008).

2. Tim Keller, *Paul's Letter to the Galatians: Living in Line with the Truth of the Gospel* (New York: *Redeemer Presyterian Church*, 2003), 2.

3. La palabra que normalmente se traduce como «evangelio» en el Nuevo Testamento es generalmente traducida «buenas nuevas» en el Antiguo Testamento (por ejemplo: Is 52:7).

CAPÍTULO 2

1. Barna Group, "*Evangelism Is Most Effective Among Kids*", 11 de octubre de 2004. https://www.barna.org/barna-update/article/5barna-update/196-evangelism-is-most-effectiveamong-kids#.UjmEo-AXd3g.

CAPÍTULO 3

1. La red Acts 29 se dedica a plantar iglesias. El nombre se debe a que el libro de los Hechos en el Nuevo Testamento tiene veintiocho capítulos. Por tanto, el nombre "Acts 29" puede entenderse como el constante «próximo capítulo» en la historia de la iglesia. http://en.wikipedia.org/wiki/Acts_29.

2. Para saber más acerca de la membresía en la iglesia, puedes ver el libro de Jonathan Leeman *La membresía de la iglesia: Cómo sabe el mundo quién representa a Jesús* (9Marks, 2013).

3. Este libro es parte de una serie que cubre doctrinas y prácticas bíblicas que ayudan a las iglesias a ser saludables en lugar de estar enfermas, les ayudan a florecer en lugar de solamente sobrevivir. Nosotros nos enfocamos específicamente en nueve marcas, aunque podrían añadirse muchas otras. La primera «marca» de una iglesia sana que comentamos es la descripción de la labor principal del pastor: la predicación expositiva, un tipo de predicación en la que el tema principal del texto bíblico es el tema principal del sermón. Los sermones que se predican siguiendo de principio a fin un libro de la Biblia se alimentan de y se apoyan en un entendimiento coherente de toda la historia y mensaje de la Escritura. Por tanto, una segunda marca es la teología bíblica. El mensaje central de la Escritura, el evangelio, es lo que da vida a nuestras iglesias, y debemos entenderlo bíblicamente; esta es la tercera marca. De esto

fluye un entendimiento bíblico de la conversión y de la evangelización, las marcas cuatro y cinco. Una vez que las personas se convierten, deberían unirse a la iglesia: esto es, la membresía de la iglesia. La otra cara de la membresía es la disciplina en la iglesia, lo que una iglesia hace cuando sus miembros dejan de arrepentirse de sus pecados. Con esta llegamos a siete. La marca ocho es un entendimiento bíblico del crecimiento, y la novena es un liderazgo bíblico de la iglesia.

CAPÍTULO 4

1. Donald S. Whitney, *Spiritual Disciplines for the Christian Life* (Colorado Springs: NavPress, 1991), 106.
2. Whitney, *Spiritual Disciplines for the Christian Life*, 108.

ÍNDICE DE LAS ESCRITURAS

JUECES
  21:25 *87*

SALMOS
  96:2-3 *64*

EZEQUIEL
  33:30-32 *63*

MATEO
  5:16 *120*
  18:15-17 *89*
  20:25-28 *113*
  28:18-20 *90*
  28:19 *68*

MARCOS
  6:34-44 *36*
  8:24 *115*

LUCAS
  9:10-17 *36*
  24:27 *119*

JUAN
  1:1 *36*
  3 *45*

  3:1-8 *89*
  13:34-35 *89*
  13:35 *79*
  17:20-21 *79*

HECHOS
  2 *111*
  2:41 *89*
  2:46-47 *76*
  2:47 *30*
  6:2-4 *95*
  14:23 *89*
  18:26 *28*

ROMANOS
  1:16 *61*

1 CORINTIOS
  12:12-26 *89*

2 CORINTIOS
  4:1 *139*
  4:1-2 *30*
  4:2 *31*
  5:11 *44*
  5:11-15 *30*
  5:14-15 *60*

5:16 *64*
5:17 *66*
5:20-21 *126*
10:5 *74*

GÁLATAS
1:6-7 *34*
2:5 *111*
2:11-14 *111*
2:14 *112*

EFESIOS
3:10 *89*
6:15 *103*
6:19 *134*

FILIPENSES
1:3-5 *67*
1:7-8 *51*
1:12-13 *74*
1:13 *75*
1:17-18 *28*
1:27 *113*
2:19-22 *71*
3:8 *136*
4:22 *75*

COLOSENSES
1:3-4, 7 *72*
3:13 *113*
3:16 *89*
4:3-4 *134*

1 TIMOTEO
2:7 *37*

2 TIMOTEO
1:11 *37*
1:13 *68*
2:2 *69*
3:16-17 *89*

FILEMÓN
6 *141*

HEBREOS
4:14-16 *108*
10:24-25 *89*

1 PEDRO
3:15 *43, 68*

puesto en este breve libro. Algunas partes me animaron, otras me desafiaron. Me encantó leer este libro y lo recomiendo encarecidamente».

J. D. Greear, Pastor principal, *The Summit Church*, Durham, Carolina del Norte; autor, *Stop Asking Jesus into Your Heart: How to Know for Sure You Are Saved*

«Mack Stiles escribe acerca de desarrollar una cultura de evangelización de una forma que ¡permite al lector ver esa cultura! En este libro no solo leemos la verdad, sino que adquirimos una visión de cómo nuestras iglesias pueden vivir de una manera rica y dinámica. Puede que este sea el libro más corto, pero también el más importante que jamás hayas leído para la vida de tu iglesia y la extensión del evangelio».

Thabiti M. Anyabwile, Pastor principal, *First Baptist Church of Grand Cayman*

«La antigua misión de la iglesia de hacer discípulos de todas las naciones sigue siendo nuestra prioridad número uno hoy en día. Es innegable que tenemos una urgente necesidad de ser entrenados para compartir nuestra fe. Este libro muestra a gente real aprendiendo a compartir la buena noticia de un Mesías real. Es instructivo, alentador y convincente; no querrás esperar para aplicar lo que aprendas en estas páginas. Si alguien sabe cómo equipar a otros para hablar de Jesús, ¡ese es Mack Stiles!».

Gloria Furman, esposa de pastor, *Redeemer Church of Dubai*; madre de cuatro hijos; autora, *Destellos de Gracia*

«Estoy genuinamente emocionado por este libro. Los libros de Stiles acerca de la evangelización son estupendos porque combinan ayuda

«Cualquier persona que conozca a Mack Stiles sabe que él encontraría difícil ser aburrido, incluso si decidiera serlo. El libro que tienes en tus manos motiva a los cristianos —y también a los pastores— a desear ardientemente que la evangelización sea parte de la cultura de la iglesia local, un componente impulsor de su ADN espiritual. Este libro es rico en implicaciones prácticas, no *a pesar* de su incesante enfoque en Jesús y el evangelio, sino que precisamente *a causa* de tal enfoque. Este libro merece ser leído, ponderado e implementado».

> **D. A. Carson,** Profesor de Investigación del Nuevo Testamento, *Trinity Evangelical Divinity School*

«El mejor libro acerca de la evangelización sería aquel que fuese directamente al corazón del asunto y fuese escrito por un evangelista. En otras palabras, sería este libro. Mack Stiles es uno de los evangelistas más naturales, efectivos, resueltos e incansables que conozco. Me gustaría saber lo que piensa acerca de la evangelización, ya sea por medio de una conversación, una carta, o un libro entero. En este breve volumen, Mack realiza una exploración clara y bíblica de cómo la comunión de la iglesia multiplica la evangelización individual. Todo lector recibirá inspiración, ánimo y capacitación para ser un evangelista congregacional. Por el bien de la iglesia, del evangelio y del mundo, este libro debe estar en lo más alto de tu lista de lecturas».

> **R. Albert Mohler,** Jr., Presidente y Profesor Joseph Emerson Brown de Teología Cristiana, *The Southern Baptist Theological Seminary*

«Dios ha dotado a Mack Stiles para ser un evangelista, y este libro es el desbordamiento de ese don. Conozco pocos libros que combinen el rigor teológico, la sabiduría pastoral y la experiencia personal que Mack ha

✦ Glenn Close en marquise de Merteuil et John Malkovich en vicomte de Valmont campent les amants terribles des *Liaisons dangereuses* dans l'adaptation du roman de Choderlos de Laclos (1782) par le réalisateur Stephen Frears (1988).

✦ Phèdre aime Hippolyte qui aime Aricie... La célèbre tragédie de Racine est une référence en matière d'amour malheureux. Dominique Blanc incarne Phèdre dans une mise en scène de Patrice Chéreau au théâtre de l'Odéon en 2003.

Inépuisable source d'inspiration...

La passion de Manon Lescaut et du chevalier des Grieux a inspiré de nombreux artistes. Le musicien italien Puccini en tira un opéra dont le succès fut immédiat. Le cinéaste Henri-Georges Clouzot choisit Cécile Aubry et Michel Auclair pour incarner les deux héros du roman dans un film de 1949. Le livre a aussi inspiré Serge Gainsbourg qui composa une chanson intitulée « Manon ».

✦ Dans cette mise en scène de 1997 du célèbre opéra de Puccini qui raconte l'histoire de Manon Lescaut, Grahal Vick a porté une attention toute particulière aux costumes et accessoires des chanteurs, ancrant la représentation dans l'atmosphère du XVIIIe siècle.

✦ *Manon*, film d'Henri-Georges Clouzot (1949) avec Michel Auclair et Cécile Aubry.

✦ « Perverse Manon / Perfide Manon

Il me faut t'aimer avec un autre / Je le sais Manon. »

« Manon », chanson ombrageuse de Serge Gainsbourg, ici avec son grand amour Jane Birkin.

C'est sur l'album *Je t'aime… moi non plus* qu'elle a été enregistrée pour la première fois en 1969.

Les scènes emblématiques du roman *Manon Lescaut* furent souvent illustrées, notamment au XIXe siècle (voir aussi p. 30 et 212). La première gravure représente le convoi qui mène Manon accompagnée de quelques autres filles de joie vers le port du Havre où on les fera embarquer pour l'Amérique (p. 36).

Le second dessin montre la mort de Manon auprès de son amant le chevalier des Grieux (p. 207).

© Leemage

Création Studio Flammarion

✦ *Sur la route du Havre*, gravure d'après un dessin de Maurice Leloir, 1885.

© akg-images

✦ *Mort de Manon Lescaut*, lithographie de Jean Gigoux (1806-1894).

d'une scène agréable en me faisant passer pour un écolier, frère
1735 de Manon; l'autre, pour empêcher ce vieux libertin [1] de s'émanci-
per trop avec ma maîtresse, par le droit qu'il croirait s'être acquis
en payant si libéralement d'avance. Nous devions nous retirer,
Lescaut et moi, lorsqu'il monterait à la chambre où il comptait
de passer la nuit; et Manon, au lieu de le suivre, nous promit de
1740 sortir, et de la venir passer avec moi. Lescaut se chargea du soin
d'avoir exactement un carrosse à la porte.

L'heure du souper étant venue, M. de G... M... ne se fit pas
attendre longtemps. Lescaut était avec sa sœur, dans la salle. Le
premier compliment du vieillard fut d'offrir à sa belle un collier,
1745 des bracelets et des pendants de perles, qui valaient au moins
mille écus. Il lui compta ensuite, en beaux louis d'or, la somme
de deux mille quatre cents livres, qui faisaient la moitié de la
pension. Il assaisonna son présent de quantité de douceurs dans
le goût de la vieille Cour [2]. Manon ne put lui refuser quelques
1750 baisers; c'était autant de droits qu'elle acquérait sur l'argent qu'il
lui mettait entre les mains. J'étais à la porte, où je prêtais l'oreille,
en attendant que Lescaut m'avertît d'entrer.

Il vint me prendre par la main, lorsque Manon eut serré l'argent et les bijoux, et me conduisant vers M. de G... M..., il m'or-
1755 donna de lui faire la révérence. J'en fis deux ou trois des plus
profondes. Excusez, monsieur, lui dit Lescaut, c'est un enfant fort
neuf. Il est bien éloigné, comme vous voyez, d'avoir les airs de
Paris; mais nous espérons qu'un peu d'usage le façonnera. Vous
aurez l'honneur de voir ici souvent monsieur, ajouta-t-il, en se
1760 tournant vers moi; faites bien votre profit d'un si bon modèle.
Le vieil amant parut prendre plaisir à me voir. Il me donna deux
ou trois petits coups sur la joue, en me disant que j'étais un joli
garçon, mais qu'il fallait être sur mes gardes à Paris, où les jeunes

---

1. Libertin : ici, personne qui mène une vie dissolue en s'adonnant sans
retenue aux plaisirs charnels.
2. Le «goût de la vieille Cour» renvoie à la galanterie précieuse et excessive.

gens se laissent aller facilement à la débauche. Lescaut l'assura
que j'étais naturellement si sage, que je ne parlais que de me faire
prêtre, et que tout mon plaisir était à faire de petites chapelles [1]. Je
lui trouve de l'air de Manon, reprit le vieillard en me haussant le
menton avec la main. Je répondis d'un air niais : Monsieur, c'est
que nos deux chairs se touchent de bien proche ; aussi, j'aime
ma sœur Manon comme un autre moi-même. L'entendez-vous ?
dit-il à Lescaut, il a de l'esprit. C'est dommage que cet enfant-là
n'ait pas un peu plus de monde [2]. Oh ! monsieur, repris-je, j'en ai
vu beaucoup chez nous dans les églises, et je crois bien que j'en
trouverai, à Paris, de plus sots que moi. Voyez, ajouta-t-il, cela est
admirable pour un enfant de province. Toute notre conversation
fut à peu près du même goût, pendant le souper. Manon, qui
était badine, fut sur le point, plusieurs fois, de gâter tout par ses
éclats de rire. Je trouvai l'occasion, en soupant, de lui raconter
sa propre histoire, et le mauvais sort qui le menaçait. Lescaut et
Manon tremblaient pendant mon récit, surtout lorsque je faisais
son portrait au naturel ; mais l'amour-propre l'empêcha de s'y
reconnaître, et je l'achevai si adroitement, qu'il fut le premier à
le trouver fort risible. Vous verrez que ce n'est pas sans raison
que je me suis étendu sur cette ridicule scène [3]. Enfin, l'heure du
sommeil étant arrivée, il parla d'amour et d'impatience. Nous
nous retirâmes, Lescaut et moi ; on le conduisit à sa chambre, et
Manon, étant sortie sous prétexte d'un besoin, nous vint joindre
à la porte. Le carrosse, qui nous attendait trois ou quatre maisons
plus bas, s'avança pour nous recevoir. Nous nous éloignâmes en
un instant du quartier.

---

1. *Faire de petites chapelles* : construire de petits autels en signe de dévotion.
2. *N'ait pas un peu plus de monde* : ne connaisse pas plus les usages qui
ont cours dans la société.
3. *Ridicule* : ici, comique ; en effet, la scène est digne de figurer dans une
comédie légère, voire dans une farce où chacun des protagonistes tient son
rôle pour duper le vieux barbon, qui du statut de victime passera pourtant à
celui de bourreau.

Quoiqu'à mes propres yeux cette action fût une véritable friponnerie, ce n'était pas la plus injuste que je crusse avoir à me reprocher [1]. J'avais plus de scrupule sur l'argent que j'avais acquis au jeu. Cependant nous profitâmes aussi peu de l'un que de l'autre, et le Ciel permit que la plus légère de ces deux injustices fût la plus rigoureusement punie.

M. de G... M... ne tarda pas longtemps à s'apercevoir qu'il était dupé. Je ne sais s'il fit, dès le soir même, quelques démarches pour nous découvrir, mais il eut assez de crédit pour n'en pas faire longtemps d'inutiles, et nous assez d'imprudence pour compter trop sur la grandeur de Paris et sur l'éloignement qu'il y avait de notre quartier au sien. Non seulement il fut informé de notre demeure et de nos affaires présentes, mais il apprit aussi qui j'étais, la vie que j'avais menée à Paris, l'ancienne liaison de Manon avec B..., la tromperie qu'elle lui avait faite, en un mot, toutes les parties scandaleuses de notre histoire. Il prit là-dessus la résolution de nous faire arrêter, et de nous traiter moins comme des criminels que comme de fieffés libertins. Nous étions encore au lit, lorsqu'un exempt [2] de police entra dans notre chambre avec une demi-douzaine de gardes. Ils se saisirent d'abord de notre argent, ou plutôt de celui de M. de G... M..., et nous ayant fait lever brusquement, ils nous conduisirent à la porte, où nous trouvâmes deux carrosses, dans l'un desquels la pauvre Manon fut enlevée sans explication, et moi traîné dans l'autre à Saint-Lazare [3]. Il faut avoir éprouvé de tels revers, pour juger du désespoir qu'ils peuvent causer. Nos gardes eurent la dureté de ne me pas permettre d'embrasser Manon, ni de lui dire une parole. J'ignorai longtemps ce qu'elle était devenue. Ce fut sans doute

---

1. Selon une casuistique qui lui est désormais familière, des Grieux excuse sa friponnerie par le fait que M. de G... M... est un personnage peu recommandable.

2. *Exempt* : officier.

3. À Saint-Lazare se trouvaient enfermés les fils de famille et les prêtres dont on avait à se plaindre de la conduite.

un bonheur pour moi de ne l'avoir pas su d'abord, car une cata-
1820 strophe si terrible m'aurait fait perdre le sens et, peut-être, la vie.

Ma malheureuse maîtresse fut donc enlevée, à mes yeux, et
menée dans une retraite [1] que j'ai horreur de nommer. Quel sort
pour une créature toute charmante, qui eût occupé le premier
trône du monde, si tous les hommes eussent eu mes yeux et mon
1825 cœur ! On ne l'y traita pas barbarement ; mais elle fut resserrée
dans une étroite prison, seule, et condamnée à remplir tous les
jours une certaine tâche de travail, comme une condition nécessaire pour obtenir quelque dégoûtante nourriture. Je n'appris ce
triste détail que longtemps après, lorsque j'eus essuyé moi-même
1830 plusieurs mois d'une rude et ennuyeuse pénitence. Mes gardes
ne m'ayant point averti non plus du lieu où ils avaient ordre de
me conduire, je ne connus mon destin qu'à la porte de Saint-
Lazare. J'aurais préféré la mort, dans ce moment, à l'état où je
me crus prêt de tomber. J'avais de terribles idées de cette maison.
1835 Ma frayeur augmenta lorsqu'en entrant les gardes visitèrent une
seconde fois mes poches, pour s'assurer qu'il ne me restait ni
armes, ni moyen de défense. Le supérieur parut à l'instant ; il
était prévenu sur mon arrivée ; il me salua avec beaucoup de douceur. Mon Père, lui dis-je, point d'indignités [2]. Je perdrai mille vies
1840 avant que d'en souffrir une. Non, non monsieur, me répondit-il ;
vous prendrez une conduite sage, et nous serons contents l'un
de l'autre. Il me pria de monter dans une chambre haute. Je le
suivis sans résistance. Les archers [3] nous accompagnèrent jusqu'à
la porte, et le supérieur, y étant entré avec moi, leur fit signe de
1845 se retirer.

Je suis donc votre prisonnier ! lui dis-je. Eh bien, mon Père,
que prétendez-vous faire de moi ? Il me dit qu'il était charmé de

---

1. Retraite : ici, euphémisme pour désigner l'hôpital de la Salpêtrière où
Manon va être enfermée (voir note 2, p. 37).
2. Des Grieux craint de se voir infliger le fouet, comme c'était la coutume
chez les lazaristes.
3. Archers : soldats armés de l'arc.

me voir prendre un ton raisonnable ; que son devoir serait de travailler à m'inspirer le goût de la vertu et de la religion, et le mien,
1850   de profiter de ses exhortations [1] et de ses conseils ; que, pour peu
que je voulusse répondre aux attentions qu'il aurait pour moi,
je ne trouverais que du plaisir dans ma solitude. Ah ! du plaisir !
repris-je ; vous ne savez pas, mon Père, l'unique chose qui est
capable de m'en faire goûter ! Je le sais, reprit-il ; mais j'espère
1855   que votre inclination changera. Sa réponse me fit comprendre
qu'il était instruit de mes aventures, et peut-être de mon nom.
Je le priai de m'éclaircir. Il me dit naturellement qu'on l'avait
informé de tout.

   Cette connaissance fut le plus rude de tous mes châtiments.
1860   Je me mis à verser un ruisseau de larmes, avec toutes les marques
d'un affreux désespoir. Je ne pouvais me consoler d'une humiliation qui allait me rendre la fable [2] de toutes les personnes de
ma connaissance, et la honte de ma famille. Je passai ainsi huit
jours dans le plus profond abattement sans être capable de rien
1865   entendre, ni de m'occuper d'autre chose que de mon opprobre [3].
Le souvenir même de Manon n'ajoutait rien à ma douleur. Il n'y
entrait, du moins, que comme un sentiment qui avait précédé
cette nouvelle peine, et la passion dominante de mon âme était
la honte et la confusion. Il y a peu de personnes qui connaissent
1870   la force de ces mouvements particuliers du cœur. Le commun
des hommes n'est sensible qu'à cinq ou six passions, dans le
cercle desquelles leur vie se passe, et où toutes leurs agitations se
réduisent. Ôtez-leur l'amour et la haine, le plaisir et la douleur,
l'espérance et la crainte, ils ne sentent plus rien. Mais les per-
1875   sonnes d'un caractère plus noble peuvent être remuées de mille
façons différentes ; il semble qu'elles aient plus de cinq sens, et
qu'elles puissent recevoir des idées et des sensations qui passent

---

1. *Exhortations* : prières, recommandations.
2. *Fable* : ici, risée, sujet de plaisanterie.
3. *Opprobre* : honte.

les bornes ordinaires de la nature ; et comme elles ont un sentiment de cette grandeur qui les élève au-dessus du vulgaire, il n'y
1880 a rien dont elles soient plus jalouses. De là vient qu'elles souffrent si impatiemment le mépris et la risée, et que la honte est une de leurs plus violentes passions [1].

J'avais ce triste avantage à Saint-Lazare. Ma tristesse parut si excessive au supérieur, qu'en appréhendant les suites, il crut
1885 devoir me traiter avec beaucoup de douceur et d'indulgence. Il me visitait deux ou trois fois le jour. Il me prenait souvent avec lui, pour faire un tour de jardin, et son zèle s'épuisait en exhortations et en avis salutaires. Je les recevais avec douceur ; je lui marquais même de la reconnaissance. Il en tirait l'espoir de ma conversion.
1890 Vous êtes d'un naturel si doux et si aimable, me dit-il un jour, que je ne puis comprendre les désordres dont on vous accuse. Deux choses m'étonnent : l'une, comment, avec de si bonnes qualités, vous avez pu vous livrer à l'excès du libertinage ; et l'autre que j'admire encore plus, comment vous recevez si volontiers mes
1895 conseils et mes instructions, après avoir vécu plusieurs années [2] dans l'habitude du désordre. Si c'est repentir, vous êtes un exemple signalé des miséricordes du Ciel [3] ; si c'est bonté naturelle, vous avez du moins un excellent fond de caractère, qui me fait espérer que nous n'aurons pas besoin de vous retenir ici long-
1900 temps, pour vous ramener à une vie honnête et réglée. Je fus ravi de lui voir cette opinion de moi. Je résolus de l'augmenter par une conduite qui pût le satisfaire entièrement, persuadé que c'était le plus sûr moyen d'abréger ma prison. Je lui demandai des livres. Il fut surpris que, m'ayant laissé le choix de ceux que je voulais
1905 lire, je me déterminai pour quelques auteurs sérieux. Je feignis de m'appliquer à l'étude avec le dernier attachement, et je lui donnai

---

1. La sensibilité amoureuse de des Grieux constitue la marque paradoxale qui le distingue et le hisse au-dessus des autres êtres mais le stigmatise aussi, aux yeux de ces derniers, parce qu'elle le conduit à l'infamie.

2. En réalité, il s'agit des quelques mois passés à Chaillot et à Paris.

3. *Miséricordes du Ciel* : pardon divin.

ainsi, dans toutes les occasions, des preuves du changement qu'il désirait.

Cependant il n'était qu'extérieur. Je dois le confesser à ma
1910 honte, je jouai, à Saint-Lazare, un personnage d'hypocrite. Au
lieu d'étudier, quand j'étais seul, je ne m'occupais qu'à gémir
de ma destinée ; je maudissais ma prison et la tyrannie qui m'y
retenait. Je n'eus pas plutôt quelque relâche du côté de cet acca-
blement où m'avait jeté la confusion, que je retombai dans les
1915 tourments de l'amour. L'absence de Manon, l'incertitude de son
sort, la crainte de ne la revoir jamais étaient l'unique objet de mes
tristes méditations. Je me la figurais dans les bras de G... M...,
car c'était la pensée que j'avais eue d'abord ; et, loin de m'imaginer qu'il lui eût fait le même traitement qu'à moi, j'étais persuadé
1920 qu'il ne m'avait fait éloigner que pour la posséder tranquillement.
Je passais ainsi des jours et des nuits dont la longueur me paraissait éternelle. Je n'avais d'espérance que dans le succès de mon
hypocrisie. J'observais soigneusement le visage et les discours du
supérieur, pour m'assurer de ce qu'il pensait de moi, et je me fai-
1925 sais une étude de lui plaire, comme à l'arbitre de ma destinée. Il
me fut aisé de reconnaître que j'étais parfaitement dans ses bonnes grâces. Je ne doutai plus qu'il ne fût disposé à me rendre service. Je pris un jour la hardiesse de lui demander si c'était de lui
que mon élargissement [1] dépendait. Il me dit qu'il n'en était pas
1930 absolument le maître, mais que, sur son témoignage, il espérait
que M. de G... M..., à la sollicitation [2] duquel M. le Lieutenant
général de Police m'avait fait renfermer, consentirait à me rendre
la liberté. Puis-je me flatter, repris-je doucement, que deux mois
de prison, que j'ai déjà essuyés, lui paraîtront une expiation [3]
1935 suffisante ? Il me promit de lui en parler, si je le souhaitais. Je le
priai instamment de me rendre ce bon office. Il m'apprit, deux

---

1. *Élargissement* : fin de l'emprisonnement.
2. C'est sur la requête de M. de G...M... que le chevalier a été enfermé par
lettre de cachet signée du lieutenant général de police.
3. *Expiation* : réparation, repentir.

jours après, que G... M... avait été si touché du bien qu'il avait
entendu de moi, que non seulement il paraissait être dans le dessein de me laisser voir le jour, mais qu'il avait même marqué
1940 beaucoup d'envie de me connaître plus particulièrement, et qu'il
se proposait de me rendre une visite dans ma prison. Quoique
sa présence ne pût m'être agréable, je la regardais comme un
acheminement prochain à ma liberté.

Il vint effectivement à Saint-Lazare. Je lui trouvai l'air plus
1945 grave et moins sot qu'il ne l'avait eu dans la maison de Manon. Il
me tint quelques discours de bon sens sur ma mauvaise conduite.
Il ajouta, pour justifier apparemment ses propres désordres, qu'il
était permis à la faiblesse des hommes de se procurer certains
plaisirs que la nature exige, mais que la friponnerie et les artifi-
1950 ces honteux méritaient d'être punis. Je l'écoutai avec un air de
soumission dont il parut satisfait. Je ne m'offensai pas même
de lui entendre lâcher quelques railleries sur ma fraternité avec
Lescaut et Manon, et sur les petites chapelles dont il supposait,
me dit-il, que j'avais dû faire un grand nombre à Saint-Lazare,
1955 puisque je trouvais tant de plaisir à cette pieuse occupation. Mais
il lui échappa, malheureusement pour lui et pour moi-même, de
me dire que Manon en aurait fait aussi, sans doute, de fort jolies
à l'Hôpital. Malgré le frémissement que le nom d'Hôpital me
causa, j'eus encore le pouvoir de le prier, avec douceur, de s'expli-
1960 quer. Hé oui ! reprit-il, il y a deux mois qu'elle apprend la sagesse
à l'Hôpital Général, et je souhaite qu'elle en ait tiré autant de
profit que vous à Saint-Lazare.

Quand j'aurais eu une prison éternelle, ou la mort même présente à mes yeux, je n'aurais pas été le maître de mon transport,
1965 à cette affreuse nouvelle. Je me jetai sur lui avec une si furieuse
rage que j'en perdis la moitié de mes forces. J'en eus assez néanmoins pour le renverser par terre, et pour le prendre à la gorge.
Je l'étranglais, lorsque le bruit de sa chute, et quelques cris aigus,
que je lui laissais à peine la liberté de pousser, attirèrent le supé-
1970 rieur et plusieurs religieux dans ma chambre. On le délivra de

mes mains. J'avais presque perdu moi-même la force et la respiration. Ô Dieu! m'écriai-je, en poussant mille soupirs; justice du Ciel! faut-il que je vive un moment, après une telle infamie? Je voulus me jeter encore sur le barbare qui venait de m'assassiner. On m'arrêta. Mon désespoir, mes cris et mes larmes passaient[1] toute imagination. Je fis des choses si étonnantes, que tous les assistants, qui en ignoraient la cause, se regardaient les uns les autres avec autant de frayeur que de surprise. M. de G... M... rajustait pendant ce temps-là sa perruque et sa cravate, et dans le dépit d'avoir été si maltraité, il ordonnait au supérieur de me resserrer plus étroitement que jamais, et de me punir par tous les châtiments qu'on sait être propres à Saint-Lazare. Non, monsieur, lui dit le supérieur; ce n'est point avec une personne de la naissance de M. le Chevalier que nous en usons de cette manière. Il est si doux, d'ailleurs, et si honnête, que j'ai peine à comprendre qu'il se soit porté à cet excès sans de fortes raisons. Cette réponse acheva de déconcerter M. de G... M... Il sortit en disant qu'il saurait faire plier et le supérieur, et moi, et tous ceux qui oseraient lui résister.

Le supérieur, ayant ordonné à ses religieux de le conduire, demeura seul avec moi. Il me conjura de lui apprendre promptement d'où venait ce désordre. Ô mon Père, lui dis-je, en continuant de pleurer comme un enfant, figurez-vous la plus horrible cruauté, imaginez-vous la plus détestable de toutes les barbaries, c'est l'action que l'indigne G... M... a eu la lâcheté de commettre. Oh! il m'a percé le cœur. Je n'en reviendrai jamais. Je veux vous raconter tout, ajoutai-je en sanglotant. Vous êtes bon, vous aurez pitié de moi. Je lui fis un récit abrégé de la longue et insurmontable passion que j'avais pour Manon, de la situation florissante de notre fortune avant que nous eussions été dépouillés par nos propres domestiques, des offres que G... M... avait faites à ma maîtresse, de la conclusion de leur marché, et de la manière

---

1. *Passaient* : dépassaient.

dont il avait été rompu. Je lui représentai les choses, à la vérité, du côté le plus favorable pour nous : Voilà, continuai-je, de quelle source est venu le zèle de M. de G… M… pour ma conversion. Il a eu le crédit de me faire ici renfermer, par un pur motif de vengeance. Je lui pardonne, mais, mon Père, ce n'est pas tout : il a fait enlever cruellement la plus chère moitié de moi-même, il l'a fait mettre honteusement à l'Hôpital, il a eu l'impudence de me l'annoncer aujourd'hui de sa propre bouche. À l'Hôpital, mon Père ! Ô Ciel ! ma charmante maîtresse, ma chère reine à l'Hôpital, comme la plus infâme de toutes les créatures ! Où trouverai-je assez de force pour ne pas mourir de douleur et de honte ? Le bon Père, me voyant dans cet excès d'affliction [1], entreprit de me consoler. Il me dit qu'il n'avait jamais compris mon aventure de la manière dont je la racontais ; qu'il avait su, à la vérité, que je vivais dans le désordre, mais qu'il s'était figuré que ce qui avait obligé M. de G… M… d'y prendre intérêt, était quelque liaison d'estime et d'amitié avec ma famille ; qu'il ne s'en était expliqué à lui-même que sur ce pied ; que ce que je venais de lui apprendre mettrait beaucoup de changement dans mes affaires, et qu'il ne doutait point que le récit fidèle qu'il avait dessein d'en faire à M. le Lieutenant général de Police ne pût contribuer à ma liberté [2].

Il me demanda ensuite pourquoi je n'avais pas encore pensé à donner de mes nouvelles à ma famille, puisqu'elle n'avait point eu de part à ma captivité. Je satisfis à cette objection par quelques raisons prises de la douleur que j'avais appréhendé de causer à mon père, et de la honte que j'en aurais ressentie moi-même. Enfin il me promit d'aller de ce pas chez le Lieutenant de Police, ne fût-ce, ajouta-t-il, que pour prévenir quelque chose de pis, de la part de M. de G… M…, qui est sorti de cette maison fort mal satisfait, et qui est assez considéré pour se faire redouter.

---

1. *Affliction* : tristesse.
2. L'habileté rhétorique du discours du chevalier, tout empreint de pathétique, a raison du supérieur, preuve de son pouvoir de persuasion sur ses auditeurs.

J'attendis le retour du Père avec toutes les agitations d'un malheureux qui touche au moment de sa sentence. C'était pour moi un supplice inexprimable de me représenter Manon à l'Hôpital. Outre l'infamie de cette demeure[1], j'ignorais de quelle manière elle y était traitée, et le souvenir de quelques particularités que j'avais entendues de cette maison d'horreur renouvelait à tous moments mes transports. J'étais tellement résolu de la secourir, à quelque prix et par quelque moyen que ce pût être, que j'aurais mis le feu à Saint-Lazare, s'il m'eût été impossible d'en sortir autrement. Je réfléchis donc sur les voies que j'avais à prendre s'il arrivait que le Lieutenant général de Police continuât de m'y retenir malgré moi. Je mis mon industrie[2] à toutes les épreuves ; je parcourus toutes les possibilités. Je ne vis rien qui pût m'assurer d'une évasion certaine, et je craignis d'être renfermé plus étroitement si je faisais une tentative malheureuse. Je me rappelai le nom de quelques amis, de qui je pouvais espérer du secours ; mais quel moyen de leur faire savoir ma situation ? Enfin, je crus avoir formé un plan si adroit qu'il pourrait réussir, et je remis à l'arranger encore mieux après le retour du Père supérieur, si l'inutilité de sa démarche me le rendait nécessaire. Il ne tarda point à revenir. Je ne vis pas, sur son visage, les marques de joie qui accompagnent une bonne nouvelle. J'ai parlé, me dit-il, à M. le Lieutenant général de Police, mais je lui ai parlé trop tard. M. de G… M… l'est allé voir en sortant d'ici, et l'a si fort prévenu contre vous, qu'il était sur le point de m'envoyer de nouveaux ordres pour vous resserrer davantage.

Cependant, lorsque je lui ai appris le fond de vos affaires, il a paru s'adoucir beaucoup, et riant un peu de l'incontinence[3] du vieux M. de G… M…, il m'a dit qu'il fallait vous laisser ici

---

1. La rumeur publique à propos de cet établissement où l'on enfermait les filles de mauvaise vie rapportait que les conditions d'incarcération y étaient particulièrement rigoureuses.
2. *Industrie* : voir note 1, p. 77.
3. *Incontinence* : débauche.

six mois pour le satisfaire ; d'autant mieux, a-t-il dit, que cette demeure ne saurait vous être inutile. Il m'a recommandé de vous traiter honnêtement, et je vous réponds que vous ne vous plain-drez point de mes manières.

Cette explication du bon supérieur fut assez longue pour me donner le temps de faire une sage réflexion. Je conçus que je m'exposerais à renverser mes desseins si je lui marquais trop d'empressement pour ma liberté. Je lui témoignai, au contraire, que dans la nécessité de demeurer, c'était une douce consolation pour moi d'avoir quelque part à son estime. Je le priai ensuite, sans affectation, de m'accorder une grâce, qui n'était de nulle importance pour personne, et qui servirait beaucoup à ma tran-quillité ; c'était de faire avertir un de mes amis, un saint ecclésias-tique qui demeurait à Saint-Sulpice, que j'étais à Saint-Lazare, et de permettre que je reçusse quelquefois sa visite. Cette faveur me fut accordée sans délibérer. C'était mon ami Tiberge dont il était question ; non que j'espérasse de lui les secours nécessaires pour ma liberté, mais je voulais l'y faire servir comme un instrument éloigné, sans qu'il en eût même connaissance. En un mot, voici mon projet : je voulais écrire à Lescaut et le charger, lui et nos amis communs, du soin de me délivrer. La première difficulté était de lui faire tenir [1] ma lettre ; ce devait être l'office de Tiberge. Cependant, comme il le connaissait pour le frère de ma maîtresse, je craignais qu'il n'eût peine à se charger de cette commission. Mon dessein était de renfermer ma lettre à Lescaut dans une autre lettre que je devais adresser à un honnête homme de ma connais-sance, en le priant de rendre promptement la première à son adresse, et comme il était nécessaire que je visse Lescaut pour nous accorder dans nos mesures, je voulais lui marquer de venir à Saint-Lazare, et de demander à me voir sous le nom de mon frère aîné, qui était venu exprès à Paris pour prendre connaissance de mes affaires. Je remettais à convenir avec lui des moyens qui nous

---

1. _Faire tenir_ : faire parvenir.

paraîtraient les plus expéditifs et les plus sûrs. Le Père supérieur
2095 fit avertir Tiberge du désir que j'avais de l'entretenir. Ce fidèle ami
ne m'avait pas tellement perdu de vue qu'il ignorât mon aventure ; il savait que j'étais à Saint-Lazare, et peut-être n'avait-il pas
été fâché de cette disgrâce qu'il croyait capable de me ramener au
devoir. Il accourut aussitôt à ma chambre.

2100   Notre entretien fut plein d'amitié. Il voulut être informé de
mes dispositions. Je lui ouvris mon cœur sans réserve, excepté
sur le dessein de ma fuite. Ce n'est pas à vos yeux, cher ami, lui
dis-je, que je veux paraître ce que je ne suis point. Si vous avez
cru trouver ici un ami sage et réglé dans ses désirs, un libertin
2105 réveillé par les châtiments du Ciel, en un mot un cœur dégagé de
l'amour et revenu des charmes de sa Manon, vous avez jugé trop
favorablement de moi. Vous me revoyez tel que vous me laissâtes
il y a quatre mois : toujours tendre, et toujours malheureux par
cette fatale [1] tendresse dans laquelle je ne me lasse point de cher-
2110 cher mon bonheur.

Il me répondit que l'aveu que je faisais me rendait inexcu-
sable ; qu'on voyait bien des pécheurs qui s'enivraient du faux
bonheur du vice jusqu'à le préférer hautement à celui de la vertu ;
mais que c'était, du moins, à des images de bonheur qu'ils s'at-
2115 tachaient, et qu'ils étaient les dupes de l'apparence ; mais que,
de reconnaître, comme je le faisais, que l'objet de mes attache-
ments n'était propre qu'à me rendre coupable et malheureux, et
de continuer à me précipiter volontairement dans l'infortune et
dans le crime, c'était une contradiction d'idées et de conduite qui
2120 ne faisait pas honneur à ma raison.

Tiberge, repris-je, qu'il vous est aisé de vaincre, lorsqu'on
n'oppose rien à vos armes ! Laissez-moi raisonner à mon tour.
Pouvez-vous prétendre que ce que vous appelez le bonheur de

---

1. L'emploi de cet adjectif place la passion de des Grieux sous le signe du
tragique, ce qui revient à atténuer la part de responsabilité du chevalier dans
sa quête amoureuse éperdue.

la vertu soit exempt de peines, de traverses [1] et d'inquiétudes ?
2125 Quel nom donnerez-vous à la prison, aux croix, aux supplices et aux tortures des tyrans ? Direz-vous, comme font les mystiques, que ce qui tourmente le corps est un bonheur pour l'âme ? Vous n'oseriez le dire ; c'est un paradoxe insoutenable. Ce bonheur, que vous relevez tant, est donc mêlé de mille peines, ou pour
2130 parler plus juste, ce n'est qu'un tissu de malheurs au travers desquels on tend à la félicité [2]. Or si la force de l'imagination fait trouver du plaisir dans ces maux mêmes, parce qu'ils peuvent conduire à un terme heureux qu'on espère, pourquoi traitez-vous de contradictoire et d'insensée, dans ma conduite, une disposi-
2135 tion toute semblable ? J'aime Manon ; je tends au travers de mille douleurs à vivre heureux et tranquille auprès d'elle. La voie par où je marche est malheureuse ; mais l'espérance d'arriver à mon terme y répand toujours de la douceur, et je me croirai trop bien payé, par un moment passé avec elle, de tous les chagrins que
2140 j'essuie pour l'obtenir [3]. Toutes choses me paraissent donc égales de votre côté et du mien ; ou s'il y a quelque différence, elle est encore à mon avantage, car le bonheur que j'espère est proche, et l'autre est éloigné ; le mien est de la nature des peines, c'est-à-dire sensible au corps, et l'autre est d'une nature inconnue, qui n'est
2145 certaine que par la foi.

Tiberge parut effrayé de ce raisonnement. Il recula de deux pas, en me disant, de l'air le plus sérieux, que, non seulement ce que je venais de dire blessait le bon sens, mais que c'était un malheureux sophisme [4] d'impiété [5] et d'irréligion : car cette
2150 comparaison, ajouta-t-il, du terme de vos peines avec celui qui est proposé par la religion, est une idée des plus libertines et des plus monstrueuses.

---

1. *Traverses* : difficultés, épreuves.
2. *Félicité* : bonheur.
3. C'est en martyr de l'amour que le chevalier se dépeint et se justifie ici.
4. *Sophisme* : raisonnement faux.
5. *Impiété* : mépris pour ce qui a trait à la religion.

J'avoue, repris-je, qu'elle n'est pas juste ; mais prenez-y garde, ce n'est pas sur elle que porte mon raisonnement. J'ai eu dessein
2155 d'expliquer ce que vous regardez comme une contradiction, dans la persévérance d'un amour malheureux, et je crois avoir fort bien prouvé que, si c'en est une, vous ne sauriez vous en sauver plus que moi. C'est à cet égard seulement que j'ai traité les choses d'égales, et je soutiens encore qu'elles le sont. Répondrez-
2160 vous que le terme de la vertu est infiniment supérieur à celui de l'amour ? Qui refuse d'en convenir ? Mais est-ce de quoi il est question ? Ne s'agit-il pas de la force qu'ils ont, l'un et l'autre, pour faire supporter les peines ? Jugeons-en par l'effet. Combien trouve-t-on de déserteurs de la sévère vertu, et combien en trou-
2165 verez-vous peu de l'amour ? Répondrez-vous encore que, s'il y a des peines dans l'exercice du bien, elles ne sont pas infaillibles et nécessaires ; qu'on ne trouve plus de tyrans ni de croix, et qu'on voit quantité de personnes vertueuses mener une vie douce et tranquille ? Je vous dirai de même qu'il y a des amours paisibles
2170 et fortunés, et, ce qui fait encore une différence qui m'est extrêmement avantageuse, j'ajouterai que l'amour, quoiqu'il trompe assez souvent, ne promet du moins que des satisfactions et des joies, au lieu que la religion veut qu'on s'attende à une pratique triste et mortifiante [1]. Ne vous alarmez pas, ajoutai-je en voyant son zèle
2175 prêt à se chagriner. L'unique chose que je veux conclure ici, c'est qu'il n'y a point de plus mauvaise méthode pour dégoûter un cœur de l'amour, que de lui en décrier les douceurs et de lui promettre plus de bonheur dans l'exercice de la vertu. De la manière dont nous sommes faits, il est certain que notre félicité consiste
2180 dans le plaisir ; je défie qu'on s'en forme une autre idée ; or le cœur n'a pas besoin de se consulter longtemps pour sentir que, de tous les plaisirs, les plus doux sont ceux de l'amour. Il s'aperçoit bientôt qu'on le trompe lorsqu'on lui en promet ailleurs de plus charmants, et cette tromperie le dispose à se défier des pro-

---

1. *Mortifiante* : qui humilie l'amour-propre.

2185 messes les plus solides. Prédicateurs, qui voulez me ramener à la vertu, dites-moi qu'elle est indispensablement nécessaire, mais ne me déguisez pas qu'elle est sévère et pénible. Établissez bien que les délices de l'amour sont passagères, qu'elles sont défendues, qu'elles seront suivies par d'éternelles peines, et ce qui fera peut-
2190 être encore plus d'impression sur moi, que, plus elles sont douces et charmantes, plus le Ciel sera magnifique à récompenser un si grand sacrifice, mais confessez qu'avec des cœurs tels que nous les avons, elles sont ici-bas nos plus parfaites félicités.

Cette fin de mon discours rendit sa bonne humeur à Tiberge.
2195 Il convint qu'il y avait quelque chose de raisonnable dans mes pensées. La seule objection qu'il ajouta fut de me demander pour-quoi je n'entrais pas du moins dans mes propres principes, en sacrifiant mon amour à l'espérance de cette rémunération dont je me faisais une si grande idée. Ô cher ami ! lui répondis-je, c'est ici
2200 que je reconnais ma misère et ma faiblesse. Hélas ! oui, c'est mon devoir d'agir comme je raisonne ! mais l'action est-elle en mon pouvoir ? De quels secours n'aurais-je pas besoin pour oublier les charmes de Manon ? Dieu me pardonne, reprit Tiberge, je pense que voici encore un de nos jansénistes [1]. Je ne sais ce que je suis,
2205 répliquai-je, et je ne vois pas trop clairement ce qu'il faut être ; mais je n'éprouve que trop la vérité de ce qu'ils disent.

Cette conversation servit du moins à renouveler la pitié de mon ami. Il comprit qu'il y avait plus de faiblesse que de mali-gnité [2] dans mes désordres. Son amitié en fut plus disposée, dans
2210 la suite, à me donner des secours, sans lesquels j'aurais péri infailliblement de misère. Cependant, je ne lui fis pas la moindre ouverture du dessein que j'avais de m'échapper de Saint-Lazare. Je le priai seulement de se charger de ma lettre. Je l'avais pré-

---

1. Des Grieux infléchit à son compte la théologie janséniste relative à la fai-blesse humaine, selon laquelle le salut de l'homme serait soumis à l'accord de la grâce divine, dont il dépend absolument. Cette doctrine ne dispensait pas néanmoins de vivre vertueusement et n'autorisait aucun laxisme moral.
2. *Malignité* : voir note 1, p. 83.

parée, avant qu'il fût venu, et je ne manquai point de prétextes
pour colorer[1] la nécessité où j'étais d'écrire. Il eut la fidélité de
la porter exactement, et Lescaut reçut, avant la fin du jour, celle
qui était pour lui.

Il me vint voir le lendemain, et il passa heureusement sous
le nom de mon frère. Ma joie fut extrême en l'apercevant dans
ma chambre. J'en fermai la porte avec soin. Ne perdons pas un
seul moment, lui dis-je ; apprenez-moi d'abord des nouvelles de
Manon, et donnez-moi ensuite un bon conseil pour rompre mes
fers. Il m'assura qu'il n'avait pas vu sa sœur depuis le jour qui
avait précédé mon emprisonnement, qu'il n'avait appris son sort
et le mien qu'à force d'informations et de soins, que, s'étant pré-
senté deux ou trois fois à l'Hôpital, on lui avait refusé la liberté
de lui parler. Malheureux G... M... ! m'écriai-je, que tu me le
paieras cher !

Pour ce qui regarde votre délivrance, continua Lescaut, c'est
une entreprise moins facile que vous ne pensez. Nous passâmes
hier la soirée, deux de mes amis et moi, à observer toutes les
parties extérieures de cette maison, et nous jugeâmes que, vos
fenêtres étant sur une cour entourée de bâtiments, comme vous
nous l'aviez marqué, il y aurait bien de la difficulté à vous tirer
de là. Vous êtes d'ailleurs au troisième étage, et nous ne pouvons
introduire ici ni cordes ni échelles. Je ne vois donc nulle ressource
du côté du dehors. C'est dans la maison même qu'il faudrait imaginer quelque artifice. Non, repris-je ; j'ai tout examiné, surtout
depuis que ma clôture est un peu moins rigoureuse, par l'indulgence du supérieur. La porte de ma chambre ne se ferme plus avec
la clef, j'ai la liberté de me promener dans les galeries des religieux, mais tous les escaliers sont bouchés par des portes épais-
ses qu'on a soin de tenir fermées la nuit et le jour de sorte qu'il
est impossible que la seule adresse puisse me sauver. Attendez,
repris-je, après avoir un peu réfléchi sur une idée qui me parut

---

1. Colorer : excuser.

excellente, pourriez-vous m'apporter un pistolet ? Aisément, me
dit Lescaut ; mais voulez-vous tuer quelqu'un ? Je l'assurai que
j'avais si peu dessein de tuer qu'il n'était pas même nécessaire
que le pistolet fût chargé. Apportez-le-moi demain, ajoutai-je, et
2250 ne manquez pas de vous trouver le soir, à onze heures, vis-à-vis de
la porte de cette maison, avec deux ou trois de nos amis. J'espère
que je pourrai vous y rejoindre. Il me pressa en vain de lui en
apprendre davantage. Je lui dis qu'une entreprise, telle que je la
méditais, ne pouvait paraître raisonnable qu'après avoir réussi.
2255 Je le priai d'abréger sa visite, afin qu'il trouvât plus de facilité à
me revoir le lendemain. Il fut admis avec aussi peu de peine que
la première fois. Son air était grave, il n'y a personne qui ne l'eût
pris pour un homme d'honneur.

Lorsque je me trouvai muni de l'instrument de ma liberté, je
2260 ne doutai presque plus du succès de mon projet. Il était bizarre
et hardi ; mais de quoi n'étais-je pas capable, avec les motifs qui
m'animaient [1] ? J'avais remarqué, depuis qu'il m'était permis de
sortir de ma chambre et de me promener dans les galeries, que le
portier apportait chaque jour au soir les clefs de toutes les portes
2265 au supérieur, et qu'il régnait ensuite un profond silence dans la
maison, qui marquait que tout le monde était retiré. Je pouvais
aller sans obstacle, par une galerie de communication, de ma
chambre à celle de ce Père. Ma résolution était de lui prendre ses
clefs, en l'épouvantant avec mon pistolet s'il faisait difficulté de
2270 me les donner, et de m'en servir pour gagner la rue. J'en attendis le temps avec impatience. Le portier vint à l'heure ordinaire,
c'est-à-dire un peu après neuf heures. J'en laissai passer encore
une, pour m'assurer que tous les religieux et les domestiques
étaient endormis. Je partis enfin, avec mon arme et une chandelle
2275 allumée. Je frappai d'abord doucement à la porte du Père, pour

---

1. La fin – en l'occurrence l'amour pour Manon – justifie les moyens.
Cependant, le chevalier n'a aucune intention criminelle puisqu'il a précisé
qu'«il n'était pas même nécessaire que le pistolet fût chargé».

l'éveiller sans bruit. Il m'entendit au second coup, et s'imaginant, sans doute, que c'était quelque religieux qui se trouvait mal et qui avait besoin de secours, il se leva pour m'ouvrir. Il eut, néanmoins, la précaution de demander, au travers de la porte, qui c'était et ce qu'on voulait de lui. Je fus obligé de me nommer ; mais j'affectai un ton plaintif, pour lui faire comprendre que je ne me trouvais pas bien. Ah ! c'est vous, mon cher fils, me dit-il, en ouvrant la porte ; qu'est-ce donc qui vous amène si tard ? J'entrai dans sa chambre, et l'ayant tiré à l'autre bout opposé à la porte, je lui déclarai qu'il m'était impossible de demeurer plus longtemps à Saint-Lazare ; que la nuit était un temps commode pour sortir sans être aperçu, et que j'attendais de son amitié qu'il consentirait à m'ouvrir les portes, ou à me prêter ses clefs pour les ouvrir moi-même.

Ce compliment[1] devait le surprendre. Il demeura quelque temps à me considérer, sans me répondre. Comme je n'en avais pas à perdre, je repris la parole pour lui dire que j'étais fort touché de toutes ses bontés, mais que, la liberté étant le plus cher de tous les biens, surtout pour moi à qui on la ravissait injustement, j'étais résolu de me la procurer cette nuit même, à quelque prix que ce fût ; et de peur qu'il ne lui prît envie d'élever la voix pour appeler du secours, je lui fis voir une honnête raison de silence, que je tenais sous mon juste-au-corps. Un pistolet ! me dit-il. Quoi ! mon fils, vous voulez m'ôter la vie, pour reconnaître la considération que j'ai eue pour vous ? À Dieu ne plaise[2], lui répondis-je. Vous avez trop d'esprit et de raison pour me mettre dans cette nécessité ; mais je veux être libre, et j'y suis si résolu que, si mon projet manque par votre faute, c'est fait de vous absolument. Mais, mon cher fils, reprit-il d'un air pâle et effrayé, que vous ai-je fait ? quelle raison avez-vous de vouloir ma mort ?

---

1. *Compliment* : paroles flatteuses et courtoises.
2. Cette expression s'emploie pour repousser une éventualité qu'on ne veut pas envisager. Elle souligne l'absence de volonté de tuer chez des Grieux.

Eh non ! répliquai-je avec impatience. Je n'ai pas dessein de vous tuer, si vous voulez vivre. Ouvrez-moi la porte, et je suis le meilleur de vos amis. J'aperçus les clefs qui étaient sur sa table. Je les pris et je le priai de me suivre, en faisant le moins de bruit qu'il pourrait. Il fut obligé de s'y résoudre. À mesure que nous avancions et qu'il ouvrait une porte, il me répétait avec un soupir : Ah ! mon fils, ah ! qui l'aurait cru ? Point de bruit, mon Père, répétais-je de mon côté à tout moment. Enfin nous arrivâmes à une espèce de barrière, qui est avant la grande porte de la rue. Je me croyais déjà libre, et j'étais derrière le Père, avec ma chandelle dans une main et mon pistolet dans l'autre. Pendant qu'il s'empressait d'ouvrir, un domestique, qui couchait dans une petite chambre voisine, entendant le bruit de quelques verrous, se lève et met la tête à sa porte. Le bon Père le crut apparemment capable de m'arrêter. Il lui ordonna, avec beaucoup d'imprudence, de venir à son secours. C'était un puissant coquin, qui s'élança sur moi sans balancer. Je ne le marchandai point ; je lui lâchai le coup au milieu de la poitrine. Voilà de quoi vous êtes cause, mon Père, dis-je assez fièrement à mon guide. Mais que cela ne vous empêche point d'achever, ajoutai-je en le poussant vers la dernière porte. Il n'osa refuser de l'ouvrir. Je sortis heureusement et je trouvai, à quatre pas, Lescaut qui m'attendait avec deux amis, suivant sa promesse.

Nous nous éloignâmes. Lescaut me demanda s'il n'avait pas entendu tirer un pistolet. C'est votre faute, lui dis-je ; pourquoi me l'apportiez-vous chargé [1] ? Cependant je le remerciai d'avoir eu cette précaution, sans laquelle j'étais sans doute à Saint-Lazare pour longtemps. Nous allâmes passer la nuit chez un traiteur, où je me remis un peu de la mauvaise chère que j'avais faite depuis près de trois mois. Je ne pus néanmoins m'y livrer au plaisir. Je souffrais mortellement dans Manon [2]. Il faut la délivrer, dis-je à

---

1. La responsabilité du meurtre se trouve ainsi rejetée sur Lescaut.
2. La formule dit combien le chevalier fait corps avec son amante.

mes trois amis. Je n'ai souhaité la liberté que dans cette vue. Je
vous demande le secours de votre adresse ; pour moi, j'y emploierai jusqu'à ma vie. Lescaut, qui ne manquait pas d'esprit et de
2340 prudence, me représenta qu'il fallait aller bride en main [1] ; que
mon évasion de Saint-Lazare et le malheur qui m'était arrivé en
sortant, causeraient infailliblement du bruit ; que le Lieutenant
général de Police me ferait chercher, et qu'il avait les bras longs ;
enfin, que si je ne voulais pas être exposé à quelque chose de pis
2345 que Saint-Lazare, il était à propos de me tenir couvert et renfermé
pendant quelques jours, pour laisser au premier feu de mes ennemis le temps de s'éteindre. Son conseil était sage, mais il aurait
fallu l'être aussi pour le suivre. Tant de lenteur et de ménagement
ne s'accordait pas avec ma passion. Toute ma complaisance se
2350 réduisit à lui promettre que je passerais le jour suivant à dormir.
Il m'enferma dans sa chambre, où je demeurai jusqu'au soir.

J'employai une partie de ce temps à former des projets et des
expédients [2] pour secourir Manon. J'étais bien persuadé que sa
prison était encore plus impénétrable que n'avait été la mienne. Il
2355 n'était pas question de force et de violence, il fallait de l'artifice ;
mais la déesse même de l'invention n'aurait pas su par où commencer. J'y vis si peu de jour, que je remis à considérer mieux les
choses lorsque j'aurais pris quelques informations sur l'arrangement intérieur de l'Hôpital.

2360 Aussitôt que la nuit m'eut rendu la liberté, je priai Lescaut de
m'accompagner. Nous liâmes conversation avec un des portiers,
qui nous parut homme de bon sens. Je feignis d'être un étranger
qui avait entendu parler avec admiration de l'Hôpital Général,
et de l'ordre qui s'y observe. Je l'interrogeai sur les plus minces
2365 détails, et de circonstances en circonstances, nous tombâmes sur
les administrateurs, dont je le priai de m'apprendre les noms

---

1. *Aller bride en main* : expression qui signifie, pour un cavalier, garder le
contrôle de l'allure de sa monture.
2. *Expédients* : moyens de se tirer d'embarras.

et les qualités. Les réponses qu'il me fit sur ce dernier article me firent naître une pensée dont je m'applaudis aussitôt, et que je ne tardai point à mettre en œuvre. Je lui demandai, comme 2370 une chose essentielle à mon dessein, si ces messieurs avaient des enfants. Il me dit qu'il ne pouvait m'en rendre un compte certain, mais que, pour M. de T..., qui était un des principaux, il lui connaissait un fils en âge d'être marié, qui était venu plusieurs fois à l'Hôpital avec son père. Cette assurance me suffisait. Je 2375 rompis presque aussitôt notre entretien, et je fis part à Lescaut, en retournant chez lui, du dessein que j'avais conçu. Je m'imagine, lui dis-je, que M. de T... le fils, qui est riche et de bonne famille, est dans un certain goût de plaisirs, comme la plupart des jeunes gens de son âge. Il ne saurait être ennemi des femmes, ni ridicule 2380 au point de refuser ses services pour une affaire d'amour. J'ai formé le dessein de l'intéresser à la liberté de Manon. S'il est honnête homme, et qu'il ait des sentiments, il nous accordera son secours par générosité. S'il n'est point capable d'être conduit par ce motif, il fera du moins quelque chose pour une fille aimable, ne 2385 fût-ce que par l'espérance d'avoir part à ses faveurs. Je ne veux pas différer de le voir, ajoutai-je, plus longtemps que jusqu'à demain. Je me sens si consolé par ce projet, que j'en tire un bon augure. Lescaut convint lui-même qu'il y avait de la vraisemblance dans mes idées, et que nous pouvions espérer quelque chose par cette 2390 voie. J'en passai la nuit moins tristement.

Le matin étant venu, je m'habillai le plus proprement qu'il me fut possible, dans l'état d'indigence où j'étais, et je me fis conduire dans un fiacre à la maison de M. de T... Il fut surpris de recevoir la visite d'un inconnu. J'augurai bien de sa physionomie 2395 et de ses civilités [1]. Je m'expliquai naturellement avec lui, et pour échauffer ses sentiments naturels, je lui parlai de ma passion et du mérite de ma maîtresse comme de deux choses qui ne pouvaient

---

1. *J'augurai bien de sa physionomie et de ses civilités* : sa physionomie et ses civilités me laissèrent présager la réussite de mon projet.

être égalées que l'une par l'autre. Il me dit que, quoiqu'il n'eût jamais vu Manon, il avait entendu parler d'elle, du moins s'il 2400 s'agissait de celle qui avait été la maîtresse du vieux G… M… Je ne doutai point qu'il ne fût informé de la part que j'avais eue à cette aventure, et pour le gagner de plus en plus, en me faisant un mérite de ma confiance, je lui racontai le détail de tout ce qui était arrivé à Manon et à moi. Vous voyez, monsieur, continuai-2405 je, que l'intérêt de ma vie et celui de mon cœur sont maintenant entre vos mains. L'un ne m'est pas plus cher que l'autre. Je n'ai point de réserve avec vous, parce que je suis informé de votre générosité, et que la ressemblance de nos âges me fait espérer qu'il s'en trouvera quelqu'une dans nos inclinations. Il parut fort 2410 sensible à cette marque d'ouverture et de candeur. Sa réponse fut celle d'un homme qui a du monde et des sentiments ; ce que le monde ne donne pas toujours et qu'il fait perdre souvent. Il me dit qu'il mettait ma visite au rang de ses bonnes fortunes, qu'il regarderait mon amitié comme une de ses plus heureuses 2415 acquisitions, et qu'il s'efforcerait de la mériter par l'ardeur de ses services. Il ne promit pas de me rendre Manon, parce qu'il n'avait, me dit-il, qu'un crédit médiocre et mal assuré ; mais il m'offrit de me procurer le plaisir de la voir, et de faire tout ce qui serait en sa puissance pour la remettre entre mes bras. Je fus 2420 plus satisfait de cette incertitude de son crédit que je ne l'aurais été d'une pleine assurance de remplir tous mes désirs. Je trouvai, dans la modération de ses offres, une marque de franchise dont je fus charmé. En un mot, je me promis tout de ses bons offices. La seule promesse de me faire voir Manon m'aurait fait tout 2425 entreprendre pour lui. Je lui marquai quelque chose de ces sentiments, d'une manière qui le persuada aussi que je n'étais pas d'un mauvais naturel. Nous nous embrassâmes avec tendresse, et nous devînmes amis, sans autre raison que la bonté de nos cœurs et une simple disposition qui porte un homme tendre et 2430 généreux à aimer un autre homme qui lui ressemble. Il poussa les marques de son estime bien plus loin, car, ayant combiné mes

aventures [1], et jugeant qu'en sortant de Saint-Lazare je ne devais pas me trouver à mon aise, il m'offrit sa bourse, et il me pressa de l'accepter. Je ne l'acceptai point; mais je lui dis : c'est trop, mon
2435 cher Monsieur. Si, avec tant de bonté et d'amitié, vous me faites revoir ma chère Manon, je vous suis attaché pour toute ma vie. Si vous me rendez tout à fait cette chère créature, je ne croirai pas être quitte en versant tout mon sang pour vous servir.

Nous ne nous séparâmes qu'après être convenus du temps et
2440 du lieu où nous devions nous retrouver. Il eut la complaisance de ne pas me remettre plus loin que l'après-midi du même jour. Je l'attendis dans un café, où il vint me rejoindre vers les quatre heures, et nous prîmes ensemble le chemin de l'Hôpital. Mes genoux étaient tremblants en traversant les cours. Puissance
2445 d'amour! disais-je, je reverrai donc l'idole de mon cœur, l'objet de tant de pleurs et d'inquiétudes! Ciel! conservez-moi assez de vie pour aller jusqu'à elle, et disposez après cela de ma fortune et de mes jours, je n'ai plus d'autre grâce à vous demander.

M. de T… parla à quelques concierges [2] de la maison qui
2450 s'empressèrent de lui offrir tout ce qui dépendait d'eux pour sa satisfaction. Il se fit montrer le quartier où Manon avait sa chambre, et l'on nous y conduisit avec une clef d'une grandeur effroyable, qui servit à ouvrir sa porte. Je demandai au valet qui nous menait, et qui était celui qu'on avait chargé du soin de
2455 la servir, de quelle manière elle avait passé le temps dans cette demeure. Il nous dit que c'était une douceur angélique [3]; qu'il n'avait jamais reçu d'elle un mot de dureté; qu'elle avait versé continuellement des larmes pendant les six premières semaines après son arrivée, mais que, depuis quelque temps, elle paraissait
2460 prendre son malheur avec plus de patience, et qu'elle était occu-

---

1. Ayant combiné mes aventures : s'étant remémoré l'enchaînement de mes aventures.

2. Concierges : ici, gardiens de la prison.

3. La formule familière, imputable au valet, signe l'effet que Manon produit sur la gent masculine.

pée à coudre du matin jusqu'au soir, à la réserve de quelques heures qu'elle employait à la lecture. Je lui demandai encore si elle avait été entretenue proprement. Il m'assura que le nécessaire, du moins, ne lui avait jamais manqué.

2465   Nous approchâmes de sa porte. Mon cœur battait violemment. Je dis à M. de T... : Entrez seul et prévenez-la sur ma visite, car j'appréhende qu'elle ne soit trop saisie en me voyant tout d'un coup. La porte nous fut ouverte. Je demeurai dans la galerie. J'entendis néanmoins leurs discours. Il lui dit qu'il venait lui
2470 apporter un peu de consolation, qu'il était de mes amis, et qu'il prenait beaucoup d'intérêt à notre bonheur. Elle lui demanda, avec le plus vif empressement, si elle apprendrait de lui ce que j'étais devenu. Il lui promit de m'amener à ses pieds, aussi tendre, aussi fidèle qu'elle pouvait le désirer. Quand ? reprit-elle.
2475 Aujourd'hui même, lui dit-il ; ce bienheureux moment ne tardera point ; il va paraître à l'instant si vous le souhaitez. Elle comprit que j'étais à la porte. J'entrai, lorsqu'elle y accourait avec précipitation. Nous nous embrassâmes avec cette effusion de tendresse qu'une absence de trois mois fait trouver si charmante à
2480 de parfaits amants. Nos soupirs, nos exclamations interrompues, mille noms d'amour répétés languissamment de part et d'autre, formèrent, pendant un quart d'heure, une scène qui attendrissait M. de T... Je vous porte envie, me dit-il, en nous faisant asseoir ; il n'y a point de sort glorieux auquel je ne préférasse une maîtresse
2485 si belle et si passionnée. Aussi mépriserais-je tous les empires du monde, lui répondis-je, pour m'assurer le bonheur d'être aimé d'elle.

      Tout le reste d'une conversation si désirée ne pouvait manquer d'être infiniment tendre. La pauvre Manon me raconta ses
2490 aventures, et je lui appris les miennes. Nous pleurâmes amèrement en nous entretenant de l'état où elle était, et de celui d'où je ne faisais que sortir. M. de T... nous consola par de nouvelles promesses de s'employer ardemment pour finir nos misères. Il nous conseilla de ne pas rendre cette première entrevue trop

2495 longue, pour lui donner plus de facilité à nous en procurer d'autres. Il eut beaucoup de peine à nous faire goûter ce conseil ; Manon, surtout, ne pouvait se résoudre à me laisser partir. Elle me fit remettre cent fois sur ma chaise ; elle me retenait par les habits et par les mains. Hélas ! dans quel lieu me laissez-vous ! disait-elle. Qui peut
2500 m'assurer de vous revoir ? M. de T... lui promit de la venir voir souvent avec moi. Pour le lieu, ajouta-t-il agréablement, il ne faut plus l'appeler l'Hôpital ; c'est Versailles [1], depuis qu'une personne qui mérite l'empire de tous les cœurs y est renfermée.

Je fis, en sortant, quelques libéralités au valet qui la servait, pour
2505 l'engager à lui rendre ses soins avec zèle. Ce garçon avait l'âme moins basse et moins dure que ses pareils. Il avait été témoin de notre entrevue ; ce tendre spectacle l'avait touché. Un louis d'or, dont je lui fis présent, acheva de me l'attacher. Il me prit à l'écart, en descendant dans les cours. Monsieur, me dit-il, si vous me
2510 voulez prendre à votre service, ou me donner une honnête récompense pour me dédommager de la perte de l'emploi que j'occupe ici, je crois qu'il me sera facile de délivrer Mademoiselle Manon. J'ouvris l'oreille à cette proposition, et quoique je fusse dépourvu de tout, je lui fis des promesses fort au-dessus de ses désirs. Je
2515 comptais bien qu'il me serait toujours aisé de récompenser un homme de cette étoffe. Sois persuadé, lui dis-je, mon ami, qu'il n'y a rien que je ne fasse pour toi, et que ta fortune est aussi assurée que la mienne. Je voulus savoir quels moyens il avait dessein d'employer. Nul autre, me dit-il, que de lui ouvrir le soir la porte
2520 de sa chambre, et de vous la conduire jusqu'à celle de la rue, où il faudra que vous soyez prêt à la recevoir. Je lui demandai s'il n'était point à craindre qu'elle ne fût reconnue en traversant les galeries et les cours. Il confessa qu'il y avait quelque danger, mais il me dit qu'il fallait bien risquer quelque chose. Quoique je fusse

---

1. Ce propos, résolument hyperbolique, traduit le climat d'euphorie sentimentale dans lequel se déroulent les retrouvailles des deux amants mais ne parvient pas à conjurer la misère de leur état.

2525 ravi de le voir si résolu, j'appelai M. de T… pour lui communiquer ce projet, et la seule raison qui semblait pouvoir le rendre douteux. Il y trouva plus de difficulté que moi. Il convint qu'elle pouvait absolument s'échapper de cette manière ; mais, si elle est reconnue, continua-t-il, si elle est arrêtée en fuyant, c'est peut-être
2530 fait d'elle pour toujours. D'ailleurs, il vous faudrait donc quitter Paris sur-le-champ, car vous ne seriez jamais assez caché aux recherches. On les redoublerait, autant par rapport à vous qu'à elle. Un homme s'échappe aisément, quand il est seul, mais il est presque impossible de demeurer inconnu avec une jolie femme.
2535 Quelque solide que me parût ce raisonnement, il ne put l'emporter dans mon esprit, sur un espoir si proche de mettre Manon en liberté. Je le dis à M. de T…, et je le priai de pardonner un peu d'imprudence et de témérité à l'amour. J'ajoutai que mon dessein était, en effet, de quitter Paris, pour m'arrêter, comme j'avais déjà
2540 fait, dans quelque village voisin. Nous convînmes donc, avec le valet, de ne pas remettre son entreprise plus loin qu'au jour suivant, et pour la rendre aussi certaine qu'il était en notre pouvoir, nous résolûmes d'apporter des habits d'homme, dans la vue de faciliter notre sortie. Il n'était pas aisé de les faire entrer, mais je
2545 ne manquai pas d'invention pour en trouver le moyen. Je priai seulement M. de T… de mettre le lendemain deux vestes légères l'une sur l'autre, et je me chargeai de tout le reste.

Nous retournâmes le matin à l'Hôpital. J'avais avec moi, pour Manon, du linge, des bas, etc., et par-dessus mon juste-
2550 au-corps, un surtout [1] qui ne laissait rien voir de trop enflé dans mes poches. Nous ne fûmes qu'un moment dans sa chambre. M. de T… lui laissa une de ses deux vestes ; je lui donnai mon juste-au-corps, le surtout me suffisant pour sortir. Il ne se trouva rien de manque à son ajustement, excepté la culotte que j'avais
2555 malheureusement oubliée. L'oubli de cette pièce nécessaire nous eût, sans doute, apprêté à rire si l'embarras où il nous mettait

---

1. *Surtout* : veste que l'on porte sur d'autres vêtements.

eût été moins sérieux. J'étais au désespoir qu'une bagatelle de cette nature fût capable de nous arrêter [1]. Cependant, je pris mon parti, qui fut de sortir moi-même sans culotte. Je laissai la mienne
2560 à Manon. Mon surtout était long, et je me mis, à l'aide de quelques épingles, en état de passer décemment la porte. Le reste du jour me parut d'une longueur insupportable. Enfin, la nuit étant venue, nous nous rendîmes un peu au-dessous de la porte de l'Hôpital, dans un carrosse. Nous n'y fûmes pas longtemps sans
2565 voir Manon paraître avec son conducteur. Notre portière étant ouverte, ils montèrent tous deux à l'instant. Je reçus ma chère maîtresse dans mes bras. Elle tremblait comme une feuille. Le cocher me demanda où il fallait toucher [2]. Touche au bout•du monde, lui dis-je, et mène-moi quelque part où je ne puisse jamais
2570 être séparé de Manon [3].

Ce transport, dont je ne fus pas le maître, faillit de m'attirer un fâcheux embarras. Le cocher fit réflexion à mon langage, et lorsque je lui dis ensuite le nom de la rue où nous voulions être conduits, il me répondit qu'il craignait que je ne l'engageasse
2575 dans une mauvaise affaire, qu'il voyait bien que ce beau jeune homme, qui s'appelait Manon, était une fille que j'enlevais de l'Hôpital, et qu'il n'était pas d'humeur à se perdre pour l'amour de moi. La délicatesse de ce coquin n'était qu'une envie de me faire payer la voiture plus cher. Nous étions trop près de l'Hôpi-
2580 tal pour ne pas filer doux. Tais-toi, lui dis-je, il y a un louis d'or à gagner pour toi. Il m'aurait aidé, après cela, à brûler l'Hôpital même. Nous gagnâmes la maison où demeurait Lescaut. Comme il était tard, M. de T… nous quitta en chemin, avec promesse de nous revoir le lendemain. Le valet demeura seul avec nous.

---

1. L'oubli de la culotte ménage un effet de grotesque qui s'inscrit en faux avec la tension dramatique et le péril où se trouvent les héros.
2. *Où il fallait toucher* : où il fallait se rendre.
3. Il y a une forme d'ironie tragique dans la demande adressée au cocher d'aller au bout du monde puisque, par la grâce du récit rétrospectif, le lecteur sait que, même en Amérique, les amants seront voués à la séparation.

2585 Je tenais Manon si étroitement serrée entre mes bras que nous n'occupions qu'une place dans le carrosse. Elle pleurait de joie, et je sentais ses larmes qui mouillaient mon visage mais, lorsqu'il fallut descendre pour entrer chez Lescaut, j'eus avec le cocher un nouveau démêlé, dont les suites furent funestes. Je me repentis

2590 de lui avoir promis un louis, non seulement parce que le présent était excessif, mais par une autre raison bien plus forte, qui était l'impuissance de le payer. Je fis appeler Lescaut. Il descendit de sa chambre pour venir à la porte. Je lui dis à l'oreille dans quel embarras je me trouvais. Comme il était d'une humeur brusque

2595 et nullement accoutumé à ménager un fiacre[1], il me répondit que je me moquais. Un louis d'or ! ajouta-t-il. Vingt coups de canne à ce coquin-là ! J'eus beau lui représenter doucement qu'il allait nous perdre, il m'arracha ma canne, avec l'air d'en vouloir maltraiter le cocher. Celui-ci, à qui il était peut-être arrivé de

2600 tomber quelquefois sous la main d'un garde du corps ou d'un mousquetaire[2], s'enfuit de peur, avec son carrosse, en criant que je l'avais trompé, mais que j'aurais de ses nouvelles. Je lui répétai inutilement d'arrêter. Sa fuite me causa une extrême inquiétude. Je ne doutai point qu'il n'avertît le commissaire. Vous me perdez,

2605 dis-je à Lescaut. Je ne serais pas en sûreté chez vous ; il faut nous éloigner pour le moment. Je prêtai le bras à Manon pour marcher, et nous sortîmes promptement de cette dangereuse rue. Lescaut nous tint compagnie. C'est quelque chose d'admirable que la manière dont la Providence enchaîne les événements[3]. À peine

2610 avions-nous marché cinq ou six minutes, qu'un homme, dont je ne découvris point le visage, reconnut Lescaut. Il le cherchait sans doute aux environs de chez lui, avec le malheureux dessein qu'il exécuta. C'est Lescaut, dit-il, en lui lâchant un coup de pistolet ;

---

1. Le mot désigne, par métonymie, le cocher d'un fiacre.
2. *Mousquetaire* : cavalier armé d'un mousquet assurant la sécurité de l'État.
3. La Providence, sous les traits de laquelle se dissimule le romancier, enchaîne aux scènes sentimentales des épisodes propres à figurer dans un roman picaresque.

il ira souper ce soir avec les anges. Il se déroba aussitôt. Lescaut
2615 tomba, sans le moindre mouvement de vie. Je pressai Manon de
fuir, car nos secours étaient inutiles à un cadavre, et je craignais
d'être arrêté par le guet [1], qui ne pouvait tarder à paraître. J'enfilai,
avec elle et le valet, la première petite rue qui croisait. Elle était
si éperdue que j'avais de la peine à la soutenir. Enfin j'aperçus
2620 un fiacre au bout de la rue. Nous y montâmes, mais lorsque le
cocher me demanda où il fallait nous conduire, je fus embar-
rassé à lui répondre. Je n'avais point d'asile assuré ni d'ami de
confiance à qui j'osasse avoir recours. J'étais sans argent, n'ayant
guère plus d'une demi-pistole dans ma bourse. La frayeur et la
2625 fatigue avaient tellement incommodé Manon qu'elle était à demi
pâmée [2] près de moi. J'avais, d'ailleurs, l'imagination remplie du
meurtre de Lescaut, et je n'étais pas encore sans appréhension
de la part du guet. Quel parti prendre ? Je me souvins heureusement de l'auberge de Chaillot [3], où j'avais passé quelques jours
2630 avec Manon, lorsque nous étions allés dans ce village pour y
demeurer. J'espérai non seulement d'y être en sûreté, mais d'y
pouvoir vivre quelque temps sans être pressé de payer. Mène-nous
à Chaillot, dis-je au cocher. Il refusa d'y aller si tard, à moins
d'une pistole : autre sujet d'embarras. Enfin nous convînmes de
2635 six francs ; c'était toute la somme qui restait dans ma bourse.

Je consolais Manon, en avançant ; mais, au fond, j'avais le
désespoir dans le cœur. Je me serais donné mille fois la mort, si
je n'eusse pas eu, dans mes bras, le seul bien qui m'attachait à la
vie. Cette seule pensée me remettait. Je la tiens du moins, disais-
2640 je ; elle m'aime, elle est à moi. Tiberge a beau dire, ce n'est pas
là un fantôme de bonheur. Je verrais périr tout l'univers sans y
prendre intérêt. Pourquoi ? Parce que je n'ai plus d'affection de
reste. Ce sentiment était vrai ; cependant, dans le temps que je

---

1. *Guet* : patrouille de police affectée au service de surveillance des rues pendant la nuit.
2. *À demi pâmée* : presque évanouie.
3. Voir p. 73.

faisais si peu de cas des biens du monde, je sentais que j'aurais
2645 eu besoin d'en avoir du moins une petite partie, pour mépriser
encore plus souverainement tout le reste. L'amour est plus fort
que l'abondance, plus fort que les trésors et les richesses, mais
il a besoin de leur secours ; et rien n'est plus désespérant, pour
un amant délicat, que de se voir ramené par là, malgré lui, à la
2650 grossièreté des âmes les plus basses [1].

Il était onze heures quand nous arrivâmes à Chaillot. Nous
fûmes reçus à l'auberge comme des personnes de connaissance ;
on ne fut pas surpris de voir Manon en habit d'homme, parce
qu'on est accoutumé, à Paris et aux environs, de voir prendre aux
2655 femmes toutes sortes de formes. Je la fis servir aussi proprement
que si j'eusse été dans la meilleure fortune. Elle ignorait que je
fusse mal en argent ; je me gardai bien de lui en rien apprendre,
étant résolu de retourner seul à Paris, le lendemain, pour chercher
quelque remède à cette fâcheuse espèce de maladie.

2660 Elle me parut pâle et maigrie [2], en soupant. Je ne m'en étais
point aperçu à l'Hôpital, parce que la chambre où je l'avais vue
n'était pas des plus claires. Je lui demandai si ce n'était point encore
un effet de la frayeur qu'elle avait eue en voyant assassiner son
frère. Elle m'assura que, quelque touchée qu'elle fût de cet accident,
2665 sa pâleur ne venait que d'avoir essuyé pendant trois mois mon
absence. Tu m'aimes donc extrêmement ? lui répondis-je. Mille fois
plus que je ne puis dire, reprit-elle. Tu ne me quitteras donc plus
jamais ? ajoutai-je. Non, jamais, répliqua-t-elle ; et cette assurance
fut confirmée par tant de caresses et de serments, qu'il me parut
2670 impossible, en effet, qu'elle pût jamais les oublier. J'ai toujours été
persuadé qu'elle était sincère ; quelle raison aurait-elle eue de se
contrefaire jusqu'à ce point ? Mais elle était encore plus volage,
ou plutôt elle n'était plus rien, et elle ne se reconnaissait pas elle-

---

1. Inconnues des héros du roman galant, les préoccupations matérielles
hantent des Grieux et donnent à son histoire des accents réalistes.
2. *Maigrie* : amaigrie.

même, lorsque, ayant devant les yeux des femmes qui vivaient dans l'abondance, elle se trouvait dans la pauvreté et dans le besoin[1]. J'étais à la veille d'en avoir une dernière preuve qui a surpassé toutes les autres, et qui a produit la plus étrange aventure qui soit jamais arrivée à un homme de ma naissance et de ma fortune.

Comme je la connaissais de cette humeur, je me hâtai le lende-main d'aller à Paris. La mort de son frère et la nécessité d'avoir du linge et des habits pour elle et pour moi étaient de si bonnes rai-sons que je n'eus pas besoin de prétextes. Je sortis de l'auberge, avec le dessein, dis-je à Manon et à mon hôte, de prendre un carrosse de louage ; mais c'était une gasconnade[2]. La nécessité m'obligeant d'aller à pied, je marchai fort vite jusqu'au Cours-la-Reine[3], où j'avais dessein de m'arrêter. Il fallait bien prendre un moment de solitude et de tranquillité pour m'arranger et prévoir ce que j'allais faire à Paris.

Je m'assis sur l'herbe. J'entrai dans une mer de raisonnements et de réflexions, qui se réduisirent peu à peu à trois principaux articles. J'avais besoin d'un secours présent, pour un nombre infini de nécessités présentes. J'avais à chercher quelque voie qui pût, du moins, m'ouvrir des espérances pour l'avenir, et ce qui n'était pas de moindre importance, j'avais des informations et des mesures à prendre pour la sûreté de Manon et pour la mienne. Après m'être épuisé en projets et en combinaisons sur ces trois chefs, je jugeai encore à propos d'en retrancher les deux derniers. Nous n'étions pas mal à couvert[4], dans une chambre de Chaillot,

---

1. Dans ces lignes, le chevalier opère un retour spéculaire sur lui-même et l'objet de sa passion : la forme inaugurale de son propos est une question rhétorique signalant l'incertitude dans laquelle il se trouve encore pour inter-préter l'attitude de Manon ; ensuite, il tente de justifier sa maîtresse en mettant en avant son état d'aliénation matérielle, qu'il fait passer pour tragique.

2. *Gasconnade* : vantardise.

3. *Cours-la-Reine* : route qui longe la Seine d'un côté et les Tuileries de l'autre et relie directement Chaillot à Paris.

4. *À couvert* : à l'abri.

et pour les besoins futurs, je crus qu'il serait temps d'y penser lorsque j'aurais satisfait aux présents.

Il était donc question de remplir actuellement ma bourse. M. de T... m'avait offert généreusement la sienne, mais j'avais une extrême répugnance à le remettre moi-même sur cette matière. Quel personnage, que d'aller exposer sa misère à un étranger, et de le prier de nous faire part de son bien! Il n'y a qu'une âme lâche qui en soit capable, par une bassesse qui l'empêche d'en sentir l'indignité, ou un chrétien humble, par un excès de générosité qui le rend supérieur à cette honte. Je n'étais ni un homme lâche, ni un bon chrétien; j'aurais donné la moitié de mon sang pour éviter cette humiliation. Tiberge, disais-je, le bon Tiberge, me refusera-t-il ce qu'il aura le pouvoir de me donner? Non, il sera touché de ma misère; mais il m'assassinera par sa morale. Il faudra essuyer ses reproches, ses exhortations, ses menaces; il me fera acheter ses secours si cher, que je donnerais encore une partie de mon sang plutôt que de m'exposer à cette scène fâcheuse qui me laissera du trouble et des remords. Bon! reprenais-je, il faut donc renoncer à tout espoir, puisqu'il ne me reste point d'autre voie, et que je suis si éloigné de m'arrêter à ces deux-là, que je verserais plus volontiers la moitié de mon sang que d'en prendre une, c'est-à-dire tout mon sang plutôt que de les prendre toutes deux? Oui, mon sang tout entier, ajoutai-je, après une réflexion d'un moment; je le donnerais plus volontiers, sans doute, que de me réduire à de basses supplications. Mais il s'agit bien ici de mon sang! Il s'agit de la vie et de l'entretien de Manon, il s'agit de son amour et de sa fidélité. Qu'ai-je à mettre en balance avec elle? Je n'y ai rien mis jusqu'à présent. Elle me tient lieu de gloire, de bonheur et de fortune. Il y a bien des choses, sans doute, que je donnerais ma vie pour obtenir ou pour éviter, mais estimer une chose plus que ma vie n'est pas une raison pour l'estimer autant que Manon. Je ne fus pas longtemps à me déterminer, après ce raisonnement. Je continuai mon chemin, résolu d'aller d'abord chez Tiberge, et de là chez M. de T...

En entrant à Paris, je pris un fiacre, quoique je n'eusse pas de quoi le payer ; je comptais sur les secours que j'allais solliciter. Je me fis conduire au Luxembourg[1], d'où j'envoyai avertir Tiberge que j'étais à l'attendre. Il satisfit mon impatience par sa promptitude. Je lui appris l'extrémité de mes besoins, sans nul détour. Il me demanda si les cent pistoles que je lui avais rendues me suffiraient, et, sans m'opposer un seul mot de difficulté, il me les alla chercher dans le moment, avec cet air ouvert et ce plaisir à donner qui n'est connu que de l'amour et de la véritable amitié. Quoique je n'eusse pas eu le moindre doute du succès de ma demande, je fus surpris de l'avoir obtenue à si bon marché, c'est-à-dire sans qu'il m'eût querellé sur mon impénitence[2]. Mais je me trompais, en me croyant tout à fait quitte de ses reproches, car lorsqu'il eut achevé de me compter son argent et que je me préparais à le quitter, il me pria de faire avec lui un tour d'allée. Je ne lui avais point parlé de Manon ; il ignorait qu'elle fût en liberté ; ainsi sa morale ne tomba que sur la fuite téméraire de Saint-Lazare et sur la crainte où il était qu'au lieu de profiter des leçons de sagesse que j'y avais reçues, je ne reprisse le train du désordre. Il me dit qu'étant allé pour me visiter à Saint-Lazare, le lendemain de mon évasion, il avait été frappé au-delà de toute expression en apprenant la manière dont j'en étais sorti ; qu'il avait eu là-dessus un entretien avec le Supérieur ; que ce bon père n'était pas encore remis de son effroi ; qu'il avait eu néanmoins la générosité de déguiser à M. le Lieutenant général de Police les circonstances de mon départ, et qu'il avait empêché que la mort du portier ne fût connue au-dehors ; que je n'avais donc, de ce côté-là, nul sujet d'alarme, mais que, s'il me restait le moindre sentiment de sagesse, je profiterais de cet heureux tour que le Ciel donnait à mes affaires ; que je devais commencer par écrire à mon père, et me remettre bien avec lui ; et que, si je voulais suivre une

---

1. *Luxembourg* : jardin parisien situé non loin de Saint-Sulpice où séjourne Tiberge.

2. *Impénitence* : endurcissement dans le péché, persévérance dans l'erreur.

fois son conseil, il était d'avis que je quittasse Paris, pour retourner dans le sein de ma famille.

2765 J'écoutai son discours jusqu'à la fin. Il y avait là bien des choses satisfaisantes. Je fus ravi, premièrement, de n'avoir rien à craindre du côté de Saint-Lazare. Les rues de Paris me redevenaient un pays libre. En second lieu, je m'applaudis de ce que Tiberge n'avait pas la moindre idée de la délivrance de Manon
2770 et de son retour avec moi. Je remarquais même qu'il avait évité de me parler d'elle, dans l'opinion, apparemment, qu'elle me tenait moins au cœur, puisque je paraissais si tranquille sur son sujet. Je résolus, sinon de retourner dans ma famille, du moins d'écrire à mon père, comme il me le conseillait, et de lui témoi-
2775 gner que j'étais disposé à rentrer dans l'ordre de mes devoirs et de ses volontés. Mon espérance était de l'engager à m'envoyer de l'argent sous prétexte de faire mes exercices à l'Académie car j'aurais eu peine à lui persuader que je fusse dans la disposition de retourner à l'état ecclésiastique. Et dans le fond, je n'avais nul
2780 éloignement pour ce que je voulais lui promettre. J'étais bien aise, au contraire, de m'appliquer à quelque chose d'honnête et de raisonnable, autant que ce dessein pourrait s'accorder avec mon amour [1]. Je faisais mon compte de vivre avec ma maîtresse et de faire en même temps mes exercices, cela était fort compatible. Je
2785 fus si satisfait de toutes ces idées que je promis à Tiberge de faire partir, le jour même, une lettre pour mon père. J'entrai effectivement dans un bureau d'écriture [2], en le quittant, et j'écrivis d'une manière si tendre et si soumise, qu'en relisant ma lettre, je me flattai d'obtenir quelque chose du cœur paternel.

2790 Quoique je fusse en état de prendre et de payer un fiacre après avoir quitté Tiberge, je me fis un plaisir de marcher fièrement à pied en allant chez M. de T... Je trouvais de la joie dans cet exer-

---

1. On voit que le choix de la vertu, comme celui du vice, est toujours subordonné, chez le chevalier, à la logique de l'amour.
2. Ces bureaux mettaient à disposition du passant de quoi écrire et offraient les services d'écrivains publics.

cice de ma liberté, pour laquelle mon ami m'avait assuré qu'il ne
me restait rien à craindre. Cependant il me revint tout d'un coup
2795 à l'esprit que ses assurances ne regardaient que Saint-Lazare, et
que j'avais, outre cela, l'affaire de l'Hôpital sur les bras, sans
compter la mort de Lescaut, dans laquelle j'étais mêlé, du moins
comme témoin. Ce souvenir m'effraya si vivement que je me retirai dans la première allée[1], d'où je fis appeler un carrosse. J'allai
2800 droit chez M. de T..., que je fis rire de ma frayeur. Elle me parut
risible à moi-même, lorsqu'il m'eut appris que je n'avais rien à
craindre du côté de l'Hôpital, ni de celui de Lescaut. Il me dit
que, dans la pensée qu'on pourrait le soupçonner d'avoir eu part
à l'enlèvement de Manon, il était allé le matin à l'Hôpital, et qu'il
2805 avait demandé à la voir en feignant d'ignorer ce qui était arrivé ;
qu'on était si éloigné de nous accuser, ou lui, ou moi, qu'on
s'était empressé, au contraire, de lui apprendre cette aventure
comme une étrange nouvelle, et qu'on admirait qu'une fille aussi
jolie que Manon eût pris le parti de fuir avec un valet : qu'il s'était
2810 contenté de répondre froidement qu'il n'en était pas surpris, et
qu'on fait tout pour la liberté. Il continua de me raconter qu'il
était allé de là chez Lescaut, dans l'espérance de m'y trouver avec
ma charmante maîtresse ; que l'hôte de la maison, qui était un
carrossier, lui avait protesté qu'il n'avait vu ni elle ni moi ; mais
2815 qu'il n'était pas étonnant que nous n'eussions point paru chez
lui, si c'était pour Lescaut que nous devions y venir, parce que
nous aurions sans doute appris qu'il venait d'être tué à peu près
dans le même temps. Sur quoi, il n'avait pas refusé d'expliquer ce
qu'il savait de la cause et des circonstances de cette mort. Environ
2820 deux heures auparavant, un garde du corps, des amis de Lescaut,
l'était venu voir et lui avait proposé de jouer. Lescaut avait gagné
si rapidement que l'autre s'était trouvé cent écus de moins en une
heure, c'est-à-dire tout son argent. Ce malheureux, qui se voyait
sans un sou, avait prié Lescaut de lui prêter la moitié de la somme

---

1. *Allée* : passage pour accéder à un corps de logis.

2825 qu'il avait perdue; et sur quelques difficultés nées à cette occasion, ils s'étaient querellés avec une animosité[1] extrême. Lescaut
avait refusé de sortir pour mettre l'épée à la main, et l'autre avait
juré, en le quittant, de lui casser la tête : ce qu'il avait exécuté le
soir même. M. de T… eut l'honnêteté d'ajouter qu'il avait été fort
2830 inquiet par rapport à nous et qu'il continuait de m'offrir ses services. Je ne balançai point à lui apprendre le lieu de notre retraite.
Il me pria de trouver bon qu'il allât souper avec nous.

Comme il ne me restait qu'à prendre du linge et des habits
pour Manon, je lui dis que nous pouvions partir à l'heure même,
2835 s'il voulait avoir la complaisance de s'arrêter un moment avec
moi chez quelques marchands. Je ne sais s'il crut que je lui faisais cette proposition dans la vue d'intéresser sa générosité, ou
si ce fut par le simple mouvement d'une belle âme, mais ayant
consenti à partir aussitôt, il me mena chez les marchands qui
2840 fournissaient sa maison; il me fit choisir plusieurs étoffes d'un
prix plus considérable que je ne me l'étais proposé, et lorsque je
me disposais à les payer, il défendit absolument aux marchands
de recevoir un sou de moi. Cette galanterie[2] se fit de si bonne
grâce que je crus pouvoir en profiter sans honte. Nous prîmes
2845 ensemble le chemin de Chaillot, où j'arrivai avec moins d'inquiétude que je n'en étais parti.

Le chevalier des Grieux ayant employé plus d'une heure à ce
récit, je le priai de prendre un peu de relâche, et de nous tenir
compagnie à souper. Notre attention lui fit juger que nous l'avions
2850 écouté avec plaisir. Il nous assura que nous trouverions quelque
chose encore de plus intéressant dans la suite de son histoire[3], et
lorsque nous eûmes fini de souper, il continua dans ces termes.

---

1. _Animosité_ : agressivité.
2. Le terme ici perd toute connotation amoureuse pour désigner une simple
action civile et polie.
3. L'homme de qualité interrompt le récit de des Grieux, manière pour
Prévost d'accréditer la fiction romanesque de vérité et de ménager un effet
d'attente pour le lecteur.

■ Le chevalier des Grieux rend visite à Manon dans sa prison. Dessin de
J.J. Pasquier, 1753.

Deuxième partie

Ma présence et les politesses de M. de T... dissipèrent tout ce qui pouvait rester de chagrin à Manon. Oublions nos terreurs passées, ma chère âme, lui dis-je en arrivant, et recommençons à vivre plus heureux que jamais. Après tout, l'amour est un bon
5 maître ; la fortune ne saurait nous causer autant de peines qu'il nous fait goûter de plaisirs. Notre souper fut une vraie scène de joie. J'étais plus fier et plus content, avec Manon et mes cent pistoles, que le plus riche partisan [1] de Paris avec ses trésors entassés. Il faut compter ses richesses par les moyens qu'on a de satisfaire
10 ses désirs. Je n'en avais pas un seul à remplir ; l'avenir même me causait peu d'embarras. J'étais presque sûr que mon père ne ferait pas difficulté de me donner de quoi vivre honorablement à Paris, parce qu'étant dans ma vingtième année, j'entrais en droit d'exiger ma part du bien de ma mère. Je ne cachai point à Manon que
15 le fond de mes richesses n'était que de cent pistoles. C'était assez pour attendre tranquillement une meilleure fortune, qui semblait ne me pouvoir manquer, soit par mes droits naturels ou par les ressources du jeu.

Ainsi, pendant les premières semaines, je ne pensai qu'à jouir
20 de ma situation ; et la force de l'honneur, autant qu'un reste de

---

1. *Partisan* : fermier général, voir note 4, p. 50.

ménagement pour la police, me faisait remettre de jour en jour
à renouer avec les associés de l'hôtel de T... [1], je me réduisis à
jouer dans quelques assemblées moins décriées, où la faveur du
sort m'épargna l'humiliation d'avoir recours à l'industrie. J'allais
25 passer à la ville une partie de l'après-midi, et je revenais souper
à Chaillot, accompagné fort souvent de M. de T..., dont l'amitié
croissait de jour en jour pour nous. Manon trouva des ressources
contre l'ennui. Elle se lia, dans le voisinage, avec quelques jeunes personnes que le printemps y avait ramenées. La promenade
30 et les petits exercices de leur sexe faisaient alternativement leur
occupation. Une partie de jeu, dont elles avaient réglé les bornes,
fournissait aux frais de la voiture [2]. Elles allaient prendre l'air au
bois de Boulogne, et le soir, à mon retour, je retrouvais Manon
plus belle, plus contente, et plus passionnée que jamais.

35   Il s'éleva néanmoins quelques nuages, qui semblèrent mena-
cer l'édifice de mon bonheur. Mais ils furent nettement dissipés,
et l'humeur folâtre [3] de Manon rendit le dénouement si comique,
que je trouve encore de la douceur dans un souvenir qui me
représente sa tendresse et les agréments de son esprit [4].

40   Le seul valet qui composait notre domestique me prit un jour
à l'écart pour me dire, avec beaucoup d'embarras, qu'il avait
un secret d'importance à me communiquer. Je l'encourageai
à parler librement. Après quelques détours, il me fit entendre
qu'un seigneur étranger semblait avoir pris beaucoup d'amour

---

1. *L'hôtel de T...* : voir note 6, p. 85. Le lieu était alors placé sous surveillance
policière par l'intermédiaire d'espions qui s'adonnaient au jeu.
2. Les pertes des joueuses étaient collectées en un fonds qui servait à l'entretien d'un carrosse collectif.
3. *Folâtre* : espiègle, qui aime à plaisanter.
4. Il s'agit de l'épisode du prince italien, ajouté en 1753 par le romancier. Il fonctionne selon le même schéma que ceux touchant M. de B... et
M. de G... M... et, plus loin, le jeune G... M... et Synnelet, c'est-à-dire une
trahison initiale de Manon à l'égard de des Grieux suivie d'une réconciliation
des amants et de leur fuite. Cependant, on observe ici une variation du motif :
c'est le prince italien qui est chassé.

⁴⁵ pour Mademoiselle Manon. Le trouble de mon sang se fit sentir dans toutes mes veines [1]. En a-t-elle pour lui ? interrompis-je plus brusquement que la prudence ne permettait pour m'éclaircir. Ma vivacité l'effraya. Il me répondit, d'un air inquiet, que sa pénétration [2] n'avait pas été si loin, mais qu'ayant observé, depuis ⁵⁰ plusieurs jours, que cet étranger venait assidûment au bois de Boulogne, qu'il y descendait de son carrosse, et que, s'engageant seul dans les contre-allées, il paraissait chercher l'occasion de voir ou de rencontrer mademoiselle, il lui était venu à l'esprit de faire quelque liaison avec ses gens, pour apprendre le nom de leur ⁵⁵ maître ; qu'ils le traitaient de prince italien, et qu'ils le soupçonnaient eux-mêmes de quelque aventure galante ; qu'il n'avait pu se procurer d'autres lumières, ajouta-t-il en tremblant, parce que le Prince, étant alors sorti du bois, s'était approché familièrement de lui, et lui avait demandé son nom ; après quoi, comme s'il eût ⁶⁰ deviné qu'il était à notre service, il l'avait félicité d'appartenir à la plus charmante personne du monde.

J'attendais impatiemment la suite de ce récit. Il le finit par des excuses timides, que je n'attribuai qu'à mes imprudentes agitations. Je le pressai en vain de continuer sans déguisement. Il me ⁶⁵ protesta qu'il ne savait rien de plus, et que ce qu'il venait de me raconter étant arrivé le jour précédent, il n'avait pas revu les gens du prince. Je le rassurai, non seulement par des éloges, mais par une honnête récompense, et sans lui marquer la moindre défiance de Manon, je lui recommandai, d'un ton plus tranquille, de veiller ⁷⁰ sur toutes les démarches de l'étranger.

Au fond, sa frayeur me laissa de cruels doutes. Elle pouvait lui avoir fait supprimer une partie de la vérité. Cependant, après quelques réflexions, je revins de mes alarmes, jusqu'à regretter d'avoir donné cette marque de faiblesse. Je ne pouvais faire un

---

1. À la manière des personnages de la tragédie racinienne, le chevalier éprouve un trouble physique né de sa passion.
2. *Pénétration* : connaissance.

75 crime à Manon d'être aimée. Il y avait beaucoup d'apparence qu'elle ignorait sa conquête ; et quelle vie allais-je mener si j'étais capable d'ouvrir si facilement l'entrée de mon cœur à la jalousie ? Je retournai à Paris le jour suivant, sans avoir formé d'autre dessein que de hâter le progrès de ma fortune en jouant plus gros 80 jeu, pour me mettre en état de quitter Chaillot au premier sujet d'inquiétude. Le soir, je n'appris rien de nuisible à mon repos. L'étranger avait reparu au bois de Boulogne, et prenant droit de ce qui s'y était passé la veille pour se rapprocher de mon confident, il lui avait parlé de son amour, mais dans des termes qui ne 85 supposaient aucune intelligence[1] avec Manon. Il l'avait interrogé sur mille détails. Enfin, il avait tenté de le mettre dans ses intérêts par des promesses considérables, et tirant une lettre qu'il tenait prête, il lui avait offert inutilement quelques louis d'or pour la rendre à sa maîtresse.

90 Deux jours se passèrent sans aucun autre incident. Le troisième fut plus orageux. J'appris, en arrivant de la ville assez tard, que Manon, pendant sa promenade, s'était écartée un moment de ses compagnes, et que l'étranger, qui la suivait à peu de distance, s'étant approché d'elle au signe qu'elle lui en avait fait, elle 95 lui avait remis une lettre qu'il avait reçue avec des transports de joie. Il n'avait eu le temps de les exprimer qu'en baisant amoureusement les caractères, parce qu'elle s'était aussitôt dérobée. Mais elle avait paru d'une gaieté extraordinaire pendant le reste du jour, et depuis qu'elle était rentrée au logis, cette humeur ne 100 l'avait pas abandonnée. Je frémis, sans doute, à chaque mot. Es-tu bien sûr, dis-je tristement à mon valet, que tes yeux ne t'aient pas trompé ? Il prit le Ciel à témoin de sa bonne foi. Je ne sais à quoi les tourments de mon cœur m'auraient porté si Manon, qui m'avait entendu rentrer, ne fût venue au-devant de moi avec 105 un air d'impatience et des plaintes de ma lenteur. Elle n'attendit point ma réponse pour m'accabler de caresses, et lorsqu'elle se

---

1. *Intelligence* : entente rusée.

vit seule avec moi, elle me fit des reproches fort vifs de l'habitude
que je prenais de revenir si tard. Mon silence lui laissant la liberté
de continuer, elle me dit que, depuis trois semaines, je n'avais pas
110 passé une journée entière avec elle ; qu'elle ne pouvait soutenir
de si longues absences ; qu'elle me demandait du moins un jour
par intervalles et que, dès le lendemain, elle voulait me voir près
d'elle du matin au soir. J'y serai, n'en doutez pas, lui répondis-je
d'un ton assez brusque. Elle marqua peu d'attention pour mon
115 chagrin, et dans le mouvement de sa joie, qui me parut en effet
d'une vivacité singulière, elle me fit mille peintures plaisantes de
la manière dont elle avait passé le jour. Étrange fille ! me disais-
je à moi-même ; que dois-je attendre de ce prélude [1] ? L'aventure
de notre première séparation me revint à l'esprit [2]. Cependant je
120 croyais voir, dans le fond de sa joie et de ses caresses, un air de
vérité qui s'accordait avec les apparences.

Il ne me fut pas difficile de rejeter la tristesse, dont je ne pus
me défendre pendant notre souper, sur une perte que je me plai-
gnis d'avoir faite au jeu. J'avais regardé comme un extrême avan-
125 tage que l'idée de ne pas quitter Chaillot le jour suivant fût venue
d'elle-même. C'était gagner du temps pour mes délibérations. Ma
présence éloignait toutes sortes de craintes pour le lendemain,
et si je ne remarquais rien qui m'obligeât de faire éclater mes
découvertes, j'étais déjà résolu de transporter, le jour d'après,
130 mon établissement à la ville, dans un quartier où je n'eusse rien
à démêler avec les princes. Cet arrangement me fit passer une
nuit plus tranquille, mais il ne m'ôtait pas la douleur d'avoir à
trembler pour une nouvelle infidélité.

À mon réveil, Manon me déclara que, pour passer le jour dans
135 notre appartement, elle ne prétendait pas que j'en eusse l'air plus
négligé, et qu'elle voulait que mes cheveux fussent accommodés
de ses propres mains. Je les avais fort beaux. C'était un amuse-

---

1. _Prélude_ : entrée en matière.
2. Voir p. 52.

ment qu'elle s'était donné plusieurs fois ; mais elle y apporta plus de soins que je ne lui en avais jamais vu prendre. Je fus obligé, pour la satisfaire, de m'asseoir devant sa toilette, et d'essuyer toutes les petites recherches qu'elle imagina pour ma parure. Dans le cours de son travail, elle me faisait tourner souvent le visage vers elle, et s'appuyant des deux mains sur mes épaules, elle me regardait avec une curiosité avide. Ensuite, exprimant sa satisfaction par un ou deux baisers, elle me faisait reprendre ma situation pour continuer son ouvrage. Ce badinage nous occupa jusqu'à l'heure du dîner. Le goût qu'elle y avait pris m'avait paru si naturel, et sa gaieté sentait si peu l'artifice, que ne pouvant concilier des apparences si constantes avec le projet d'une noire trahison, je fus tenté plusieurs fois de lui ouvrir mon cœur, et de me décharger d'un fardeau qui commençait à me peser. Mais je me flattais, à chaque instant, que l'ouverture viendrait d'elle, et je m'en faisais d'avance un délicieux triomphe.

Nous rentrâmes dans son cabinet. Elle se mit à rajuster mes cheveux, et ma complaisance [1] me faisait céder à toutes ses volontés, lorsqu'on vint l'avertir que le prince de… demandait à la voir. Ce nom m'échauffa jusqu'au transport. Quoi donc ? m'écriai-je en la repoussant. Qui ? Quel prince ? Elle ne répondit point à mes questions. Faites-le monter, dit-elle froidement au valet ; et se tournant vers moi : Cher amant, toi que j'adore, reprit-elle d'un ton enchanteur, je te demande un moment de complaisance, un moment, un seul moment. Je t'en aimerai mille fois plus. Je t'en saurai gré toute ma vie.

L'indignation et la surprise me lièrent la langue. Elle répétait ses instances, et je cherchais des expressions pour les rejeter avec mépris. Mais, entendant ouvrir la porte de l'antichambre, elle empoigna d'une main mes cheveux, qui étaient flottants sur mes épaules, elle prit de l'autre son miroir de toilette ; elle employa toute sa force pour me traîner dans cet état jusqu'à la porte du

---

1. *Complaisance* : voir note 2, p. 96.

170 cabinet, et l'ouvrant du genou, elle offrit à l'étranger, que le bruit
semblait avoir arrêté au milieu de la chambre, un spectacle qui
ne dut pas lui causer peu d'étonnement. Je vis un homme fort
bien mis, mais d'assez mauvaise mine. Dans l'embarras où le
jetait cette scène, il ne laissa pas de faire une profonde révérence.
175 Manon ne lui donna pas le temps d'ouvrir la bouche. Elle lui
présenta son miroir : Voyez, monsieur, lui dit-elle, regardez-vous
bien, et rendez-moi justice. Vous me demandez de l'amour. Voici
l'homme que j'aime, et que j'ai juré d'aimer toute ma vie. Faites
la comparaison vous-même. Si vous croyez lui pouvoir disputer
180 mon cœur, apprenez-moi donc sur quel fondement, car je vous
déclare qu'aux yeux de votre servante très humble, tous les princes
d'Italie ne valent pas un des cheveux que je tiens.

Pendant cette folle harangue [1], qu'elle avait apparemment
médité [2], je faisais des efforts inutiles pour me dégager, et pre-
185 nant pitié d'un homme de considération, je me sentais porté à
réparer ce petit outrage par mes politesses. Mais, s'étant remis
assez facilement, sa réponse, que je trouvai un peu grossière, me
fit perdre cette disposition. Mademoiselle, mademoiselle, lui dit-il
avec un sourire forcé, j'ouvre en effet les yeux, et je vous trouve
190 bien moins novice que je ne me l'étais figuré. Il se retira aussitôt
sans jeter les yeux sur elle, en ajoutant, d'une voix plus basse, que
les femmes de France ne valaient pas mieux que celles d'Italie.
Rien ne m'invitait, dans cette occasion, à lui faire prendre une
meilleure idée du beau sexe.
195 Manon quitta mes cheveux, se jeta dans un fauteuil, et fit
retentir la chambre de longs éclats de rire. Je ne dissimulerai pas
que je fus touché, jusqu'au fond du cœur, d'un sacrifice que je
ne pouvais attribuer qu'à l'amour. Cependant la plaisanterie
me parut excessive. Je lui en fis des reproches. Elle me raconta

---

1. *Harangue* : discours solennel.
2. La mise en scène et le ton des propos tenus par Manon font d'elle une
comédienne ; mais des Grieux ne reconnaît les talents de sa bien-aimée que
parce qu'ils leur servent à se jouer d'un prétendant.

200 que mon rival, après l'avoir obsédée pendant plusieurs jours au
bois de Boulogne, et lui avoir fait deviner ses sentiments par
des grimaces [1], avait pris le parti de lui en faire une déclaration
ouverte, accompagnée de son nom et de tous ses titres, dans une
lettre qu'il lui avait fait remettre par le cocher qui la conduisait
205 avec ses compagnes ; qu'il lui promettait, au-delà des monts, une
brillante fortune et des adorations éternelles ; qu'elle était revenue
à Chaillot dans la résolution de me communiquer cette aventure,
mais qu'ayant conçu que nous en pouvions tirer de l'amusement,
elle n'avait pu résister à son imagination, qu'elle avait offert au
210 Prince italien, par une réponse flatteuse, la liberté de la voir chez
elle, et qu'elle s'était fait un second plaisir de me faire entrer dans
son plan, sans m'en avoir fait naître le moindre soupçon. Je ne lui
dis pas un mot des lumières qui m'étaient venues par une autre
voie, et l'ivresse de l'amour triomphant me fit tout approuver.

215   J'ai remarqué, dans toute ma vie, que le Ciel [2] a toujours choisi,
pour me frapper de ses plus rudes châtiments, le temps où ma fortune me semblait le mieux établie. Je me croyais si heureux, avec
l'amitié de M. de T… et la tendresse de Manon, qu'on n'aurait pu
me faire comprendre que j'eusse à craindre quelque nouveau mal-
220 heur. Cependant, il s'en préparait un si funeste, qu'il m'a réduit à
l'état où vous m'avez vu à Pacy, et par degrés à des extrémités si
déplorables que vous aurez peine à croire mon récit fidèle.

Un jour que nous avions M. de T… à souper, nous entendîmes
le bruit d'un carrosse qui s'arrêtait à la porte de l'hôtellerie. La
225 curiosité nous fit désirer de savoir qui pouvait arriver à cette heure.
On nous dit que c'était le jeune G… M…, c'est-à-dire le fils de
notre plus cruel ennemi, de ce vieux débauché qui m'avait mis
à Saint-Lazare et Manon à l'Hôpital. Son nom me fit monter la
rougeur au visage. C'est le Ciel qui me l'amène, dis-je à M. de T…,

---

1. *Grimaces* : politesses exagérées.
2. Une fois encore, le chevalier se considère comme le jouet de la volonté
divine.

230 pour le punir de la lâcheté de son père. Il ne m'échappera pas que nous n'ayons mesuré nos épées. M. de T…, qui le connaissait et qui était même de ses meilleurs amis, s'efforça de me faire prendre d'autres sentiments pour lui. Il m'assura que c'était un jeune homme très aimable, et si peu capable d'avoir eu part à

235 l'action de son père que je ne le verrais pas moi-même un moment sans lui accorder mon estime et sans désirer la sienne. Après avoir ajouté mille choses à son avantage, il me pria de consentir qu'il allât lui proposer de venir prendre place avec nous, et de s'accommoder du reste de notre souper. Il prévint l'objection du péril où

240 c'était exposer Manon que de découvrir sa demeure au fils de notre ennemi, en protestant, sur son honneur et sur sa foi, que, lorsqu'il nous connaîtrait, nous n'aurions point de plus zélé défenseur. Je ne fis difficulté de rien, après de telles assurances. M. de T… ne nous l'amena point sans avoir pris un moment pour l'informer

245 qui nous étions. Il entra d'un air qui nous prévint effectivement en sa faveur. Il m'embrassa. Nous nous assîmes. Il admira Manon, moi, tout ce qui nous appartenait, et il mangea d'un appétit qui fit honneur à notre souper. Lorsqu'on eut desservi, la conversation devint plus sérieuse. Il baissa les yeux pour nous parler de l'excès

250 où son père s'était porté contre nous. Il nous fit les excuses les plus soumises. Je les abrège, nous dit-il, pour ne pas renouveler un souvenir qui me cause trop de honte. Si elles étaient sincères dès le commencement, elles le devinrent bien plus dans la suite, car il n'eut pas passé une demi-heure dans cet entretien, que je m'aper-

255 çus de l'impression que les charmes de Manon faisaient sur lui. Ses regards et ses manières s'attendrirent par degrés. Il ne laissa rien échapper néanmoins dans ses discours, mais, sans être aidé de la jalousie, j'avais trop d'expérience en amour pour ne pas discerner ce qui venait de cette source. Il nous tint compagnie pendant une

260 partie de la nuit, et il ne nous quitta qu'après s'être félicité de notre connaissance, et nous avoir demandé la permission de venir nous renouveler quelquefois l'offre de ses services. Il partit le matin avec M. de T…, qui se mit avec lui dans son carrosse.

Je ne me sentais, comme j'ai dit, aucun penchant à la jalousie.
265 J'avais plus de crédulité que jamais pour les serments de Manon.
Cette charmante créature était si absolument maîtresse de mon
âme que je n'avais pas un seul petit sentiment qui ne fût de l'estime et de l'amour. Loin de lui faire un crime d'avoir plu au jeune
G... M..., j'étais ravi de l'effet de ses charmes, et je m'applaudis-
270 sais d'être aimé d'une fille que tout le monde trouvait aimable. Je
ne jugeai pas même à propos de lui communiquer mes soupçons.
Nous fûmes occupés, pendant quelques jours, du soin de faire
ajuster ses habits, et à délibérer si nous pouvions aller à la comédie sans appréhender d'être reconnus. M. de T... revint nous voir
275 avant la fin de la semaine. Nous le consultâmes là-dessus. Il vit
bien qu'il fallait dire oui, pour faire plaisir à Manon. Nous résolûmes d'y aller le même soir avec lui.

Cependant cette résolution ne put s'exécuter, car m'ayant tiré
aussitôt en particulier : Je suis, me dit-il, dans le dernier embar-
280 ras depuis que je ne vous ai vu, et la visite que je vous fais
aujourd'hui en est une suite. G... M... aime votre maîtresse. Il
m'en a fait confidence. Je suis son intime ami, et disposé en tout
à le servir ; mais je ne suis pas moins le vôtre. J'ai considéré
que ses intentions sont injustes et je les ai condamnées. J'aurais
285 gardé son secret s'il n'avait dessein d'employer, pour plaire, que
les voies communes, mais il est bien informé de l'humeur de
Manon. Il a su, je ne sais d'où, qu'elle aime l'abondance et les
plaisirs [1], et comme il jouit déjà d'un bien considérable, il m'a
déclaré qu'il veut la tenter d'abord par un très gros présent et
290 par l'offre de dix mille livres de pension. Toutes choses égales,
j'aurais peut-être eu beaucoup plus de violence à me faire pour
le trahir, mais la justice s'est jointe en votre faveur à l'amitié ;
d'autant plus qu'ayant été la cause imprudente de sa passion,
en l'introduisant ici, je suis obligé de prévenir les effets du mal
295 que j'ai causé.

---

1. On voit que la réputation de Manon n'est plus à faire.

Je remerciai M. de T... d'un service de cette importance, et je lui avouai, avec un parfait retour de confiance, que le caractère de Manon était tel que G... M... se le figurait, c'est-à-dire qu'elle ne pouvait supporter le nom de la pauvreté. Cependant, lui dis-je,

300 lorsqu'il n'est question que du plus ou du moins, je ne la crois pas capable de m'abandonner pour un autre. Je suis en état de ne la laisser manquer de rien, et je compte que ma fortune va croître de jour en jour. Je ne crains qu'une chose, ajoutai-je, c'est que G... M... ne se serve de la connaissance qu'il a de notre demeure

305 pour nous rendre quelque mauvais office. M. de T... m'assura que je devais être sans appréhension de ce côté-là ; que G... M... était capable d'une folie amoureuse, mais qu'il ne l'était point d'une bassesse ; que s'il avait la lâcheté d'en commettre une, il serait le premier, lui qui parlait, à l'en punir et à réparer par là le

310 malheur qu'il avait eu d'y donner occasion. Je vous suis obligé de ce sentiment, repris-je, mais le mal serait fait et le remède fort incertain. Ainsi le parti le plus sage est de le prévenir, en quittant Chaillot pour prendre une autre demeure. Oui, reprit M. de T... Mais vous aurez peine à le faire aussi promptement qu'il faudrait,

315 car G... M... doit être ici à midi ; il me le dit hier, et c'est ce qui m'a porté à venir si matin [1], pour vous informer de ses vues. Il peut arriver à tout moment.

Un avis si pressant me fit regarder cette affaire d'un œil plus sérieux. Comme il me semblait impossible d'éviter la visite de

320 G... M..., et qu'il me le serait aussi, sans doute, d'empêcher qu'il ne s'ouvrît [2] à Manon, je pris le parti de la prévenir moi-même sur le dessein de ce nouveau rival. Je m'imaginai que, me sachant instruit des propositions qu'il lui ferait, et les recevant à mes yeux, elle aurait assez de force pour les rejeter. Je découvris ma

325 pensée à M. de T..., qui me répondit que cela était extrêmement délicat. Je l'avoue, lui dis-je, mais toutes les raisons qu'on peut

---

1. *À venir si matin* : à venir si tôt le matin.
2. *S'ouvrît* : voir note 4, p. 60.

avoir d'être sûr d'une maîtresse, je les ai de compter sur l'affection de la mienne. Il n'y aurait que la grandeur des offres qui pût l'éblouir, et je vous ai dit qu'elle ne connaît point l'intérêt.

330 Elle aime ses aises, mais elle m'aime aussi, et, dans la situation où sont mes affaires, je ne saurais croire qu'elle me préfère le fils d'un homme qui l'a mise à l'Hôpital. En un mot, je persistai dans mon dessein, et m'étant retiré à l'écart avec Manon, je lui déclarai naturellement tout ce que je venais d'apprendre.

335 Elle me remercia de la bonne opinion que j'avais d'elle, et elle me promit de recevoir les offres de G... M... d'une manière qui lui ôterait l'envie de les renouveler. Non, lui dis-je, il ne faut pas l'irriter par une brusquerie. Il peut nous nuire. Mais tu sais assez, toi, friponne[1], ajoutai-je en riant, comment te défaire d'un amant
340 désagréable ou incommode. Elle reprit, après avoir un peu rêvé : Il me vient un dessein admirable, s'écria-t-elle, et je suis toute glorieuse de l'invention. G... M... est le fils de notre plus cruel ennemi ; il faut nous venger du père, non pas sur le fils, mais sur sa bourse. Je veux l'écouter, accepter ses présents, et me moquer
345 de lui. Le projet est joli, lui dis-je, mais tu ne songes pas, mon pauvre enfant, que c'est le chemin qui nous a conduits droit à l'Hôpital. J'eus beau lui représenter le péril de cette entreprise, elle me dit qu'il ne s'agissait que de bien prendre nos mesures, et elle répondit à toutes mes objections. Donnez-moi un amant qui
350 n'entre point aveuglément dans tous les caprices d'une maîtresse adorée, et je conviendrai que j'eus tort de céder si facilement[2]. La résolution fut prise de faire une dupe[3] de G... M..., et par un tour bizarre de mon sort, il arriva que je devins la sienne.

Nous vîmes paraître son carrosse vers les onze heures. Il nous
355 fit des compliments fort recherchés sur la liberté qu'il prenait de venir dîner avec nous. Il ne fut pas surpris de trouver M. de T...,

---

1. Allusion à la friponnerie faite au prince italien.
2. Une fois de plus, l'excuse de des Grieux consiste dans l'aveuglement provoqué par son amour pour Manon.
3. *Dupe* : voir note 3, p. 57.

qui lui avait promis la veille de s'y rendre aussi, et qui avait feint
quelques affaires pour se dispenser de venir dans la même voiture.
Quoiqu'il n'y eût pas un seul de nous qui ne portât la trahison
360 dans le cœur, nous nous mîmes à table avec un air de confiance
et d'amitié. G... M... trouva aisément l'occasion de déclarer
ses sentiments à Manon. Je ne dus pas lui paraître gênant, car
je m'absentai exprès pendant quelques minutes. Je m'aperçus
à mon retour, qu'on[1] ne l'avait pas désespéré par un excès de
365 rigueur. Il était de la meilleure humeur du monde. J'affectai de
le paraître aussi. Il riait intérieurement de ma simplicité, et moi
de la sienne. Pendant tout l'après-midi, nous fûmes l'un pour
l'autre une scène fort agréable[2]. Je lui ménageai encore, avant son
départ, un moment d'entretien particulier avec Manon, de sorte
370 qu'il eut lieu de s'applaudir de ma complaisance autant que de
la bonne chère.

Aussitôt qu'il fut monté en carrosse avec M. de T..., Manon
accourut à moi, les bras ouverts, et m'embrassa en éclatant de
rire. Elle me répéta ses discours et ses propositions, sans y chan-
375 ger un mot. Ils se réduisaient à ceci : il l'adorait. Il voulait partager avec elle quarante mille livres de rente dont il jouissait déjà,
sans compter ce qu'il attendait après la mort de son père. Elle
allait être maîtresse de son cœur et de sa fortune, et, pour gage[3]
de ses bienfaits, il était prêt à lui donner un carrosse, un hôtel
380 meublé, une femme de chambre, trois laquais et un cuisinier.
Voilà un fils, dis-je à Manon, bien autrement généreux que son
père. Parlons de bonne foi, ajoutai-je ; cette offre ne vous tente-
t-elle point ? Moi ? répondit-elle, en ajustant à sa pensée deux
vers de Racine :

---

1. Le pronom indéfini, qui désigne Manon, atténue encore la culpabilité de
cette dernière.
2. L'épisode avec le fils prend la même forme que celui qui mettait en scène le
père, trompé devenant trompeur. C'est un ressort de la comédie, qui résonne
de manière ironique pour le chevalier.
3. *Pour gage* : pour salaire, pour dédommagement.

385   *Moi! vous me soupçonnez de cette perfidie?*
       Moi! je pourrais souffrir un visage odieux,
       Qui rappelle toujours l'Hôpital à mes yeux?

Non, repris-je, en continuant la parodie[1] :

       J'aurais peine à penser que l'Hôpital, Madame,
390   *Fût un trait dont l'Amour l'eût gravé dans votre âme[2].*

Mais c'en est un bien séduisant qu'un hôtel meublé avec un carrosse et trois laquais; et l'amour en a peu d'aussi forts. Elle me protesta que son cœur était à moi pour toujours, et qu'il ne recevrait jamais d'autres traits que les miens. Les promesses qu'il
395 m'a faites, me dit-elle, sont un aiguillon de vengeance, plutôt qu'un trait d'amour. Je lui demandai si elle était dans le dessein d'accepter l'hôtel et le carrosse. Elle me répondit qu'elle n'en voulait qu'à son argent. La difficulté était d'obtenir l'un sans l'autre. Nous résolûmes d'attendre l'entière explication du projet
400 de G... M..., dans une lettre qu'il avait promis de lui écrire. Elle la reçut en effet le lendemain, par un laquais sans livrée[3], qui se procura fort adroitement l'occasion de lui parler sans témoins. Elle lui dit d'attendre sa réponse, et elle vint m'apporter aussitôt sa lettre. Nous l'ouvrîmes ensemble. Outre les lieux communs de
405 tendresse, elle contenait le détail des promesses de mon rival. Il ne bornait point sa dépense. Il s'engageait à lui compter dix mille francs, en prenant possession de l'hôtel[4], et à réparer tellement les diminutions de cette somme, qu'elle l'eût toujours devant elle en argent comptant. Le jour de l'inauguration n'était pas reculé
410 trop loin : il ne lui en demandait que deux pour les préparatifs, et

----

1. *Parodie* : imitation qui se moque de son modèle.
2. Parodie d'*Iphigénie* de Racine, acte II, scène v : «Moi? Vous me soupçonnez de cette perfidie?/ Moi, j'aimerais, madame, un vainqueur furieux,/ Qui toujours tout sanglant se présente à mes yeux», «Ces morts, cette Lesbos, ces cendres, cette flamme/ Sont les traits dont l'amour l'a gravé dans votre âme».
3. *Livrée* : uniforme.
4. Il s'agit de la prise de possession de l'hôtel par Manon elle-même.

il lui marquait le nom de la rue et de l'hôtel, où il lui promettait de l'attendre l'après-midi du second jour, si elle pouvait se dérober de mes mains. C'était l'unique point sur lequel il la conjurait de le tirer d'inquiétude ; il paraissait sûr de tout le reste, mais
415 il ajoutait que, si elle prévoyait de la difficulté à m'échapper, il trouverait le moyen de rendre sa fuite aisée.

G... M... était plus fin que son père ; il voulait tenir sa proie avant que de compter ses espèces. Nous délibérâmes sur la conduite que Manon avait à tenir. Je fis encore des efforts pour
420 lui ôter cette entreprise de la tête et je lui en représentai tous les dangers. Rien ne fut capable d'ébranler sa résolution.

Elle fit une courte réponse à G... M..., pour l'assurer qu'elle ne trouverait pas de difficulté à se rendre à Paris le jour marqué, et qu'il pouvait l'attendre avec certitude. Nous réglâmes ensuite
425 que je partirais sur-le-champ pour aller louer un nouveau logement dans quelque village, de l'autre côté de Paris, et que je transporterais avec moi notre petit équipage ; que le lendemain après-midi, qui était le temps de son assignation [1], elle se rendrait de bonne heure à Paris ; qu'après avoir reçu les présents de G... M..., elle le
430 prierait instamment de la conduire à la Comédie [2] ; qu'elle prendrait avec elle tout ce qu'elle pourrait porter de la somme, et qu'elle chargerait du reste mon valet, qu'elle voulait mener avec elle. C'était toujours le même qui l'avait délivrée de l'Hôpital, et qui nous était infiniment attaché. Je devais me trouver, avec un fiacre,
435 à l'entrée de la rue Saint-André-des-Arcs, et l'y laisser vers les sept heures, pour m'avancer dans l'obscurité à la porte de la Comédie. Manon me promettait d'inventer des prétextes pour sortir un instant de sa loge, et de l'employer à descendre pour me rejoindre. L'exécution du reste était facile. Nous aurions regagné mon fiacre
440 en un moment, et nous serions sortis de Paris par le faubourg Saint-Antoine, qui était le chemin de notre nouvelle demeure [3].

---

1. *Assignation* : rendez-vous.
2. *La Comédie* : théâtre alors situé rive gauche de la Seine.
3. Les deux amants quittent donc l'ouest de Paris pour l'est.

Ce dessein, tout extravagant qu'il était, nous parut assez bien arrangé. Mais il y avait, dans le fond, une folle imprudence à s'imaginer que quand il eût réussi le plus heureusement du monde, nous eussions jamais pu nous mettre à couvert des suites. Cependant, nous nous exposâmes avec la plus téméraire confiance. Manon partit avec Marcel : c'est ainsi que se nommait notre valet. Je la vis partir avec douleur. Je lui dis en l'embrassant : Manon, ne me trompez point, me serez-vous fidèle ? Elle se plaignit tendrement de ma défiance, et elle me renouvela tous ses serments.

Son compte était d'arriver à Paris sur les trois heures. Je partis après elle. J'allais me morfondre le reste de l'après-midi, dans le café de Féré, au pont Saint-Michel ; j'y demeurai jusqu'à la nuit. J'en sortis alors pour prendre un fiacre, que je postai, suivant notre projet, à l'entrée de la rue Saint-André-des-Arcs ; ensuite je gagnai à pied la porte de la Comédie. Je fus surpris de n'y pas trouver Marcel, qui devait être à m'attendre. Je pris patience pendant une heure, confondu dans une foule de laquais, et l'œil ouvert sur tous les passants. Enfin, sept heures étant sonnées, sans que j'eusse rien aperçu qui eût rapport à nos desseins, je pris un billet de parterre pour aller voir si je découvrirais Manon et G… M… dans les loges. Ils n'y étaient ni l'un ni l'autre. Je retournai à la porte, où je passai encore un quart d'heure, transporté d'impatience et d'inquiétude. N'ayant rien vu paraître, je rejoignis mon fiacre, sans pouvoir m'arrêter à la moindre résolution. Le cocher, m'ayant aperçu, vint quelques pas au-devant de moi pour me dire, d'un air mystérieux, qu'une jolie demoiselle m'attendait depuis une heure dans le carrosse ; qu'elle m'avait demandé, à des signes qu'il avait bien reconnus, et qu'ayant appris que je devais revenir, elle avait dit qu'elle ne s'impatienterait point à m'attendre. Je me figurai aussitôt que c'était Manon. J'approchai ; mais je vis un joli petit visage, qui n'était pas le sien. C'était une étrangère, qui me demanda d'abord si elle n'avait pas l'honneur de parler à M. le chevalier des Grieux. Je lui dis que c'était mon

nom. J'ai une lettre à vous rendre, reprit-elle, qui vous instruira du sujet qui m'amène, et par quel rapport j'ai l'avantage de connaître votre nom. Je la priai de me donner le temps de la lire dans un cabaret [1] voisin. Elle voulut me suivre, et elle me conseilla de
480 demander une chambre à part. De qui vient cette lettre ? lui dis-je en montant : elle me remit à la lecture [2].

Je reconnus la main de Manon. Voici à peu près ce qu'elle me marquait : G… M… l'avait reçue avec une politesse et une magnificence au-delà de toutes ses idées. Il l'avait comblée de présents ;
485 il lui faisait envisager un sort de reine. Elle m'assurait néanmoins qu'elle ne m'oubliait pas dans cette nouvelle splendeur ; mais que, n'ayant pu faire consentir G… M… à la mener ce soir à la Comédie, elle remettait à un autre jour le plaisir de me voir ; et que, pour me consoler un peu de la peine qu'elle prévoyait que
490 cette nouvelle pouvait me causer, elle avait trouvé le moyen de me procurer une des plus jolies filles de Paris, qui serait la porteuse de son billet. *Signé, votre fidèle amante, MANON LESCAUT.*

Il y avait quelque chose de si cruel et de si insultant pour moi dans cette lettre, que demeurant suspendu quelque temps entre
495 la colère et la douleur, j'entrepris de faire un effort pour oublier éternellement mon ingrate et parjure [3] maîtresse. Je jetai les yeux sur la fille qui était devant moi : elle était extrêmement jolie, et j'aurais souhaité qu'elle l'eût été assez pour me rendre parjure et infidèle à mon tour. Mais je n'y trouvai point ces yeux fins et
500 languissants, ce port divin, ce teint de la composition de l'Amour, enfin ce fonds inépuisable de charmes que la nature avait prodigués à la perfide [4] Manon. Non, non, lui dis-je en cessant de la regarder, l'ingrate qui vous envoie savait fort bien qu'elle vous

---

1. Cabaret : café.
2. Elle me remit à la lecture : elle me dit de m'en remettre à la lecture.
3. Parjure : qui manque à sa parole.
4. Ce portrait de Manon reste succinct et relativement abstrait comme s'il s'agissait, pour des Grieux, de désamorcer l'éventuel et coupable attrait charnel que suscite l'apparence physique de sa maîtresse.

faisait faire une démarche inutile. Retournez à elle, et dites-lui
505 de ma part qu'elle jouisse de son crime, et qu'elle en jouisse, s'il
se peut, sans remords. Je l'abandonne sans retour, et je renonce
en même temps à toutes les femmes, qui ne sauraient être aussi
aimables qu'elle, et qui sont, sans doute, aussi lâches et d'aussi
mauvaise foi. Je fus alors sur le point de descendre et de me
510 retirer, sans prétendre davantage à Manon, et la jalousie mortelle
qui me déchirait le cœur se déguisant en une morne et sombre
tranquillité, je me crus d'autant plus proche de ma guérison que
je ne sentais nul de ces mouvements violents dont j'avais été
agité dans les mêmes occasions. Hélas ! j'étais la dupe de l'amour
515 autant que je croyais l'être de G... M... et de Manon.

   Cette fille qui m'avait apporté la lettre, me voyant prêt à descendre l'escalier, me demanda ce que je voulais donc qu'elle rap-
portât à M. de G... M... et à la dame qui était avec lui. Je rentrai
dans la chambre à cette question, et par un changement incroya-
520 ble à ceux qui n'ont jamais senti de passions violentes, je me
trouvai, tout d'un coup, de la tranquillité où je croyais être, dans
un transport terrible de fureur. Va, lui dis je, rapporte au traître
G... M... et à sa perfide maîtresse le désespoir où ta maudite lettre
m'a jeté, mais apprends-leur qu'ils n'en riront pas longtemps,
525 et que je les poignarderai tous deux de ma propre main. Je me
jetai sur une chaise. Mon chapeau tomba d'un côté, et ma canne
de l'autre. Deux ruisseaux de larmes amères commencèrent à
couler de mes yeux. L'accès de rage que je venais de sentir se
changea dans une profonde douleur ; je ne fis plus que pleurer,
530 en poussant des gémissements et des soupirs [1]. Approche, mon
enfant, approche, m'écriai-je en parlant à la jeune fille ; approche, puisque c'est toi qu'on envoie pour me consoler. Dis-moi
si tu sais des consolations contre la rage et le désespoir, contre

---

1. La scène oscille entre des manifestations de désespoir dignes de la tragédie
et des détails tantôt réalistes, tantôt pathétiques, tels qu'ils peuvent figurer
dans les romans bourgeois ou les comédies larmoyantes.

l'envie de se donner la mort à soi-même, après avoir tué deux
535 perfides qui ne méritent pas de vivre. Oui, approche, continuai-je,
en voyant qu'elle faisait vers moi quelques pas timides et incer-
tains. Viens essuyer mes larmes, viens rendre la paix à mon cœur,
viens me dire que tu m'aimes, afin que je m'accoutume à l'être
d'une autre que de mon infidèle. Tu es jolie, je pourrai peut-être
540 t'aimer à mon tour. Cette pauvre enfant, qui n'avait pas seize
ou dix-sept ans, et qui paraissait avoir plus de pudeur que ses
pareilles, était extraordinairement surprise d'une si étrange scène.
Elle s'approcha néanmoins pour me faire quelques caresses, mais
je l'écartai aussitôt, en la repoussant de mes mains. Que veux-tu
545 de moi ? lui dis-je. Ah ! tu es une femme, tu es d'un sexe que je
déteste et que je ne puis plus souffrir. La douceur de ton visage
me menace encore de quelque trahison. Va-t'en et laisse-moi seul
ici. Elle me fit une révérence, sans oser rien dire, et elle se tourna
pour sortir. Je lui criai de s'arrêter. Mais apprends-moi du moins,
550 repris-je, pourquoi, comment, à quel dessein tu as été envoyée
ici. Comment as-tu découvert mon nom et le lieu où tu pouvais
me trouver ?

Elle me dit qu'elle connaissait de longue main [1] M. de
G… M… ; qu'il l'avait envoyé chercher à cinq heures, et qu'ayant
555 suivi le laquais qui l'avait avertie, elle était allée dans une grande
maison, où elle l'avait trouvé qui jouait au piquet [2] avec une jolie
dame, et qu'ils l'avaient chargée tous deux de me rendre la lettre
qu'elle m'avait apportée, après lui avoir appris qu'elle me trouverait dans un carrosse au bout de la rue Saint-André. Je lui
560 demandai s'ils ne lui avaient rien dit de plus. Elle me répondit,
en rougissant, qu'ils lui avaient fait espérer que je la prendrais
pour me tenir compagnie. On t'a trompée, lui dis-je ; ma pauvre
fille, on t'a trompée. Tu es une femme, il te faut un homme ; mais
il t'en faut un qui soit riche et heureux, et ce n'est pas ici que tu

---

1. *De longue main* : depuis longtemps.

2. *Piquet* : un jeu de cartes auquel on jouait à deux.

565 le peux trouver. Retourne, retourne à M. de G... M... Il a tout ce
qu'il faut pour être aimé des belles ; il a des hôtels meublés et des
équipages [1] à donner. Pour moi, qui n'ai que de l'amour et de la
constance à offrir, les femmes méprisent ma misère et font leur
jouet de ma simplicité.

570   J'ajoutai mille choses, ou tristes ou violentes, suivant que les
passions qui m'agitaient tour à tour cédaient ou emportaient le
dessus. Cependant, à force de me tourmenter, mes transports
diminuèrent assez pour faire place à quelques réflexions. Je com-
parai cette dernière infortune à celles que j'avais déjà essuyées
575 dans le même genre, et je ne trouvai pas qu'il y eût plus à désespé-
rer que dans les premières. Je connaissais Manon ; pourquoi m'affliger tant d'un malheur que j'avais [2] dû prévoir ? Pourquoi ne pas
m'employer plutôt à chercher du remède ? Il était encore temps.
Je devais du moins n'y pas épargner mes soins, si je ne voulais
580 avoir à me reprocher d'avoir contribué, par ma négligence, à mes
propres peines. Je me mis là-dessus à considérer tous les moyens
qui pouvaient m'ouvrir un chemin à l'espérance.

      Entreprendre de l'arracher avec violence des mains de
G... M..., c'était un parti désespéré, qui n'était propre qu'à me
585 perdre, et qui n'avait pas la moindre apparence de succès. Mais
il me semblait que si j'eusse pu me procurer le moindre entretien
avec elle, j'aurais gagné infailliblement quelque chose sur son
cœur. J'en connaissais si bien tous les endroits sensibles ! J'étais
si sûr d'être aimé d'elle ! Cette bizarrerie même de m'avoir envoyé
590 une jolie fille pour me consoler, j'aurais parié qu'elle venait de
son invention [3], et que c'était un effet de sa compassion pour
mes peines. Je résolus d'employer toute mon industrie pour la

---

1. *Équipages* : ici, carrosses.
2. « J'avais » pour « j'aurais ». En effet, des Grieux commence à prendre
conscience du caractère irréformable de la nature de son amante.
3. L'opacité des actions de Manon tient peut-être finalement moins au caractère énigmatique de celle-ci qu'à l'aveuglement de son amant, qui disparaît
momentanément ici.

voir. Parmi quantité de voies que j'examinai l'une après l'autre,
je m'arrêtai à celle-ci. M. de T... avait commencé à me rendre
595 service avec trop d'affection pour me laisser le moindre doute de
sa sincérité et de son zèle. Je me proposai d'aller chez lui sur-le-
champ, et de l'engager à faire appeler G... M... sous le prétexte
d'une affaire importante. Il ne me fallait qu'une demi-heure pour
parler à Manon. Mon dessein était de me faire introduire dans sa
600 chambre même, et je crus que cela me serait aisé dans l'absence
de G... M... Cette résolution m'ayant rendu plus tranquille, je
payai libéralement la jeune fille, qui était encore avec moi, et pour
lui ôter l'envie de retourner chez ceux qui me l'avaient envoyée,
je pris son adresse, en lui faisant espérer que j'irais passer la
605 nuit avec elle. Je montai dans mon fiacre, et je me fis conduire à
grand train chez M. de T... Je fus assez heureux pour l'y trouver.
J'avais eu, là-dessus, de l'inquiétude en chemin. Un mot le mit
au fait de mes peines et du service que je venais lui demander. Il
fut si étonné d'apprendre que G... M... avait pu séduire Manon,
610 qu'ignorant que j'avais eu part moi-même à mon malheur, il m'offrit généreusement de rassembler tous ses amis, pour employer
leurs bras et leurs épées à la délivrance de ma maîtresse. Je lui fis
comprendre que cet éclat pouvait être pernicieux à Manon et à
moi. Réservons notre sang, lui dis-je, pour l'extrémité. Je médite
615 une voie plus douce et dont je n'espère pas moins de succès.
Il s'engagea, sans exception, à faire tout ce que je demanderais
de lui ; et lui ayant répété qu'il ne s'agissait que de faire avertir
G... M... qu'il avait à lui parler, et de le tenir dehors une heure
ou deux, il partit aussitôt avec moi pour me satisfaire.
620 Nous cherchâmes de quel expédient il pourrait se servir pour
l'arrêter si longtemps. Je lui conseillai de lui écrire d'abord un
billet simple, daté d'un cabaret, par lequel il le prierait de s'y
rendre aussitôt, pour une affaire si importante qu'elle ne pouvait
souffrir de délai. J'observerai, ajoutai-je, le moment de sa sortie,
625 et je m'introduirai sans peine dans la maison, n'y étant connu
que de Manon et de Marcel, qui est mon valet. Pour vous, qui

serez pendant ce temps-là avec G… M…, vous pourrez lui dire que cette affaire importante, pour laquelle vous souhaitez de lui parler, est un besoin d'argent, que vous venez de perdre le vôtre
630 au jeu, et que vous avez joué beaucoup plus sur votre parole, avec le même malheur. Il lui faudra du temps pour vous mener à son coffre-fort, et j'en aurai suffisamment pour exécuter mon dessein.

M. de T… suivit cet arrangement de point en point. Je le lais-
635 sai dans un cabaret, où il écrivit promptement sa lettre. J'allai me placer à quelques pas de la maison de Manon. Je vis arriver le porteur du message, et G… M… sortir à pied, un moment après, suivi d'un laquais. Lui ayant laissé le temps de s'éloigner de la rue, je m'avançai à la porte de mon infidèle, et malgré toute
640 ma colère, je frappai avec le respect qu'on a pour un temple. Heureusement, ce fut Marcel qui vint m'ouvrir. Je lui fis signe de se taire. Quoique je n'eusse rien à craindre des autres domesti-ques, je lui demandais tout bas s'il pouvait me conduire dans la chambre où était Manon, sans que je fusse aperçu. Il me dit que
645 cela était aisé en montant doucement par le grand escalier. Allons donc promptement, lui dis-je, et tâche d'empêcher, pendant que j'y serai qu'il n'y monte personne. Je pénétrai sans obstacle jus-qu'à l'appartement.

Manon était occupée à lire. Ce fut là que j'eus lieu d'admirer
650 le caractère de cette étrange fille. Loin d'être effrayée et de paraître timide en m'apercevant, elle ne donna que ces marques légères de surprise dont on n'est pas le maître à la vue d'une personne qu'on croit éloignée. Ah ! c'est vous, mon amour, me dit-elle en venant m'embrasser avec sa tendresse ordinaire. Bon Dieu ! que
655 vous êtes hardi ! Qui vous aurait attendu aujourd'hui dans ce lieu ? Je me dégageai de ses bras, et loin de répondre à ses caresses, je la repoussai avec dédain, et je fis deux ou trois pas en arrière pour m'éloigner d'elle. Ce mouvement ne laissa pas de la décon-certer. Elle demeura dans la situation où elle était et elle jeta les
660 yeux sur moi en changeant de couleur. J'étais, dans le fond, si

charmé de la revoir, qu'avec tant de justes sujets de colère, j'avais à peine la force d'ouvrir la bouche pour la quereller. Cependant mon cœur saignait du cruel outrage qu'elle m'avait fait. Je le rappelais vivement à ma mémoire, pour exciter mon dépit, et je 665 tâchais de faire briller dans mes yeux un autre feu que celui de l'amour. Comme je demeurai quelque temps en silence, et qu'elle remarqua mon agitation, je la vis trembler, apparemment par un effet de sa crainte.

Je ne pus soutenir ce spectacle. Ah ! Manon, lui dis-je d'un 670 ton tendre, infidèle et parjure Manon ! par où commencerai-je à me plaindre ? Je vous vois pâle et tremblante, et je suis encore si sensible à vos moindres peines, que je crains de vous affliger trop par mes reproches. Mais, Manon, je vous le dis, j'ai le cœur percé de la douleur de votre trahison. Ce sont là des coups qu'on ne 675 porte point à un amant, quand on n'a pas résolu sa mort. Voici la troisième fois, Manon, je les ai bien comptées ; il est impossible que cela s'oublie. C'est à vous de considérer, à l'heure même, quel parti vous voulez prendre, car mon triste cœur n'est plus à l'épreuve d'un si cruel traitement. Je sens qu'il succombe et qu'il 680 est prêt à se fendre de douleur. Je n'en puis plus, ajoutai-je en m'asseyant sur une chaise ; j'ai à peine la force de parler et de me soutenir.

Elle ne me répondit point, mais, lorsque je fus assis, elle se laissa tomber à genoux et elle appuya sa tête sur les miens, en 685 cachant son visage de mes mains. Je sentis en un instant qu'elle les mouillait de ses larmes. Dieux ! de quels mouvements n'étais-je point agité ! Ah ! Manon, Manon, repris-je avec un soupir, il est bien tard de me donner des larmes lorsque vous avez causé ma mort. Vous affectez une tristesse que vous ne sauriez sentir. 690 Le plus grand de vos maux est sans doute ma présence, qui a toujours été importune à vos plaisirs. Ouvrez les yeux, voyez qui je suis ; on ne verse pas des pleurs si tendres pour un malheureux qu'on a trahi, et qu'on abandonne cruellement. Elle baisait mes mains sans changer de posture. Inconstante Manon, repris-

695 je encore, fille ingrate et sans foi, où sont vos promesses et vos serments ? Amante mille fois volage et cruelle, qu'as-tu fait de cet amour que tu me jurais encore aujourd'hui ? Juste Ciel, ajoutai-je, est-ce ainsi qu'une infidèle se rit de vous, après vous avoir attesté si saintement [1] ? C'est donc le parjure qui est récompensé ! Le

700 désespoir et l'abandon sont pour la constance et la fidélité.

Ces paroles furent accompagnées d'une réflexion si amère, que j'en laissai échapper malgré moi quelques larmes. Manon s'en aperçut au changement de ma voix. Elle rompit enfin le silence. Il faut bien que je sois coupable, me dit-elle tristement, puisque

705 j'ai pu vous causer tant de douleur et d'émotion ; mais que le Ciel me punisse si j'ai cru l'être, ou si j'ai eu la pensée de le devenir ! Ce discours me parut si dépourvu de sens et de bonne foi, que je ne pus me défendre d'un vif mouvement de colère. Horrible dissimulation ! m'écriai-je. Je vois mieux que jamais que tu n'es

710 qu'une coquine et une perfide. C'est à présent que je connais ton misérable caractère. Adieu, lâche créature, continuai-je en me levant ; j'aime mieux mourir mille fois que d'avoir désormais le moindre commerce avec toi. Que le Ciel me punisse moi-même si je t'honore jamais du moindre regard ! Demeure avec ton nouvel

715 amant, aime-le, déteste-moi, renonce à l'honneur, au bon sens ; je m'en ris, tout m'est égal.

Elle fut si épouvantée de ce transport, que, demeurant à genoux près de la chaise d'où je m'étais levé, elle me regardait en tremblant et sans oser respirer. Je fis encore quelques pas vers la porte, en

720 tournant la tête, et tenant les yeux fixés sur elle. Mais il aurait fallu que j'eusse perdu tous sentiments d'humanité pour m'endurcir contre tant de charmes. J'étais si éloigné d'avoir cette force barbare que, passant tout d'un coup à l'extrémité opposée, je retournai vers elle, ou plutôt, je m'y précipitai sans réflexion. Je la pris entre mes

725 bras, je lui donnai mille tendres baisers. Je lui demandai pardon

---

1. Allusion aux serments de Manon (voir p. 148) où elle jurait fidélité à son amant.

de mon emportement. Je confessai que j'étais un brutal, et que je ne méritais pas le bonheur d'être aimé d'une fille comme elle. Je la fis asseoir, et, m'étant mis à genoux à mon tour, je la conjurai de m'écouter en cet état. Là, tout ce qu'un amant soumis et passionné
730 peut imaginer de plus respectueux et de plus tendre, je le renfermai en peu de mots dans mes excuses. Je lui demandai en grâce de prononcer qu'elle me pardonnait. Elle laissa tomber ses bras sur mon cou, en disant que c'était elle-même qui avait besoin de ma bonté pour me faire oublier les chagrins qu'elle me causait, et
735 qu'elle commençait à craindre avec raison que je ne goûtasse point ce qu'elle avait à me dire pour se justifier. Moi! interrompis-je aussitôt, ah! je ne vous demande point de justification. J'approuve tout ce que vous avez fait. Ce n'est point à moi d'exiger des raisons de votre conduite; trop content, trop heureux, si ma chère Manon
740 ne m'ôte point la tendresse de son cœur! Mais, continuai-je, en réfléchissant sur l'état de mon sort, toute-puissante Manon! vous qui faites à votre gré mes joies et mes douleurs, après vous avoir satisfait par mes humiliations et par les marques de mon repentir, ne me sera-t-il point permis de vous parler de ma tristesse et de
745 mes peines? Apprendrai-je de vous ce qu'il faut que je devienne aujourd'hui, et si c'est sans retour que vous allez signer ma mort, en passant la nuit avec mon rival [1]?

Elle fut quelque temps à méditer sa réponse : Mon Chevalier, me dit-elle, en reprenant un air tranquille, si vous vous étiez
750 d'abord expliqué si nettement, vous vous seriez épargné bien du trouble et à moi une scène bien affligeante. Puisque votre peine ne vient que de votre jalousie, je l'aurais guérie en m'offrant à vous suivre sur-le-champ au bout du monde. Mais je me suis figuré que c'était la lettre que je vous ai écrite sous les yeux de

---

1. Le mouvement de cette scène toute paroxystique s'accompagne de changements de tonalité – lyrique, pathétique, tragique – qui ont charge de rendre compte de la diversité et du désordre des sentiments éprouvés par des Grieux. Prévost s'inspire ici de ses souvenirs de lecture des *Illustres françaises* (1713) de Robert Challe.

755 M. de G... M... et la fille que nous vous avons envoyée qui cau-
saient votre chagrin. J'ai cru que vous auriez pu regarder ma lettre
comme une raillerie et cette fille, en vous imaginant qu'elle était
allée vous trouver de ma part, comme une déclaration que je
renonçais à vous pour m'attacher à G... M... C'est cette pensée
760 qui m'a jetée tout d'un coup dans la consternation, car, quelque
innocente que je fusse, je trouvais, en y pensant, que les apparences ne m'étaient pas favorables. Cependant, continua-t-elle, je
veux que vous soyez mon juge, après que je vous aurai expliqué
la vérité du fait.

765   Elle m'apprit alors tout ce qui lui était arrivé depuis qu'elle
avait trouvé G... M..., qui l'attendait dans le lieu où nous étions.
Il l'avait reçue effectivement comme la première princesse du
monde. Il lui avait montré tous les appartements, qui étaient
d'un goût et d'une propreté admirables. Il lui avait compté dix
770 mille livres dans son cabinet, et il y avait ajouté quelques bijoux,
parmi lesquels étaient le collier et les bracelets de perles qu'elle
avait déjà eus de son père. Il l'avait menée de là dans un salon
qu'elle n'avait pas encore vu, où elle avait trouvé une collation [1]
exquise. Il l'avait fait servir par les nouveaux domestiques qu'il
775 avait pris pour elle, en leur ordonnant de la regarder désormais
comme leur maîtresse. Enfin, il lui avait fait voir le carrosse, les
chevaux et tout le reste de ses présents ; après quoi, il lui avait
proposé une partie de jeu, pour attendre le souper. Je vous avoue,
continua-t-elle, que j'ai été frappée de cette magnificence. J'ai fait
780 réflexion que ce serait dommage de nous priver tout d'un coup
de tant de biens, en me contentant d'emporter les dix mille francs
et les bijoux, que c'était une fortune toute faite pour vous et pour
moi, et que nous pourrions vivre agréablement aux dépens de
G... M... Au lieu de lui proposer la Comédie, je me suis mis
785 dans la tête de le sonder [2] sur votre sujet, pour pressentir quelles

---

1. Collation : repas léger, en-cas.
2. Sonder : interroger.

facilités nous aurions à nous voir, en supposant l'exécution de mon système[1]. Je l'ai trouvé d'un caractère fort traitable. Il m'a demandé ce que je pensais de vous, et si je n'avais pas eu quelque regret à vous quitter. Je lui ai dit que vous étiez si aimable
790 et que vous en aviez toujours usé si honnêtement avec moi, qu'il n'était pas naturel que je pusse vous haïr. Il a confessé que vous aviez du mérite, et qu'il s'était senti porté à désirer votre amitié. Il a voulu savoir de quelle manière je croyais que vous prendriez mon départ, surtout lorsque vous viendriez à savoir que j'étais
795 entre ses mains. Je lui ai répondu que la date de notre amour était déjà si ancienne qu'il avait eu le temps de se refroidir un peu, que vous n'étiez pas d'ailleurs fort à votre aise, et que vous ne regarderiez peut-être pas ma perte comme un grand malheur, parce qu'elle vous déchargerait d'un fardeau qui vous pesait sur
800 les bras. J'ai ajouté qu'étant tout à fait convaincue que vous agiriez pacifiquement, je n'avais pas fait difficulté de vous dire que je venais à Paris pour quelques affaires, que vous y aviez consenti et qu'y étant venu vous-même, vous n'aviez pas paru extrêmement inquiet, lorsque je vous avais quitté. Si je croyais, m'a-t-il dit,
805 qu'il fût d'humeur à bien vivre avec moi, je serais le premier à lui offrir mes services et mes civilités. Je l'ai assuré que, du caractère dont je vous connaissais, je ne doutais point que vous n'y répondissiez honnêtement, surtout, lui ai-je dit, s'il pouvait vous servir dans vos affaires, qui étaient fort dérangées depuis que
810 vous étiez mal avec votre famille. Il m'a interrompue, pour me protester qu'il vous rendrait tous les services qui dépendraient de lui, et que, si vous vouliez même vous embarquer dans un autre amour, il vous procurerait une jolie maîtresse, qu'il avait quittée pour s'attacher à moi. J'ai applaudi à son idée, ajouta-t-elle, pour
815 prévenir plus parfaitement tous ses soupçons, et me confirmant

---

1. Le «système» de l'infidèle est à la fois celui qui définit sa stratégie pour duper ses riches amants et celui qui sert à sa défense aux yeux du chevalier : feindre d'aimer ceux-là et s'attirer leurs bienfaits pour en profiter avec celui-ci.

de plus en plus dans mon projet, je ne souhaitais que de pouvoir trouver le moyen de vous en informer, de peur que vous ne fussiez trop alarmé lorsque vous me verriez manquer à notre assignation. C'est dans cette vue que je lui ai proposé de vous envoyer cette
820 nouvelle maîtresse dès le soir même, afin d'avoir une occasion de vous écrire ; j'étais obligée d'avoir recours à cette adresse, parce que je ne pouvais espérer qu'il me laissât libre un moment. Il a ri de ma proposition. Il a appelé son laquais, et lui ayant demandé s'il pourrait retrouver sur-le-champ son ancienne maîtresse, il l'a
825 envoyé de côté et d'autre pour la chercher. Il s'imaginait que c'était à Chaillot qu'il fallait qu'elle allât vous trouver, mais je lui ai appris qu'en vous quittant je vous avais promis de vous rejoindre à la Comédie, ou que, si quelque raison m'empêchait d'y aller, vous vous étiez engagé à m'attendre dans un carrosse
830 au bout de la rue Saint-André ; qu'il valait mieux, par conséquent, vous envoyer là votre nouvelle amante, ne fût-ce que pour vous empêcher de vous y morfondre pendant toute la nuit. Je lui ai dit encore qu'il était à propos de vous écrire un mot pour vous avertir de cet échange, que vous auriez peine à comprendre sans cela.
835 Il y a consenti, mais j'ai été obligée d'écrire en sa présence, et je me suis bien gardée de m'expliquer trop ouvertement dans ma lettre. Voilà, ajouta Manon, de quelle manière les choses se sont passées. Je ne vous déguise rien, ni de ma conduite, ni de mes desseins. La jeune fille est venue, je l'ai trouvée jolie, et comme
840 je ne doutais point que mon absence ne vous causât de la peine, c'était sincèrement que je souhaitais qu'elle pût servir à vous désennuyer quelques moments, car la fidélité que je souhaite de vous est celle du cœur [1]. J'aurais été ravie de pouvoir vous envoyer Marcel, mais je n'ai pu me procurer un moment pour l'instruire
845 de ce que j'avais à vous faire savoir. Elle conclut enfin son récit, en

---

1. Manon semble dissocier parfaitement l'esprit et le corps ; dès lors, elle ne voit pas malice à tromper des Grieux avec d'autres – le chevalier reste le véritable élu de son cœur ; elle lui propose de rendre symétrique leur situation en offrant à des Grieux une jeune personne avec qui passer du temps.

m'apprenant l'embarras où G... M... s'était trouvé en recevant le billet de M. de T... Il a balancé, me dit-elle, s'il devait me quitter, et il m'a assuré que son retour ne tarderait point. C'est ce qui fait que je ne vous vois point ici sans inquiétude, et que j'ai marqué
850 de la surprise à votre arrivée.

J'écoutai ce discours avec beaucoup de patience. J'y trouvais assurément quantité de traits cruels et mortifiants pour moi, car le dessein de son infidélité était si clair qu'elle n'avait pas même eu le soin de me le déguiser. Elle ne pouvait espérer que
855 G... M... la laissât, toute la nuit, comme une vestale [1]. C'était donc avec lui qu'elle comptait de la passer. Quel aveu pour un amant ! Cependant, je considérai que j'étais cause en partie de sa faute, par la connaissance que je lui avais donnée d'abord des sentiments que G... M... avait pour elle, et par la complai-
860 sance que j'avais eue d'entrer aveuglément dans le plan téméraire de son aventure. D'ailleurs, par un tour naturel de génie [2] qui m'est particulier, je fus touché de l'ingénuité [3] de son récit, et de cette manière bonne et ouverte avec laquelle elle me racontait jusqu'aux circonstances dont j'étais le plus offensé. Elle pèche sans
865 malice, disais-je en moi-même ; elle est légère et imprudente, mais elle est droite et sincère. Ajoutez que l'amour suffisait seul pour me fermer les yeux sur toutes ses fautes [4]. J'étais trop satisfait de l'espérance de l'enlever le soir même à mon rival. Je lui dis néanmoins : Et la nuit, avec qui l'auriez-vous passée ? Cette question,
870 que je lui fis tristement, l'embarrassa. Elle ne me répondit que par des mais et des si interrompus. J'eus pitié de sa peine, et rompant

---

1. *Vestale* : femme d'une parfaite chasteté.

2. *Génie* : disposition naturelle qui porte à avoir tel ou tel penchant.

3. *Ingénuité* : simplicité sans fard avec laquelle Manon rapporte à des Grieux son récit conduisant celui-ci à lui offrir son pardon. En effet, le chevalier dissocie chez sa maîtresse les intentions et les actes, et peut-être l'excuse-t-il aussi d'une faute qu'elle avoue de manière si spontanée.

4. C'est finalement l'amour pour sa maîtresse plus que ses raisonnements spécieux pour l'absoudre qui conduit le chevalier à lui pardonner.

ce discours, je lui déclarai naturellement que j'attendais d'elle qu'elle me suivît à l'heure même. Je le veux bien, me dit-elle ; mais vous n'approuvez donc pas mon projet ? Ah ! n'est-ce pas assez, repartis-je, que j'approuve tout ce que vous avez fait jusqu'à présent ? Quoi ! nous n'emporterons pas même les dix mille francs ? répliqua-t-elle. Il me les a donnés. Ils sont à moi. Je lui conseillai d'abandonner tout, et de ne penser qu'à nous éloigner promptement, car, quoiqu'il y eût à peine une demi-heure que j'étais avec elle, je craignais le retour de G... M... Cependant, elle me fit de si pressantes instances pour me faire consentir à ne pas sortir les mains vides, que je crus lui devoir accorder quelque chose après avoir tant obtenu d'elle[1].

Dans le temps que nous nous préparions au départ, j'entendis frapper à la porte de la rue. Je ne doutai nullement que ce ne fût G... M..., et dans le trouble où cette pensée me jeta, je dis à Manon que c'était un homme mort s'il paraissait. Effectivement, je n'étais pas assez revenu de mes transports pour me modérer à sa vue. Marcel finit ma peine en m'apportant un billet qu'il avait reçu pour moi à la porte. Il était de M. de T... Il me marquait que, G... M... étant allé lui chercher de l'argent à sa maison, il profitait de son absence pour me communiquer une pensée fort plaisante : qu'il lui semblait que je ne pouvais me venger plus agréablement de mon rival qu'en mangeant son souper et en couchant, cette nuit même, dans le lit qu'il espérait d'occuper avec ma maîtresse ; que cela lui paraissait assez facile, si je pouvais m'assurer de trois ou quatre hommes qui eussent assez de résolution pour l'arrêter dans la rue, et de fidélité pour le garder à vue jusqu'au lendemain ; que, pour lui, il promettait de l'amuser encore une heure pour le moins, par des raisons qu'il tenait prêtes pour son retour. Je montrai ce billet à Manon, et je lui appris de quelle

---

1. Par une disposition psychologique singulière, qui résulte du caractère aliénant de sa passion pour Manon, des Grieux en vient à échanger son rôle de victime avec sa maîtresse.

ruse je m'étais servi pour m'introduire librement chez elle. Mon invention et celle de M. de T... lui parurent admirables. Nous en rîmes à notre aise pendant quelques moments. Mais, lorsque je lui parlai de la dernière comme d'un badinage, je fus surpris qu'elle insistât sérieusement à me la proposer comme une chose dont l'idée la ravissait. En vain lui demandai-je où elle voulait que je trouvasse, tout d'un coup, des gens propres à arrêter G... M... et à le garder fidèlement. Elle me dit qu'il fallait du moins tenter, puisque M. de T... nous garantissait encore une heure, et pour réponse à mes autres objections, elle me dit que je faisais le tyran et que je n'avais pas de complaisance pour elle. Elle ne trouvait rien de si joli que ce projet. Vous aurez son couvert à souper, me répétait-elle, vous coucherez dans ses draps, et, demain, de grand matin, vous enlèverez sa maîtresse et son argent. Vous serez bien vengé du père et du fils.

Je cédai à ses instances, malgré les mouvements secrets de mon cœur qui semblaient me présager une catastrophe malheureuse. Je sortis, dans le dessein de prier deux ou trois gardes du corps, avec lesquels Lescaut m'avait mis en liaison, de se charger du soin d'arrêter G... M... Je n'en trouvai qu'un au logis, mais c'était un homme entreprenant, qui n'eut pas plus tôt su de quoi il était question qu'il m'assura du succès. Il me demanda seulement dix pistoles, pour récompenser trois soldats aux gardes, qu'il prit la résolution d'employer, en se mettant à leur tête. Je le priai de ne pas perdre de temps. Il les assembla en moins d'un quart d'heure. Je l'attendais à sa maison, et lorsqu'il fut de retour avec ses associés, je le conduisis moi-même au coin d'une rue par laquelle G... M... devait nécessairement rentrer dans celle de Manon. Je lui recommandai de ne le pas maltraiter, mais de le garder si étroitement jusqu'à sept heures du matin, que je pusse être assuré qu'il ne lui échapperait pas. Il me dit que son dessein était de le conduire à sa chambre et de l'obliger à se déshabiller, ou même à se coucher dans son lit, tandis que lui et ses trois braves passeraient la nuit à boire et à jouer. Je demeurai avec

eux jusqu'au moment où je vis paraître G... M..., et je me retirai alors quelques pas au-dessous, dans un endroit obscur, pour être témoin d'une scène si extraordinaire. Le garde du corps l'aborda, le pistolet au poing, et lui expliqua civilement qu'il n'en voulait ni
940 à sa vie ni à son argent, mais que, s'il faisait la moindre difficulté de le suivre, ou s'il jetait le moindre cri, il allait lui brûler la cervelle. G... M..., le voyant soutenu par trois soldats, et craignant sans doute la bourre [1] du pistolet, ne fit pas de résistance. Je le vis emmener comme un mouton.

945 Je retournai aussitôt chez Manon, et pour ôter tout soupçon aux domestiques, je lui dis, en entrant, qu'il ne fallait pas attendre M. de G... M... pour souper, qu'il lui était survenu des affaires qui le retenaient malgré lui, et qu'il m'avait prié de venir lui en faire ses excuses et souper avec elle, ce que je regardais comme
950 une grande faveur auprès d'une si belle dame. Elle seconda fort adroitement mon dessein. Nous nous mîmes à table. Nous y prîmes un air grave, pendant que les laquais demeurèrent à nous servir. Enfin, les ayant congédiés, nous passâmes une des plus charmantes soirées de notre vie. J'ordonnai en secret à Marcel de
955 chercher un fiacre et de l'avertir de se trouver le lendemain à la porte avant six heures du matin. Je feignis de quitter Manon vers minuit ; mais étant rentré doucement, par le secours de Marcel, je me préparai à occuper le lit de G... M..., comme j'avais rempli sa place à table. Pendant ce temps-là, notre mauvais génie [2] tra-
960 vaillait à nous perdre. Nous étions dans le délire du plaisir, et le glaive était suspendu sur nos têtes. Le fil qui le soutenait allait se rompre [3]. Mais, pour faire mieux entendre toutes les circonstances de notre ruine, il faut en éclaircir la cause.

---

1. *Bourre* : corps inerte qui maintient en place la charge d'une arme à feu.
2. La référence à un esprit qui tirerait les ficelles de la destinée des amants désengage leur responsabilité dans le malheur en l'extériorisant.
3. L'image de l'épée de Damoclès, suspendue par un crin de cheval au-dessus de la tête de ce dernier et menaçant de la lui trancher, souligne la fragilité du bonheur des deux amants ; elle est aussi un motif du récit d'aventures qui

G... M... était suivi d'un laquais, lorsqu'il avait été arrêté par
965 le garde du corps. Ce garçon, effrayé de l'aventure de son maître,
retourna en fuyant sur ses pas, et la première démarche qu'il
fit, pour le secourir, fut d'aller avertir le vieux G... M... de ce
qui venait d'arriver. Une si fâcheuse nouvelle ne pouvait manquer de l'alarmer beaucoup : il n'avait que ce fils, et sa vivacité
970 était extrême pour son âge. Il voulut savoir d'abord du laquais
tout ce que son fils avait fait l'après-midi, s'il s'était querellé avec
quelqu'un, s'il avait pris part au démêlé d'un autre, s'il s'était
trouvé dans quelque maison suspecte. Celui-ci, qui croyait son
maître dans le dernier danger et qui s'imaginait ne devoir plus
975 rien ménager pour lui procurer du secours, découvrit tout ce qu'il
savait de son amour pour Manon et la dépense qu'il avait faite
pour elle, la manière dont il avait passé l'après-midi dans sa maison jusqu'aux environs de neuf heures, sa sortie et le malheur
de son retour. C'en fut assez pour faire soupçonner au vieillard
980 que l'affaire de son fils était une querelle d'amour. Quoiqu'il fût
au moins dix heures et demie du soir, il ne balança point à se
rendre aussitôt chez M. le Lieutenant de Police. Il le pria de faire
donner des ordres particuliers à toutes les escouades du guet[1], et
lui en ayant demandé une pour se faire accompagner, il courut
985 lui-même vers la rue où son fils avait été arrêté. Il visita tous les
endroits de la ville où il espérait de le pouvoir trouver, et n'ayant
pu découvrir ses traces, il se fit conduire enfin à la maison de sa
maîtresse, où il se figura qu'il pouvait être retourné.

J'allais me mettre au lit, lorsqu'il arriva. La porte de la cham-
990 bre étant fermée, je n'entendis point frapper à celle de la rue ; mais
il entra suivi de deux archers, et s'étant informé inutilement de ce
qu'était devenu son fils, il lui prit envie de voir sa maîtresse, pour
tirer d'elle quelque lumière. Il monte à l'appartement, toujours

---

retarde de cette manière la relation de certains faits pour maintenir le lecteur
en haleine.

1. Les « escouades » correspondent à des divisions armées du « guet » royal. On
les appelait aussi « archers du guet » (voir *supra*, note 1, p. 126).

accompagné de ses archers. Nous étions prêts à nous mettre au
995 lit. Il ouvre la porte, et il nous glace le sang par sa vue. Ô Dieu!
c'est le vieux G... M..., dis-je à Manon. Je saute sur mon épée;
elle était malheureusement embarrassée dans mon ceinturon. Les
archers, qui virent mon mouvement, s'approchèrent aussitôt pour
me la saisir. Un homme en chemise est sans résistance. Ils m'ôtè-
1000 rent tous les moyens de me défendre.

G... M..., quoique troublé par ce spectacle, ne tarda point
à me reconnaître. Il remit encore plus aisément Manon. Est-ce
une illusion? nous dit-il gravement; ne vois-je point le chevalier
des Grieux et Manon Lescaut? J'étais si enragé de honte et de
1005 douleur, que je ne lui fis pas de réponse. Il parut rouler, pendant
quelque temps, diverses pensées dans sa tête, et comme si elles
eussent allumé tout d'un coup sa colère, il s'écria en s'adres-
sant à moi : Ah! malheureux, je suis sûr que tu as tué mon fils!
Cette injure me piqua vivement. Vieux scélérat, lui répondis-je
1010 avec fierté, si j'avais eu à tuer quelqu'un de ta famille, c'est par
toi que j'aurais commencé. Tenez-le bien, dit-il aux archers. Il faut
qu'il me dise des nouvelles de mon fils; je le ferai pendre demain,
s'il ne m'apprend tout à l'heure ce qu'il en a fait. Tu me feras
pendre? repris-je. Infâme! ce sont tes pareils qu'il faut chercher
1015 au gibet[1]. Apprends que je suis d'un sang plus noble et plus pur
que le tien. Oui, ajoutai-je, je sais ce qui est arrivé à ton fils, et si
tu m'irrites davantage, je le ferai étrangler avant qu'il soit demain,
et je te promets le même sort après lui.

Je commis une imprudence en lui confessant que je savais où
1020 était son fils; mais l'excès de ma colère me fit faire cette indis-
crétion. Il appela aussitôt cinq ou six autres archers, qui l'at-
tendaient à la porte, et il leur ordonna de s'assurer de tous les
domestiques de la maison. Ah! monsieur le chevalier, reprit-il

---

1. La noblesse de des Grieux lui permettait d'échapper à la pendaison, en
cas de condamnation à la peine capitale, à la différence de G... M..., simple
roturier. Le rappel par le chevalier de sa qualité de gentilhomme conjure sa
piètre mise.

d'un ton railleur, vous savez où est mon fils et vous le ferez étrangler, dites-vous ? Comptez que nous y mettrons bon ordre. Je sentis aussitôt la faute que j'avais commise. Il s'approcha de Manon,
qui était assise sur le lit en pleurant ; il lui dit quelques galanteries
ironiques sur l'empire qu'elle avait sur le père et sur le fils, et sur
le bon usage qu'elle en faisait. Ce vieux monstre d'incontinence
voulut prendre quelques familiarités avec elle. Garde-toi de la
toucher ! m'écriai-je, il n'y aurait rien de sacré qui te pût sauver de
mes mains. Il sortit en laissant trois archers dans la chambre, auxquels il ordonna de nous faire prendre promptement nos habits.

Je ne sais quels étaient alors ses desseins sur nous. Peut-être
eussions-nous obtenu la liberté en lui apprenant où était son fils.
Je méditais, en m'habillant, si ce n'était pas le meilleur parti.
Mais, s'il était dans cette disposition en quittant notre chambre,
elle était bien changée lorsqu'il y revint. Il était allé interroger
les domestiques de Manon, que les archers avaient arrêtés. Il ne
put rien apprendre de ceux qu'elle avait reçus de son fils, mais,
lorsqu'il sut que Marcel nous avait servis auparavant, il résolut de
le faire parler en l'intimidant par des menaces.

C'était un garçon fidèle, mais simple et grossier. Le souvenir
de ce qu'il avait fait à l'Hôpital, pour délivrer Manon [1], joint à la
terreur que G... M... lui inspirait, fit tant d'impression sur son
esprit faible qu'il s'imagina qu'on allait le conduire à la potence
ou sur la roue [2]. Il promit de découvrir tout ce qui était venu à
sa connaissance, si l'on voulait lui sauver la vie. G... M... se
persuada là-dessus qu'il y avait quelque chose, dans nos affaires,
de plus sérieux et de plus criminel qu'il n'avait eu lieu jusque-là
de se le figurer. Il offrit à Marcel, non seulement la vie, mais des
récompenses pour sa confession. Ce malheureux lui apprit une
partie de notre dessein, sur lequel nous n'avions pas fait difficulté
de nous entretenir devant lui, parce qu'il devait y entrer pour

---

1. Voir p. 122.
2. *Potence*, *roue* : instruments de torture et d'exécution des condamnés.

1055 quelque chose. Il est vrai qu'il ignorait entièrement les changements que nous y avions faits à Paris ; mais il avait été informé,
en partant de Chaillot, du plan de l'entreprise et du rôle qu'il y
devait jouer. Il lui déclara donc que notre vue était de duper son
fils, et que Manon devait recevoir, ou avait déjà reçu, dix mille
1060 francs, qui, selon notre projet, ne retourneraient jamais aux héri-
tiers de la maison de G… M…

Après cette découverte, le vieillard emporté remonta brusquement dans notre chambre. Il passa, sans parler, dans le cabinet,
où il n'eut pas de peine à trouver la somme et les bijoux. Il revint
1065 à nous avec un visage enflammé, et, nous montrant ce qu'il lui
plut de nommer notre larcin [1], il nous accabla de reproches outra-
geants. Il fit voir de près, à Manon, le collier de perles et les bracelets. Les reconnaissez-vous ? lui dit-il avec un sourire moqueur. Ce
n'était pas la première fois que vous les eussiez vus. Les mêmes,
1070 sur ma foi. Ils étaient de votre goût, ma belle, je me le persuade
aisément. Les pauvres enfants ! ajouta-t-il. Ils sont bien aimables,
en effet, l'un et l'autre ; mais ils sont un peu fripons. Mon cœur
crevait de rage à ce discours insultant. J'aurais donné, pour être
libre un moment… Juste Ciel ! que n'aurais-je pas donné ! Enfin,
1075 je me fis violence pour lui dire, avec une modération qui n'était
qu'un raffinement de fureur : Finissons, monsieur, ces insolentes
railleries. De quoi est-il question ? Voyons, que prétendez-vous
faire de nous ? Il est question, monsieur le chevalier, me répondit-il, d'aller de ce pas au Châtelet [2]. Il fera jour demain ; nous
1080 verrons plus clair dans nos affaires, et j'espère que vous me ferez
la grâce, à la fin, de m'apprendre où est mon fils.

Je compris, sans beaucoup de réflexions, que c'était une chose
d'une terrible conséquence pour nous d'être une fois renfermés
au Châtelet. J'en prévis, en tremblant, tous les dangers. Malgré

---

1. *Larcin* : vol. L'amant de Manon s'insurgera de ce mot, puisqu'il s'est
persuadé comme elle qu'ils n'ont fait que prendre ce qui a été donné.
2. *Châtelet* : prison pour les détenus de droit commun.

1085 toute ma fierté, je reconnus qu'il fallait plier sous le poids de ma fortune et flatter mon plus cruel ennemi, pour en obtenir quelque chose par la soumission. Je le priai, d'un ton honnête, de m'écouter un moment. Je me rends justice, monsieur, lui dis-je. Je confesse que la jeunesse m'a fait commettre de grandes fautes,

1090 et que vous en êtes assez blessé pour vous plaindre. Mais, si vous connaissez la force de l'amour, si vous pouvez juger de ce que souffre un malheureux jeune homme à qui l'on enlève tout ce qu'il aime, vous me trouverez peut-être pardonnable d'avoir cherché le plaisir d'une petite vengeance, ou du moins, vous me

1095 croirez assez puni par l'affront que je viens de recevoir. Il n'est besoin ni de prison ni de supplice pour me forcer de vous découvrir où est Monsieur votre fils. Il est en sûreté. Mon dessein n'a pas été de lui nuire ni de vous offenser. Je suis prêt à vous nommer le lieu où il passe tranquillement la nuit, si vous me faites

1100 la grâce de nous accorder la liberté. Ce vieux tigre, loin d'être touché de ma prière, me tourna le dos en riant. Il lâcha seulement quelques mots, pour me faire comprendre qu'il savait notre dessein jusqu'à l'origine. Pour ce qui regardait son fils, il ajouta brutalement qu'il se retrouverait assez, puisque je ne l'avais pas

1105 assassiné. Conduisez-les au Petit-Châtelet [1], dit-il aux archers, et prenez garde que le Chevalier ne vous échappe. C'est un rusé, qui s'est déjà sauvé de Saint-Lazare.

Il sortit, et me laissa dans l'état que vous pouvez vous imaginer. Ô Ciel ! m'écriai-je, je recevrai avec soumission tous les coups

1110 qui viennent de ta main, mais qu'un malheureux coquin ait le pouvoir de me traiter avec cette tyrannie, c'est ce qui me réduit au dernier désespoir. Les archers nous prièrent de ne pas les faire attendre plus longtemps. Ils avaient un carrosse à la porte. Je tendis la main à Manon pour descendre. Venez, ma chère reine,

1115 lui dis-je, venez vous soumettre à toute la rigueur de notre sort.

---

1. *Petit-Châtelet* : prison qui accueillait les prisonniers pour dettes et qui servait de dépôt.

Il plaira peut-être au Ciel de nous rendre quelque jour plus heureux.

Nous partîmes dans le même carrosse. Elle se mit dans mes bras. Je ne lui avais pas entendu prononcer un mot depuis le pre-
1120 mier moment de l'arrivée de G... M... ; mais, se trouvant seule alors avec moi, elle me dit mille tendresses en se reprochant d'être la cause de mon malheur. Je l'assurai que je ne me plaindrais jamais de mon sort, tant qu'elle ne cesserait pas de m'aimer. Ce n'est pas moi qui suis à plaindre, continuai-je. Quelques mois
1125 de prison ne m'effraient nullement, et je préférerai toujours le Châtelet à Saint-Lazare [1]. Mais c'est pour toi, ma chère âme, que mon cœur s'intéresse. Quel sort pour une créature si charmante ! Ciel, comment traitez-vous avec tant de rigueur le plus parfait de vos ouvrages [2] ? Pourquoi ne sommes-nous pas nés, l'un et
1130 l'autre, avec des qualités conformes à notre misère ? Nous avons reçu de l'esprit, du goût, des sentiments. Hélas ! quel triste usage en faisons-nous, tandis que tant d'âmes basses et dignes de notre sort jouissent de toutes les faveurs de la fortune ! Ces réflexions me pénétraient de douleur ; mais ce n'était rien en comparaison
1135 de celles qui regardaient l'avenir, car je séchais de crainte pour Manon. Elle avait déjà été à l'Hôpital, et, quand elle en fût sortie par la bonne porte, je savais que les rechutes en ce genre étaient d'une conséquence extrêmement dangereuse. J'aurais voulu lui exprimer mes frayeurs ; j'appréhendais de lui en causer trop. Je
1140 tremblais pour elle, sans oser l'avertir du danger, et je l'embrassais en soupirant, pour l'assurer, du moins, de mon amour, qui était presque le seul sentiment que j'osasse exprimer. Manon, lui dis-je, parlez sincèrement ; m'aimerez-vous toujours ? Elle me répondit qu'elle était bien malheureuse que j'en pusse douter.
1145 Hé bien, repris-je, je n'en doute point, et je veux braver tous nos

---

1. Les lazaristes pratiquaient le châtiment corporel (voir *supra*, note 2, p. 100).
2. Tout se passe comme si des Grieux oubliait les actes dont il s'est rendu coupable avec Manon ; la cause de leur malheur lui apparaît ici encore extérieure à eux-mêmes.

ennemis avec cette assurance. J'emploierai ma famille pour sortir du Châtelet ; et tout mon sang ne sera utile à rien si je ne vous en tire pas aussitôt que je serai libre.

Nous arrivâmes à la prison. On nous mit chacun dans un lieu séparé. Ce coup me fut moins rude, parce que je l'avais prévu. Je recommandai Manon au concierge, en lui apprenant que j'étais un homme de quelque distinction, et lui promettant une récompense considérable. J'embrassai ma chère maîtresse, avant que de la quitter. Je la conjurai de ne pas s'affliger excessivement et de ne rien craindre tant que je serais au monde. Je n'étais pas sans argent ; je lui en donnai une partie et je payai au concierge, sur ce qui me restait, un mois de grosse pension d'avance pour elle et pour moi.

Mon argent eut un fort bon effet. On me mit dans une chambre proprement meublée, et l'on m'assura que Manon en avait une pareille. Je m'occupai aussitôt des moyens de hâter ma liberté. Il était clair qu'il n'y avait rien d'absolument criminel dans mon affaire, et supposant même que le dessein de notre vol fût prouvé par la déposition de Marcel, je savais fort bien qu'on ne punit point les simples volontés [1]. Je résolus d'écrire promptement à mon père, pour le prier de venir en personne à Paris. J'avais bien moins de honte, comme je l'ai dit, d'être au Châtelet qu'à Saint-Lazare ; d'ailleurs, quoique je conservasse tout le respect dû à l'autorité paternelle, l'âge et l'expérience avaient diminué beaucoup ma timidité. J'écrivis donc, et l'on ne fit pas difficulté, au Châtelet, de laisser sortir ma lettre ; mais c'était une peine que j'aurais pu m'épargner, si j'avais su que mon père devait arriver le lendemain à Paris.

Il avait reçu celle que je lui avais écrite huit jours auparavant [2]. Il en avait ressenti une joie extrême ; mais, de quelque espérance

---

1. Alors que pour se disculper du meurtre survenu à Saint-Lazare des Grieux faisait appel à une morale de l'intention, ici, il la récuse.
2. Lettre rédigée dans un cabinet d'écriture à l'issue de l'entretien avec Tiberge au Luxembourg (voir p. 131).

que je l'eusse flatté au sujet de ma conversion, il n'avait pas cru devoir s'arrêter tout à fait à mes promesses. Il avait pris le parti de venir s'assurer de mon changement par ses yeux, et de régler sa conduite sur la sincérité de mon repentir. Il arriva le lendemain
1180 de mon emprisonnement. Sa première visite fut celle qu'il rendit à Tiberge, à qui je l'avais prié d'adresser sa réponse. Il ne put savoir de lui ni ma demeure ni ma condition présente ; il en apprit seulement mes principales aventures, depuis que je m'étais échappé de Saint-Sulpice. Tiberge lui parla fort avantageusement des disposi-
1185 tions que je lui avais marquées pour le bien, dans notre dernière entrevue. Il ajouta qu'il me croyait entièrement dégagé de Manon, mais qu'il était surpris, néanmoins, que je ne lui eusse pas donné de mes nouvelles depuis huit jours. Mon père n'était pas dupe ; il comprit qu'il y avait quelque chose qui échappait à la pénétration
1190 de Tiberge, dans le silence dont il se plaignait, et il employa tant de soins pour découvrir mes traces que, deux jours après son arrivée, il apprit que j'étais au Châtelet.

Avant que de recevoir sa visite, à laquelle j'étais fort éloigné de m'attendre si tôt, je reçus celle de M. le Lieutenant général
1195 de Police, ou pour expliquer les choses par leur nom, je subis l'interrogatoire. Il me fit quelques reproches, mais ils n'étaient ni durs ni désobligeants. Il me dit, avec douceur, qu'il plaignait ma mauvaise conduite ; que j'avais manqué de sagesse en me faisant un ennemi tel que M. de G… M… ; qu'à la vérité il était aisé de
1200 remarquer qu'il y avait, dans mon affaire, plus d'imprudence et de légèreté que de malice ; mais que c'était néanmoins la seconde fois que je me trouvais sujet à son tribunal, et qu'il avait espéré que je fusse devenu plus sage, après avoir pris deux ou trois mois de leçons à Saint-Lazare. Charmé d'avoir affaire à un juge rai-
1205 sonnable, je m'expliquai avec lui d'une manière si respectueuse et si modérée, qu'il parut extrêmement satisfait de mes réponses. Il me dit que je ne devais pas me livrer trop au chagrin, et qu'il se sentait disposé à me rendre service, en faveur de ma naissance et de ma jeunesse. Je me hasardai à lui recommander Manon,

1210 et à lui faire l'éloge de sa douceur et de son bon naturel. Il me répondit, en riant, qu'il ne l'avait point encore vue, mais qu'on la représentait comme une dangereuse personne. Ce mot excita tellement ma tendresse que je lui dis mille choses passionnées pour la défense de ma pauvre maîtresse, et je ne pus m'empêcher
1215 de répandre quelques larmes. Il ordonna qu'on me reconduisît à ma chambre. Amour, amour ! s'écria ce grave magistrat en me voyant sortir, ne te réconcilieras-tu jamais avec la sagesse ?

J'étais à m'entretenir tristement de mes idées, et à réfléchir sur la conversation que j'avais eue avec M. le Lieutenant général de
1220 Police, lorsque j'entendis ouvrir la porte de ma chambre : c'était mon père. Quoique je dusse être à demi préparé à cette vue, puisque je m'y attendais quelques jours plus tard, je ne laissai pas d'en être frappé si vivement que je me serais précipité au fond de la terre, si elle s'était entr'ouverte à mes pieds. J'allai l'embrasser,
1225 avec toutes les marques d'une extrême confusion. Il s'assit sans que ni lui ni moi eussions encore ouvert la bouche.

Comme je demeurais debout, les yeux baissés et la tête découverte : Asseyez-vous, monsieur, me dit-il gravement, asseyez-vous. Grâce au scandale de votre libertinage et de vos friponneries, j'ai
1230 découvert le lieu de votre demeure. C'est l'avantage d'un mérite tel que le vôtre de ne pouvoir demeurer caché. Vous allez à la renommée par un chemin infaillible. J'espère que le terme en sera bientôt la Grève [1], et que vous aurez, effectivement, la gloire d'y être exposé à l'admiration [2] de tout le monde.

1235 Je ne répondis rien. Il continua : Qu'un père est malheureux, lorsque, après avoir aimé tendrement un fils et n'avoir rien épargné pour en faire un honnête homme, il n'y trouve, à la fin, qu'un fripon qui le déshonore ! On se console d'un malheur de fortune : le temps l'efface, et le chagrin diminue ; mais quel remède

---

1. Il s'agit de l'actuelle place de l'Hôtel-de-Ville où étaient exécutés les condamnés à mort.
2. *Admiration* : étonnement de voir mis à mort un jeune fils de bonne famille.

1240 contre un mal qui augmente tous les jours, tel que les désordres
d'un fils vicieux qui a perdu tous sentiments d'honneur ? Tu ne
dis rien, malheureux, ajouta-t-il ; voyez cette modestie contrefaite
et cet air de douceur hypocrite ; ne le prendrait-on pas pour le
plus honnête homme de sa race[1] ?

1245   Quoique je fusse obligé de reconnaître que je méritais une partie de ces outrages, il me parut néanmoins que c'était les porter
à l'excès. Je crus qu'il m'était permis d'expliquer naturellement
ma pensée. Je vous assure, monsieur, lui dis-je, que la modestie
où vous me voyez devant vous n'est nullement affectée ; c'est la
1250 situation naturelle d'un fils bien né, qui respecte infiniment son
père, et surtout un père irrité. Je ne prétends pas non plus passer
pour l'homme le plus réglé de notre race. Je me connais digne
de vos reproches, mais je vous conjure d'y mettre un peu plus de
bonté et de ne pas me traiter comme le plus infâme de tous les
1255 hommes. Je ne mérite pas des noms si durs. C'est l'amour, vous
le savez, qui a causé toutes mes fautes. Fatale passion ! Hélas !
n'en connaissez-vous pas la force, et se peut-il que votre sang, qui
est la source du mien, n'ait jamais ressenti les mêmes ardeurs ?
L'amour m'a rendu trop tendre, trop passionné, trop fidèle et,
1260 peut-être, trop complaisant pour les désirs d'une maîtresse toute
charmante ; voilà mes crimes. En voyez-vous là quelqu'un qui
vous déshonore ? Allons, mon cher père, ajoutai-je tendrement,
un peu de pitié[2] pour un fils qui a toujours été plein de respect et
d'affection pour vous, qui n'a pas renoncé, comme vous pensez,
1265 à l'honneur et au devoir, et qui est mille fois plus à plaindre que

---

1. Race : lignée. Une fois encore, le texte souligne que l'apparence de
des Grieux peut induire son interlocuteur en erreur. Le jugement du père
pose la question de l'éventuelle séduction que le chevalier peut exercer sur
Renoncour, et par là même, sur le lecteur.

2. Le système de défense déployé ici par le chevalier repose sur une vision
tragique de l'amour conçu comme une passion qui dépasse l'individu qui
en est la proie et ne peut, pour cette raison, en être tenu responsable. C'est
pourquoi le fils ne peut réclamer que la «pitié» de son père.

vous ne sauriez vous l'imaginer. Je laissai tomber quelques larmes en finissant ces paroles.

Un cœur de père est le chef-d'œuvre de la nature ; elle y règne, pour ainsi parler, avec complaisance, et elle en règle elle-même tous les ressorts. Le mien, qui était avec cela homme d'esprit et de goût, fut si touché du tour que j'avais donné à mes excuses qu'il ne fut pas le maître de me cacher ce changement. Viens, mon pauvre chevalier, me dit-il, viens m'embrasser ; tu me fais pitié. Je l'embrassai ; il me serra d'une manière qui me fit juger de ce qui se passait dans son cœur. Mais quel moyen prendrons-nous donc, reprit-il, pour te tirer d'ici ? Explique-moi toutes tes affaires sans déguisement. Comme il n'y avait rien, après tout, dans le gros de ma conduite, qui pût me déshonorer absolument[1], du moins en la mesurant sur celle des jeunes gens d'un certain monde, et qu'une maîtresse ne passe point pour une infamie dans le siècle où nous sommes, non plus qu'un peu d'adresse à s'attirer la fortune du jeu, je fis sincèrement à mon père le détail de la vie que j'avais menée. À chaque faute dont je lui faisais l'aveu, j'avais soin de joindre des exemples célèbres, pour en diminuer la honte. Je vis avec une maîtresse, lui disais-je, sans être lié par les cérémonies du mariage : M. le duc de… en entretient deux, aux yeux de tout Paris ; M. de… en a une depuis dix ans, qu'il aime avec une fidélité qu'il n'a jamais eue pour sa femme ; les deux tiers des honnêtes gens de France se font honneur d'en avoir. J'ai usé de quelque supercherie au jeu : M. le marquis de… et le comte de… n'ont point d'autres revenus ; M. le prince de… et M. le duc de… sont les chefs d'une bande de chevaliers du même Ordre. Pour ce qui regardait mes desseins sur la bourse des deux G… M…, j'aurais pu prouver aussi facilement que je n'étais pas sans modèles ; mais il me restait trop d'honneur pour ne pas me condamner moi-même, avec tous ceux dont j'aurais pu me proposer l'exemple, de sorte que je priai mon père de pardonner cette faiblesse

---

1. La tromperie au jeu ne constituait pas alors un véritable délit.

aux deux violentes passions qui m'avaient agité, la vengeance et l'amour. Il me demanda si je pouvais lui donner quelques ouver-
1300 tures sur les plus courts moyens d'obtenir ma liberté, et d'une manière qui pût lui faire éviter l'éclat[1]. Je lui appris les sentiments de bonté que le Lieutenant général de Police avait pour moi. Si vous trouvez quelques difficultés, lui dis-je, elles ne peuvent venir que de la part des G... M... ; ainsi, je crois qu'il serait à propos
1305 que vous prissiez la peine de les voir. Il me le promit. Je n'osai le prier de solliciter[2] pour Manon. Ce ne fut point un défaut de hardiesse, mais un effet de la crainte où j'étais de le révolter par cette proposition, et de lui faire naître quelque dessein funeste à elle et à moi. Je suis encore à savoir si cette crainte n'a pas causé mes
1310 plus grandes infortunes en m'empêchant de tenter[3] les dispositions de mon père, et de faire des efforts pour lui en inspirer de favorables à ma malheureuse maîtresse. J'aurais peut-être excité encore une fois sa pitié. Je l'aurais mis en garde contre les impressions qu'il allait recevoir trop facilement du vieux G... M... Que
1315 sais-je ? Ma mauvaise destinée l'aurait peut-être emporté sur tous mes efforts, mais je n'aurais eu qu'elle, du moins, et la cruauté de mes ennemis, à accuser de mon malheur.

En me quittant, mon père alla faire une visite à M. de G... M... Il le trouva avec son fils, à qui le garde du corps avait honnête-
1320 ment[4] rendu la liberté. Je n'ai jamais su les particularités de leur conversation, mais il ne m'a été que trop facile d'en juger par ses mortels effets. Ils allèrent ensemble, je dis les deux pères, chez M. le Lieutenant général de Police, auquel ils demandèrent deux grâces : l'une, de me faire sortir sur-le-champ du Châtelet ; l'autre,

---

1. Les « ouvertures » renvoient aux issues sans « éclat », c'est-à-dire sans dommage pour la réputation paternelle, qui pourraient permettre au chevalier de recouvrer la liberté.
2. *Solliciter* : adresser une requête.
3. *Tenter* : mettre à l'épreuve.
4. *Honnêtement* : civilement.

1325 d'enfermer Manon pour le reste de ses jours, ou de l'envoyer en Amérique. On commençait, dans le même temps, à embarquer quantité de gens sans aveu pour le Mississippi. M. le Lieutenant général de Police leur donna sa parole de faire partir Manon par le premier vaisseau. M. de G… M… et mon père vinrent aussitôt
1330 m'apporter ensemble la nouvelle de ma liberté. M. de G… M… me fit un compliment civil sur le passé, et m'ayant félicité sur le bonheur que j'avais d'avoir un tel père, il m'exhorta à profiter désormais de ses leçons et de ses exemples. Mon père m'ordonna de lui faire des excuses de l'injure prétendue[1] que j'avais faite à
1335 sa famille, et de le remercier de s'être employé avec lui pour mon élargissement. Nous sortîmes ensemble, sans avoir dit un mot de ma maîtresse. Je n'osai même parler d'elle aux guichetiers en leur présence. Hélas ! mes tristes recommandations eussent été bien inutiles ! L'ordre cruel était venu en même temps que celui
1340 de ma délivrance. Cette fille infortunée fut conduite, une heure après, à l'Hôpital, pour y être associée à quelques malheureuses qui étaient condamnées à subir le même sort. Mon père m'ayant obligé de le suivre à la maison où il avait pris sa demeure, il était presque six heures du soir lorsque je trouvai le moment de me
1345 dérober de ses yeux pour retourner au Châtelet. Je n'avais dessein que de faire tenir quelques rafraîchissements à Manon, et de la recommander au concierge, car je ne me promettais pas que la liberté de la voir me fût accordée. Je n'avais point encore eu le temps, non plus, de réfléchir aux moyens de la délivrer.
1350 Je demandai à parler au concierge. Il avait été content de ma libéralité et de ma douceur, de sorte qu'ayant quelque disposition à me rendre service, il me parla du sort de Manon comme d'un malheur dont il avait beaucoup de regret parce qu'il pouvait m'affliger. Je ne compris point ce langage. Nous nous entretînmes
1355 quelques moments sans nous entendre. À la fin, s'apercevant que

---

1. Des Grieux estime que l'injure faite à M. de G… M… et à son fils n'est que la contrepartie méritée de l'exaction passée du père.

j'avais besoin d'une explication, il me la donna, telle que j'ai déjà eu horreur de vous la dire, et que j'ai encore de la répéter. Jamais apoplexie [1] violente ne causa d'effet plus subit et plus terrible. Je tombai, avec une palpitation de cœur si douloureuse, qu'à l'ins-
1360 tant que je perdis la connaissance, je me crus délivré de la vie pour toujours. Il me resta même quelque chose de cette pensée lorsque je revins à moi. Je tournai mes regards vers toutes les parties de la chambre et sur moi-même, pour m'assurer si je portais encore la malheureuse qualité d'homme vivant. Il est certain qu'en ne
1365 suivant que le mouvement naturel qui fait chercher à se délivrer de ses peines, rien ne pouvait me paraître plus doux que la mort, dans ce moment de désespoir et de consternation. La religion même ne pouvait me faire envisager rien de plus insupportable, après la vie, que les convulsions cruelles dont j'étais tourmenté.
1370 Cependant, par un miracle propre à l'amour, je retrouvai bientôt assez de force pour remercier le Ciel de m'avoir rendu la connais-sance et la raison. Ma mort n'eût été utile qu'à moi. Manon avait besoin de ma vie pour la délivrer, pour la secourir, pour la venger. Je jurai de m'y employer sans ménagement.
1375   Le concierge me donna toute l'assistance que j'eusse pu atten-dre du meilleur de mes amis. Je reçus ses services avec une vive reconnaissance. Hélas! lui dis-je, vous êtes donc touché de mes peines? Tout le monde m'abandonne. Mon père même est sans doute un de mes plus cruels persécuteurs. Personne n'a pitié de
1380 moi. Vous seul, dans le séjour de la dureté et de la barbarie, vous marquez de la compassion pour le plus misérable de tous les hom-mes! Il me conseillait de ne point paraître dans la rue sans être un peu remis du trouble où j'étais. Laissez, laissez, répondis-je en sortant; je vous reverrai plus tôt que vous ne pensez. Préparez-moi
1385 le plus noir de vos cachots; je vais travailler à le mériter [2]. En effet,

---

1. *Apoplexie* : perte de connaissance.
2. Des Grieux prend ici un air de défi qui le rapproche de certains héros de la tragédie.

mes premières résolutions n'allaient à rien moins qu'à me défaire des deux G... M... et du Lieutenant général de Police, et fondre ensuite à main armée sur l'Hôpital, avec tous ceux que je pourrais engager dans ma querelle. Mon père lui-même eût à peine
1390 été respecté, dans une vengeance qui me paraissait si juste, car le concierge ne m'avait pas caché que lui et G... M... étaient les auteurs de ma perte. Mais, lorsque j'eus fait quelques pas dans les rues, et que l'air eut un peu rafraîchi mon sang et mes humeurs, ma fureur fit place peu à peu à des sentiments plus raisonnables.
1395 La mort de nos ennemis eût été d'une faible utilité pour Manon, et elle m'eût exposé sans doute à me voir ôter tous les moyens de la secourir. D'ailleurs, aurais-je eu recours à un lâche assassinat ? Quelle autre voie pouvais-je m'ouvrir à la vengeance ? Je recueillis toutes mes forces et tous mes esprits pour travailler d'abord à la
1400 délivrance de Manon, remettant tout le reste après le succès de cette importante entreprise. Il me restait peu d'argent. C'était, néanmoins, un fondement nécessaire, par lequel il fallait commencer. Je ne voyais que trois personnes de qui j'en pusse attendre : M. de T..., mon père et Tiberge. Il y avait peu d'apparence
1405 d'obtenir quelque chose des deux derniers, et j'avais honte de fatiguer l'autre par mes importunités. Mais ce n'est point dans le désespoir qu'on garde des ménagements. J'allai sur-le-champ au Séminaire de Saint-Sulpice, sans m'embarrasser si j'y serais reconnu. Je fis appeler Tiberge. Ses premières paroles me firent
1410 comprendre qu'il ignorait encore mes dernières aventures. Cette idée me fit changer le dessein que j'avais, de l'attendrir par la compassion. Je lui parlai, en général, du plaisir que j'avais eu de revoir mon père, et je le priai ensuite de me prêter quelque argent, sous prétexte de payer, avant mon départ de Paris, quelques det-
1415 tes que je souhaitais de tenir inconnues. Il me présenta aussitôt sa bourse. Je pris cinq cents francs sur six cents que j'y trouvai. Je lui offris mon billet [1] ; il était trop généreux pour l'accepter.

---

1. Billet : reconnaissance de dette par laquelle on s'engage à recouvrir celle-ci.

Je tournai de là chez M. de T... Je n'eus point de réserve avec lui. Je lui fis l'exposition de mes malheurs et de mes peines :
1420 il en savait déjà jusqu'aux moindres circonstances, par le soin qu'il avait eu de suivre l'aventure du jeune G... M... ; il m'écouta néanmoins, et il me plaignit beaucoup. Lorsque le lui demandai ses conseils sur les moyens de délivrer Manon, il me répondit tristement qu'il y voyait si peu de jour, qu'à moins d'un secours
1425 extraordinaire du Ciel, il fallait renoncer à l'espérance, qu'il avait passé exprès à l'Hôpital, depuis qu'elle y était renfermée, qu'il n'avait pu obtenir lui-même la liberté de la voir ; que les ordres du Lieutenant général de Police étaient de la dernière rigueur, et que, pour comble d'infortune, la malheureuse bande où elle devait
1430 entrer était destinée à partir le surlendemain du jour où nous étions. J'étais si consterné de son discours qu'il eût pu parler une heure sans que j'eusse pensé à l'interrompre. Il continua de me dire qu'il ne m'était point allé voir au Châtelet, pour se donner plus de facilité à me servir lorsqu'on le croirait sans liaison avec
1435 moi ; que, depuis quelques heures que j'en étais sorti, il avait eu le chagrin d'ignorer où je m'étais retiré, et qu'il avait souhaité de me voir promptement pour me donner le seul conseil dont il semblait que je pusse espérer du changement dans le sort de Manon, mais un conseil dangereux, auquel il me priait de cacher
1440 éternellement qu'il eût part : c'était de choisir quelques braves qui eussent le courage d'attaquer les gardes de Manon lorsqu'ils seraient sortis de Paris avec elle. Il n'attendit point que je lui parlasse de mon indigence. Voilà cent pistoles, me dit-il, en me présentant une bourse, qui pourront vous être de quelque usage.
1445 Vous me les remettrez, lorsque la fortune aura rétabli vos affaires. Il ajouta que, si le soin de sa réputation lui eût permis d'entreprendre lui-même la délivrance de ma maîtresse, il m'eût offert son bras et son épée.

Cette excessive générosité me toucha jusqu'aux larmes.
1450 J'employai, pour lui marquer ma reconnaissance, toute la vivacité que mon affliction me laissait de reste. Je lui demandai s'il

n'y avait rien à espérer, par la voie des intercessions [1], auprès du Lieutenant général de Police. Il me dit qu'il y avait pensé, mais qu'il croyait cette ressource inutile, parce qu'une grâce de cette nature ne pouvait se demander sans motif, et qu'il ne voyait pas bien quel motif on pouvait employer pour se faire un intercesseur d'une personne grave et puissante; que, si l'on pouvait se flatter de quelque chose de ce côté-là, ce ne pouvait être qu'en faisant changer de sentiment à M. de G… M… et à mon père, et en les engageant à prier eux-mêmes M. le Lieutenant général de Police de révoquer sa sentence. Il m'offrit de faire tous ses efforts pour gagner le jeune G… M…, quoiqu'il le crût un peu refroidi à son égard par quelques soupçons qu'il avait conçus de lui à l'occasion de notre affaire, et il m'exhorta à ne rien omettre, de mon côté, pour fléchir l'esprit de mon père.

Ce n'était pas une légère entreprise pour moi, je ne dis pas seulement par la difficulté que je devais naturellement trouver à le vaincre, mais par une autre raison qui me faisait même redouter ses approches : je m'étais dérobé de son logement contre ses ordres, et j'étais fort résolu de n'y pas retourner depuis que j'avais appris la triste destinée de Manon. J'appréhendais avec sujet qu'il ne me fît retenir malgré moi, et qu'il ne me reconduisît de même en province. Mon frère aîné avait usé autrefois de cette méthode. Il est vrai que j'étais devenu plus âgé, mais l'âge était une faible raison contre la force. Cependant je trouvai une voie qui me sauvait du danger, c'était de le faire appeler dans un endroit public et de m'annoncer à lui sous un autre nom. Je pris aussitôt ce parti. M. de T… s'en alla chez G… M… et moi au Luxembourg, d'où j'envoyai avertir mon père qu'un gentilhomme de ses serviteurs était à l'attendre. Je craignais qu'il n'eût quelque peine à venir, parce que la nuit approchait. Il parut néanmoins peu après, suivi de son laquais. Je le priai de prendre une allée où nous puissions être seuls. Nous fîmes cent pas, pour le moins, sans parler. Il

---

1. *Par la voie des intercessions* : en faisant jouer des influences.

s'imaginait bien, sans doute, que tant de préparations ne s'étaient
1485 pas faites sans un dessein d'importance. Il attendait ma harangue, et je la méditais[1].

Enfin, j'ouvris la bouche. Monsieur, lui dis-je en tremblant, vous êtes un bon père. Vous m'avez comblé de grâces et vous m'avez pardonné un nombre infini de fautes. Aussi le Ciel m'est-
1490 il témoin que j'ai pour vous tous les sentiments du fils le plus tendre et le plus respectueux. Mais il me semble… que votre rigueur… Hé bien! ma rigueur? interrompit mon père, qui trouvait sans doute que je parlais lentement pour son impatience. Ah! monsieur, repris-je, il me semble que votre rigueur est extrême,
1495 dans le traitement que vous avez fait à la malheureuse Manon. Vous vous en êtes rapporté à M. de G… M… Sa haine vous l'a représentée sous les plus noires couleurs. Vous vous êtes formé d'elle une affreuse idée. Cependant, c'est la plus douce et la plus aimable créature qui fût jamais. Que n'a-t-il plu au Ciel de vous
1500 inspirer l'envie de la voir un moment! Je ne suis pas plus sûr qu'elle est charmante, que je le suis qu'elle vous l'aurait paru. Vous auriez pris parti pour elle; vous auriez détesté les noirs artifices de G… M… ; vous auriez eu compassion d'elle et de moi. Hélas! j'en suis sûr. Votre cœur n'est pas insensible; vous vous seriez laissé
1505 attendrir. Il m'interrompit encore, voyant que je parlais avec une ardeur qui ne m'aurait pas permis de finir sitôt. Il voulut savoir à quoi j'avais dessein d'en venir par un discours si passionné. À vous demander la vie, répondis-je, que je ne puis conserver un moment si Manon part une fois pour l'Amérique. Non, non, me dit-il d'un
1510 ton sévère; j'aime mieux te voir sans vie que sans sagesse et sans honneur. N'allons donc pas plus loin! m'écriai-je en l'arrêtant par le bras. Ôtez-la-moi, cette vie odieuse et insupportable, car, dans le désespoir où vous me jetez, la mort sera une faveur pour moi. C'est un présent digne de la main d'un père.

---

1. Des Grieux a bien conscience qu'il va devoir déployer des trésors de rhétorique pour attirer l'indulgence paternelle sur la cause de Manon.

1515   Je ne te donnerais que ce que tu mérites, répliqua-t-il. Je connais bien des pères qui n'auraient pas attendu si longtemps pour être eux-mêmes tes bourreaux, mais c'est ma bonté excessive qui t'a perdu.

Je me jetai à ses genoux. Ah! s'il vous en reste encore, lui
1520   dis-je en les embrassant, ne vous endurcissez donc pas contre mes pleurs. Songez que je suis votre fils… Hélas! souvenez-vous de ma mère. Vous l'aimiez si tendrement! Auriez-vous souffert qu'on l'eût arrachée de vos bras? Vous l'auriez défendue jusqu'à la mort. Les autres n'ont-ils pas un cœur comme vous? Peut-on
1525   être barbare, après avoir une fois éprouvé ce que c'est que la tendresse et la douleur?

Ne me parle pas davantage de ta mère, reprit-il d'une voix irritée, ce souvenir échauffe mon indignation. Tes désordres la feraient mourir de douleur, si elle eût assez vécu pour les voir. Finissons cet
1530   entretien, ajouta-t-il; il m'importune, et ne me fera point changer de résolution. Je retourne au logis; je t'ordonne de me suivre. Le ton sec et dur avec lequel il m'intima cet ordre me fit trop comprendre que son cœur était inflexible. Je m'éloignai de quelques pas, dans la crainte qu'il ne lui prît envie de m'arrêter de ses propres
1535   mains. N'augmentez pas mon désespoir, lui dis-je, en me forçant de vous désobéir. Il est impossible que je vous suive. Il ne l'est pas moins que je vive, après la dureté avec laquelle vous me traitez. Ainsi je vous dis un éternel adieu. Ma mort, que vous apprendrez bientôt, ajoutai-je tristement, vous fera peut-être reprendre pour
1540   moi des sentiments de père. Comme je me tournais pour le quitter : Tu refuses donc de me suivre? s'écria-t-il avec une vive colère. Va, cours à ta perte. Adieu, fils ingrat et rebelle. Adieu, lui dis-je dans mon transport, adieu, père barbare et dénaturé [1].

Je sortis aussitôt du Luxembourg. Je marchai dans les rues
1545   comme un furieux jusqu'à la maison de M. de T… Je levais, en

---

1. Le lexique et les sentiments qui guident ces répliques les rapprochent du ton de la tragédie.

marchant, les yeux et les mains pour invoquer toutes les puissances célestes. Ô Ciel! disais-je, serez-vous aussi impitoyable que les hommes? Je n'ai plus de secours à attendre que de vous. M. de T… n'était point encore retourné chez lui, mais il revint après que je l'y
1550 eus attendu quelques moments. Sa négociation n'avait pas réussi mieux que la mienne. Il me le dit d'un visage abattu. Le jeune G… M…, quoique moins irrité que son père contre Manon et contre moi, n'avait pas voulu entreprendre de le solliciter en notre faveur. Il s'en était défendu par la crainte qu'il avait lui-même de
1555 ce vieillard vindicatif[1], qui s'était déjà fort emporté contre lui en lui reprochant ses desseins de commerce avec Manon. Il ne me restait donc que la voie de la violence, telle que M. de T… m'en avait tracé le plan; j'y réduisis toutes mes espérances. Elles sont bien incertaines, lui dis-je, mais la plus solide et la plus consolante
1560 pour moi est celle de périr du moins dans l'entreprise. Je le quittai en le priant de me secourir par ses vœux, et je ne pensai plus qu'à m'associer des camarades à qui je pusse communiquer une étincelle de mon courage et de ma résolution.

Le premier qui s'offrit à mon esprit, fut le même garde du
1565 corps que j'avais employé pour arrêter G… M… J'avais dessein aussi d'aller passer la nuit dans sa chambre, n'ayant pas eu l'esprit assez libre, pendant l'après-midi, pour me procurer un logement. Je le trouvai seul. Il eut de la joie de me voir sorti du Châtelet. Il m'offrit affectueusement ses services. Je lui expliquai
1570 ceux qu'il pouvait me rendre. Il avait assez de bon sens pour en apercevoir toutes les difficultés, mais il fut assez généreux pour entreprendre de les surmonter. Nous employâmes une partie de la nuit à raisonner sur mon dessein. Il me parla des trois soldats aux gardes, dont il s'était servi dans la dernière occasion, comme
1575 de trois braves à l'épreuve. M. de T… m'avait informé exactement du nombre des archers qui devaient conduire Manon; ils n'étaient que six. Cinq hommes hardis et résolus suffisaient pour

---

1. Vindicatif : porté à la vengeance.

donner l'épouvante à ces misérables, qui ne sont point capables de se défendre honorablement lorsqu'ils peuvent éviter le péril du
1580 combat par une lâcheté. Comme je ne manquais point d'argent, le garde du corps me conseilla de ne rien épargner pour assurer le succès de notre attaque Il nous faut des chevaux, me dit-il, avec des pistolets, et chacun notre mousqueton [1]. Je me charge de prendre demain le soin de ces préparatifs. Il faudra aussi trois
1585 habits communs pour nos soldats, qui n'oseraient paraître dans une affaire de cette nature avec l'uniforme du régiment. Je lui mis entre les mains les cent pistoles que j'avais reçues de M. de T... Elles furent employées, le lendemain, jusqu'au dernier sol. Les trois soldats passèrent en revue devant moi. Je les animai par de
1590 grandes promesses, et pour leur ôter toute défiance, je commen- çai par leur faire présent, à chacun, de dix pistoles. Le jour de l'exécution étant venu, j'en envoyai un de grand matin à l'Hôpi- tal, pour s'instruire, par ses propres yeux, du moment auquel les archers partiraient avec leur proie. Quoique je n'eusse pris cette
1595 précaution que par un excès d'inquiétude et de prévoyance, il se trouva qu'elle avait été absolument nécessaire. J'avais compté sur quelques fausses informations qu'on m'avait données de leur route, et, m'étant persuadé que c'était à La Rochelle que cette déplorable troupe devait être embarquée, j'aurais perdu mes
1600 peines à l'attendre sur le chemin d'Orléans. Cependant, je fus informé, par le rapport du soldat aux gardes, qu'elle prenait le chemin de Normandie, et que c'était du Havre-de-Grâce qu'elle devait partir pour l'Amérique.

Nous nous rendîmes aussitôt à la porte Saint-Honoré, obser-
1605 vant de marcher par des rues différentes. Nous nous réunîmes au bout du faubourg. Nos chevaux étaient frais. Nous ne tardâmes point à découvrir les six gardes et les deux misérables voitures que vous vîtes à Pacy [2], il y a deux ans. Ce spectacle faillit de

---

1. *Mousqueton* : fusil à canon court.
2. Voir p. 35.

m'ôter la force et la connaissance. Ô fortune, m'écriai-je, fortune
1610 cruelle! accorde-moi ici, du moins, la mort ou la victoire. Nous
tînmes conseil un moment sur la manière dont nous ferions notre
attaque[1]. Les archers n'étaient guère plus de quatre cents pas
devant nous, et nous pouvions les couper en passant au travers
d'un petit champ, autour duquel le grand chemin tournait. Le
1615 garde du corps fut d'avis de prendre cette voie, pour les surprendre en fondant tout d'un coup sur eux. J'approuvai sa pensée
et je fus le premier à piquer[2] mon cheval. Mais la fortune avait
rejeté impitoyablement mes vœux. Les archers, voyant cinq cava-
liers accourir vers eux, ne doutèrent point que ce ne fût pour les
1620 attaquer. Ils se mirent en défense, en préparant leurs baïonnettes
et leurs fusils d'un air assez résolu. Cette vue, qui ne fit que nous
animer, le garde du corps et moi, ôta tout d'un coup le courage à
nos trois lâches compagnons. Ils s'arrêtèrent comme de concert,
et, s'étant dit entre eux quelques mots que je n'entendis point,
1625 ils tournèrent la tête de leurs chevaux, pour reprendre le chemin
de Paris à bride abattue. Dieux! me dit le garde du corps, qui
paraissait aussi éperdu que moi de cette infâme désertion, qu'allons-nous faire? Nous ne sommes que deux. J'avais perdu la voix,
de fureur et d'étonnement. Je m'arrêtai, incertain si ma première
1630 vengeance ne devait pas s'employer à la poursuite et au châtiment
des lâches qui m'abandonnaient. Je les regardais fuir et je jetais
les yeux, de l'autre côté, sur les archers. S'il m'eût été possible
de me partager, j'aurais fondu tout à la fois sur ces deux objets
de ma rage; je les dévorais tous ensemble. Le garde du corps,
1635 qui jugeait de mon incertitude par le mouvement égaré de mes
yeux, me pria d'écouter son conseil. N'étant que deux, me dit-
il, il y aurait de la folie à attaquer six hommes aussi bien armés
que nous et qui paraissent nous attendre de pied ferme. Il faut

---

1. L'invocation, jointe aux préparatifs de la bataille à livrer, rappelle l'épopée;
le registre verse ici dans l'héroï-comique.
2. *Piquer* : éperonner.

retourner à Paris et tâcher de réussir mieux dans le choix de nos
1640　braves. Les archers ne sauraient faire de grandes journées avec
deux pesantes voitures ; nous les rejoindrons demain sans peine.

Je fis un moment de réflexion sur ce parti, mais, ne voyant
de tous côtés que des sujets de désespoir, je pris une résolution
véritablement désespérée. Ce fut de remercier mon compagnon
1645　de ses services, et, loin d'attaquer les archers, je résolus d'aller,
avec soumission, les prier de me recevoir dans leur troupe pour
accompagner Manon avec eux jusqu'au Havre-de-Grâce et passer
ensuite au-delà des mers avec elle. Tout le monde me persécute
ou me trahit, dis-je au garde du corps. Je n'ai plus de fond à
1650　faire sur personne. Je n'attends plus rien, ni de la fortune, ni du
secours des hommes. Mes malheurs sont au comble ; il ne me
reste plus que de m'y soumettre. Ainsi, je ferme les yeux à toute
espérance. Puisse le Ciel récompenser votre générosité ! Adieu, je
vais aider mon mauvais sort à consommer ma ruine, en y cou-
1655　rant moi-même volontairement [1]. Il fit inutilement ses efforts pour
m'engager à retourner à Paris. Je le priai de me laisser suivre
mes résolutions et de me quitter sur-le-champ, de peur que les
archers ne continuassent de croire que notre dessein était de les
attaquer.

1660　　J'allai seul vers eux, d'un pas lent et le visage si consterné
qu'ils ne durent rien trouver d'effrayant dans mes approches. Ils
se tenaient néanmoins en défense. Rassurez-vous, messieurs, leur
dis-je, en les abordant ; je ne vous apporte point la guerre, je
viens vous demander des grâces. Je les priai de continuer leur
1665　chemin sans défiance et je leur appris, en marchant, les faveurs
que j'attendais d'eux. Ils consultèrent ensemble de quelle manière
ils devaient recevoir cette ouverture. Le chef de la bande prit la
parole pour les autres. Il me répondit que les ordres qu'ils avaient
de veiller sur leurs captives étaient d'une extrême rigueur ; que

---

1. La résignation du chevalier donne à son personnage toute la grandeur du
héros tragique.

1670 je lui paraissais néanmoins si joli homme que lui et ses compagnons se relâcheraient un peu de leur devoir[1] ; mais que je devais comprendre qu'il fallait qu'il m'en coûtât quelque chose. Il me restait environ quinze pistoles ; je leur dis naturellement en quoi consistait le fond de ma bourse. Hé bien ! me dit l'archer, nous en 1675 userons généreusement. Il ne vous coûtera qu'un écu par heure pour entretenir celle de nos filles qui vous plaira le plus ; c'est le prix courant de Paris[2]. Je ne leur avais pas parlé de Manon en particulier, parce que je n'avais pas dessein qu'ils connussent ma passion. Ils s'imaginèrent d'abord que ce n'était qu'une fantaisie 1680 de jeune homme qui me faisait chercher un peu de passe-temps avec ces créatures ; mais lorsqu'ils crurent s'être aperçus que j'étais amoureux, ils augmentèrent tellement le tribut[3], que ma bourse se trouva épuisée en partant de Mantes, où nous avions couché, le jour que nous arrivâmes à Pacy.

1685   Vous dirai-je quel fut le déplorable sujet de mes entretiens avec Manon pendant cette route, ou quelle impression sa vue fit sur moi lorsque j'eus obtenu des gardes la liberté d'approcher de son chariot ? Ah ! les expressions ne rendent jamais qu'à demi les sentiments du cœur. Mais figurez-vous ma pauvre maîtresse 1690 enchaînée par le milieu du corps, assise sur quelques poignées de paille, la tête appuyée languissamment sur un côté de la voiture, le visage pâle et mouillé d'un ruisseau de larmes qui se faisaient un passage au travers de ses paupières, quoiqu'elle eût continuellement les yeux fermés. Elle n'avait pas même eu la curio- 1695 sité de les ouvrir lorsqu'elle avait entendu le bruit de ses gardes, qui craignaient d'être attaqués. Son linge était sale et dérangé, sans mains délicates exposées à l'injure de l'air[4] ; enfin, tout ce

---

1. Une fois de plus, des Grieux fait bonne figure et inspire l'indulgence de ses interlocuteurs.

2. Le récit passe sans transition du tragique à la trivialité.

3. *Tribut* : contribution forcée ; somme que des Grieux doit débourser pour obtenir des archers le droit de rester auprès de Manon.

4. Manon ne porte plus de gants.

composé charmant, cette figure capable de ramener l'univers à l'idolâtrie [1], paraissait dans un désordre et un abattement inexprimables. J'employai quelque temps à la considérer, en allant à cheval à côté du chariot. J'étais si peu à moi-même que je fus sur le point, plusieurs fois, de tomber dangereusement. Mes soupirs et mes exclamations fréquentes m'attirèrent d'elle quelques regards. Elle me reconnut, et je remarquai que, dans le premier mouvement, elle tenta de se précipiter hors de la voiture pour venir à moi ; mais, étant retenue par sa chaîne, elle retomba dans sa première attitude. Je priai les archers d'arrêter un moment par compassion ; ils y consentirent par avarice. Je quittai mon cheval pour m'asseoir auprès d'elle. Elle était si languissante et si affaiblie qu'elle fut longtemps sans pouvoir se servir de sa langue ni remuer ses mains. Je les mouillais pendant ce temps-là de mes pleurs, et, ne pouvant proférer moi-même une seule parole, nous étions l'un et l'autre dans une des plus tristes situations dont il y ait jamais eu d'exemple. Nos expressions ne le furent pas moins, lorsque nous eûmes retrouvé la liberté de parler. Manon parla peu. Il semblait que la honte et la douleur eussent altéré les organes de sa voix ; le son en était faible et tremblant. Elle me remercia de ne l'avoir pas oubliée, et de la satisfaction que je lui accordais, dit-elle en soupirant, de me voir du moins encore une fois et de me dire le dernier adieu. Mais, lorsque je l'eus assurée que rien n'était capable de me séparer d'elle et que j'étais disposé à la suivre jusqu'à l'extrémité du monde pour prendre soin d'elle, pour la servir, pour l'aimer et pour attacher inséparablement ma misérable destinée à la sienne, cette pauvre fille se livra à des sentiments si tendres et si douloureux, que j'appréhendai quelque chose pour sa vie d'une si violente émotion. Tous les mouvements de son âme semblaient se réunir dans ses yeux. Elle les tenait fixés

---

1. *Idolâtrie* : culte rendu à l'idole d'un dieu. Il est notable que l'expression s'applique à Manon alors souillée par les circonstances. C'est donner à l'injure qui lui est faite par la société le caractère d'un sacrilège.

sur moi. Quelquefois elle ouvrait la bouche, sans avoir la force
d'achever quelques mots qu'elle commençait. Il lui en échappait
1730 néanmoins quelques-uns. C'étaient des marques d'admiration sur
mon amour, de tendres plaintes de son excès, des doutes qu'elle
pût être assez heureuse pour m'avoir inspiré une passion si parfaite, des instances pour me faire renoncer au dessein de la suivre
et chercher ailleurs un bonheur digne de moi, qu'elle me disait
1735 que je ne pouvais espérer avec elle.

En dépit du plus cruel de tous les sorts, je trouvais ma félicité
dans ses regards et dans la certitude que j'avais de son affection.
J'avais perdu, à la vérité, tout ce que le reste des hommes estime ;
mais j'étais maître du cœur de Manon, le seul bien que j'estimais.
1740 Vivre en Europe, vivre en Amérique, que m'importait-il en quel
endroit vivre, si j'étais sûr d'y être heureux en y vivant avec ma
maîtresse ? Tout l'univers n'est-il pas la patrie de deux amants
fidèles ? Ne trouvent-ils pas l'un dans l'autre, père, mère, parents,
amis, richesses et félicité [1] ? Si quelque chose me causait de l'in-
1745 quiétude, c'était la crainte de voir Manon exposée aux besoins
de l'indigence. Je me supposais déjà, avec elle, dans une région
inculte et habitée par des sauvages. Je suis bien sûr, disais-je, qu'il
ne saurait y en avoir d'aussi cruels que G... M... et mon père. Ils
nous laisseront du moins vivre en paix. Si les relations qu'on en
1750 fait sont fidèles, ils suivent les lois de la nature. Ils ne connaissent
ni les fureurs de l'avarice, qui possèdent G... M..., ni les idées
fantastiques de l'honneur, qui m'ont fait un ennemi de mon père.
Ils ne troubleront point deux amants qu'ils verront vivre avec
autant de simplicité qu'eux [2]. J'étais donc tranquille de ce côté-là.

---

1. Le renoncement social du chevalier atteint son terme : Manon seule lui
tiendra lieu de tout.

2. La représentation des habitants d'Amérique correspond à celle forgée par
certains témoignages du temps qui ont servi à l'élaboration du mythe du
bon sauvage ; elle rencontre aussi la propre conviction de des Grieux selon
laquelle la nature est en elle-même vertueuse, avilie seulement par les circonstances et la société.

1755 Mais je ne me formais point des idées romanesques par rapport aux besoins communs de la vie. J'avais éprouvé trop souvent qu'il y a des nécessités insupportables, surtout pour une fille délicate qui est accoutumée à une vie commode et abondante. J'étais au désespoir d'avoir épuisé inutilement ma bourse et que le peu

1760 d'argent qui me restait fût encore sur le point de m'être ravi par la friponnerie des archers. Je concevais qu'avec une petite somme j'aurais pu espérer, non seulement de me soutenir quelque temps contre la misère en Amérique, où l'argent était rare, mais d'y former même quelque entreprise pour un établissement durable.

1765 Cette considération me fit naître la pensée d'écrire à Tiberge, que j'avais toujours trouvé si prompt à m'offrir les secours de l'amitié. J'écrivis, dès la première ville où nous passâmes. Je ne lui apportai point d'autre motif que le pressant besoin dans lequel je prévoyais que je me trouverais au Havre-de-Grâce où je lui

1770 confessais que j'étais allé conduire Manon. Je lui demandais cent pistoles. Faites-les-moi tenir au Havre, lui disais-je, par le maître de la poste. Vous voyez bien que c'est la dernière fois que j'importune votre affection et que, ma malheureuse maîtresse m'étant enlevée pour toujours, je ne puis la laisser partir sans quelques

1775 soulagements qui adoucissent son sort et mes mortels regrets.

Les archers devinrent si intraitables, lorsqu'ils eurent découvert la violence de ma passion, que, redoublant continuellement le prix de leurs moindres faveurs, ils me réduisirent bientôt à la dernière indigence. L'amour, d'ailleurs, ne me permettait guère

1780 de ménager ma bourse. Je m'oubliais du matin au soir près de Manon, et ce n'était plus par heure que le temps m'était mesuré, c'était par la longueur entière des jours. Enfin, ma bourse étant tout à fait vide, je me trouvai exposé aux caprices et à la brutalité de six misérables, qui me traitaient avec une hauteur insupporta-

1785 ble. Vous en fûtes témoin à Pacy. Votre rencontre fut un heureux moment de relâche, qui me fut accordé par la fortune. Votre pitié, à la vue de mes peines, fut ma seule recommandation auprès de votre cœur généreux. Le secours, que vous m'accordâtes libérale-

ment, servit à me faire gagner Le Havre, et les archers tinrent leur
1790 promesse avec plus de fidélité que je ne l'espérais [1].

Nous arrivâmes au Havre. J'allai d'abord à la poste. Tiberge
n'avait point encore eu le temps de me répondre. Je m'informai
exactement quel jour je pouvais attendre sa lettre. Elle ne pouvait
arriver que deux jours après, et par une étrange disposition de
1795 mon mauvais sort, il se trouva que notre vaisseau devait partir le
matin de celui auquel j'attendais l'ordinaire. Je ne puis vous représenter mon désespoir. Quoi! m'écriai-je, dans le malheur même,
il faudra toujours que je sois distingué par des excès [2] ! Manon
répondit : Hélas! une vie si malheureuse mérite-t-elle le soin que
1800 nous en prenons? Mourons au Havre, mon cher Chevalier. Que
la mort finisse tout d'un coup nos misères! Irons-nous les traîner dans un pays inconnu, où nous devons nous attendre, sans
doute, à d'horribles extrémités, puisqu'on a voulu m'en faire un
supplice? Mourons, me répéta-t-elle; ou du moins, donne-moi la
1805 mort, et va chercher un autre sort dans les bras d'une amante plus
heureuse. Non, non, lui dis-je, c'est pour moi un sort digne d'envie que d'être malheureux avec vous. Son discours me fit trembler. Je jugeai qu'elle était accablée de ses maux. Je m'efforçai de
prendre un air plus tranquille, pour lui ôter ces funestes pensées
1810 de mort et de désespoir. Je résolus de tenir la même conduite à
l'avenir; et j'ai éprouvé, dans la suite, que rien n'est plus capable
d'inspirer du courage à une femme que l'intrépidité d'un homme
qu'elle aime.

Lorsque j'eus perdu l'espérance de recevoir du secours de
1815 Tiberge, je vendis mon cheval. L'argent que j'en tirai, joint à ce

---

1. Les menaces de Renoncour n'ont pas été vaines. La mention de l'épisode
de la rencontre avec ce dernier permet de souligner que le récit du chevalier a
rejoint le moment où s'ouvrait le roman. Il lui reste à retracer les épisodes qui
l'ont conduit aux retrouvailles avec l'homme de qualité pour que coïncident
alors parfaitement le temps du récit et celui de l'histoire.
2. C'est là le propre des héros de la tragédie antique que de se distinguer par
l'*hybris*, forme de l'excès qui leur fait transgresser les normes établies.

qui me restait encore de vos libéralités, me composa la petite somme de dix-sept pistoles. J'en employai sept à l'achat de quelques soulagements nécessaires à Manon, et je serrai les dix autres avec soin, comme le fondement de notre fortune et de nos espérances en Amérique. Je n'eus point de peine à me faire recevoir dans le vaisseau. On cherchait alors des jeunes gens qui fussent disposés à se joindre volontairement à la colonie. Le passage et la nourriture me furent accordés gratis[1]. La poste de Paris devant partir le lendemain, j'y laissai une lettre pour Tiberge. Elle était touchante et capable de l'attendrir, sans doute, au dernier point, puisqu'elle lui fit prendre une résolution qui ne pouvait venir que d'un fond infini de tendresse et de générosité pour un ami malheureux.

Nous mîmes à la voile. Le vent ne cessa point de nous être favorable. J'obtins du capitaine un lieu à part pour Manon et pour moi. Il eut la bonté de nous regarder d'un autre œil que le commun de nos misérables associés. Je l'avais pris en particulier dès le premier jour, et, pour m'attirer de lui quelque considération, je lui avais découvert une partie de mes infortunes. Je ne crus pas me rendre coupable d'un mensonge honteux en lui disant que j'étais marié à Manon. Il feignit de le croire, et il m'accorda sa protection. Nous en reçûmes des marques pendant toute la navigation. Il eut soin de nous faire nourrir honnêtement, et les égards qu'il eut pour nous servirent à nous faire respecter des compagnons de notre misère. J'avais une attention continuelle à ne pas laisser souffrir la moindre incommodité à Manon. Elle le remarquait bien, et cette vue, jointe au vif ressentiment de l'étrange extrémité où je m'étais réduit pour elle, la rendait si tendre et si passionnée, si attentive aussi à mes plus légers besoins, que c'était, entre elle et moi, une perpétuelle émulation de services et d'amour. Je ne regrettais point l'Europe. Au contraire, plus nous avancions vers

---

1. La Compagnie pourvoyait au transport et à la nourriture de ceux qui s'engageaient volontairement à partir pour la Louisiane.

l'Amérique, plus je sentais mon cœur s'élargir et devenir tranquille. Si j'eusse pu m'assurer de n'y pas manquer des nécessités
absolues de la vie, j'aurais remercié la fortune d'avoir donné un
1850 tour si favorable à nos malheurs.

Après une navigation de deux mois, nous abordâmes enfin au
rivage désiré. Le pays ne nous offrit rien d'agréable à la première
vue. C'étaient des campagnes stériles [1] et inhabitées, où l'on
voyait à peine quelques roseaux et quelques arbres dépouillés
1855 par le vent. Nulle trace d'hommes ni d'animaux. Cependant, le
capitaine ayant fait tirer quelques pièces de notre artillerie, nous
ne fûmes pas longtemps sans apercevoir une troupe de citoyens
du Nouvel Orléans [2], qui s'approchèrent de nous avec de vives
marques de joie. Nous n'avions pas découvert la ville. Elle est
1860 cachée, de ce côté-là, par une petite colline. Nous fûmes reçus
comme des gens descendus du Ciel. Ces pauvres habitants s'em-
pressaient pour nous faire mille questions sur l'état de la France
et sur les différentes provinces où ils étaient nés. Ils nous embras-
saient comme leurs frères et comme de chers compagnons qui
1865 venaient partager leur misère et leur solitude. Nous prîmes le
chemin de la ville avec eux, mais nous fûmes surpris de découvrir,
en avançant, que, ce qu'on nous avait vanté jusqu'alors comme
une bonne ville, n'était qu'un assemblage de quelques pauvres
cabanes. Elles étaient habitées par cinq ou six cents personnes.
1870 La maison du Gouverneur nous parut un peu distinguée par sa
hauteur et par sa situation. Elle est défendue par quelques ouvrages de terre, autour desquels règne un large fossé.

Nous fûmes d'abord présentés à lui. Il s'entretint longtemps
en secret avec le capitaine, et, revenant ensuite à nous, il consi-
1875 déra, l'une après l'autre, toutes les filles qui étaient arrivées par
le vaisseau. Elles étaient au nombre de trente, car nous en avions

---

1. Stériles : non cultivées.
2. Le genre du nom a varié au cours du temps ; il s'est finalement établi au
féminin.

comme Don G.

trouvé au Havre une autre bande, qui s'était jointe à la nôtre. Le Gouverneur, les ayant longtemps examinées, fit appeler divers jeunes gens de la ville qui languissaient dans l'attente d'une
1880 épouse. Il donna les plus jolies aux principaux et le reste fut tiré au sort. Il n'avait point encore parlé à Manon, mais, lorsqu'il eut ordonné aux autres de se retirer, il nous fit demeurer, elle et moi. J'apprends du capitaine, nous dit-il, que vous êtes mariés et qu'il vous a reconnus sur la route pour deux personnes d'esprit
1885 et de mérite. Je n'entre point dans les raisons qui ont causé votre malheur, mais, s'il est vrai que vous ayez autant de savoir-vivre que votre figure me le promet[1], je n'épargnerai rien pour adoucir votre sort, et vous contribuerez vous-même à me faire trouver quelque agrément dans ce lieu sauvage et désert. Je lui répondis
1890 de la manière que je crus la plus propre à confirmer l'idée qu'il avait de nous. Il donna quelques ordres pour nous faire préparer un logement dans la ville, et il nous retint à souper avec lui. Je lui trouvai beaucoup de politesse, pour un chef de malheureux bannis. Il ne nous fit point de questions, en public, sur le fond
1895 de nos aventures. La conversation fut générale, et, malgré notre tristesse, nous nous efforçâmes, Manon et moi, de contribuer à la rendre agréable.

Le soir, il nous fit conduire au logement qu'on nous avait préparé. Nous trouvâmes une misérable cabane, composée de
1900 planches et de boue, qui consistait en deux ou trois chambres de plain-pied, avec un grenier au-dessus. Il y avait fait mettre cinq ou six chaises et quelques commodités nécessaires à la vie. Manon parut effrayée à la vue d'une si triste demeure. C'était pour moi qu'elle s'affligeait, beaucoup plus que pour elle-même. Elle s'as-
1905 sit, lorsque nous fûmes seuls, et elle se mit à pleurer amèrement. J'entrepris d'abord de la consoler, mais lorsqu'elle m'eut fait entendre que c'était moi seul qu'elle plaignait, et qu'elle ne consi-

---

1. Preuve supplémentaire de la bonne impression causée par la mine de des Grieux.

dérait, dans nos malheurs communs, que ce que j'avais à souffrir,
j'affectai de montrer assez de courage, et même assez de joie pour
1910 lui en inspirer. De quoi me plaindrai-je ? lui dis-je. Je possède
tout ce que je désire. Vous m'aimez ; n'est-ce pas ? Quel autre
bonheur me suis-je jamais proposé ? Laissons au Ciel le soin de
notre fortune. Je ne la trouve pas si désespérée. Le Gouverneur
est un homme civil ; il nous a marqué de la considération ; il ne
1915 permettra pas que nous manquions du nécessaire. Pour ce qui
regarde la pauvreté de notre cabane et la grossièreté de nos meu-
bles, vous avez pu remarquer qu'il y a peu de personnes ici qui
paraissent mieux logées et mieux meublées que nous. Et puis, tu
es une chimiste admirable, ajoutai-je en l'embrassant, tu transfor-
1920 mes tout en or.

Vous serez donc la plus riche personne de l'univers, me répondit-elle, car, s'il n'y eut jamais d'amour tel que le vôtre, il est
impossible aussi d'être aimé plus tendrement que vous l'êtes. Je
me rends justice, continua-t-elle. Je sens bien que je n'ai jamais
1925 mérité ce prodigieux attachement que vous avez pour moi. Je vous
ai causé des chagrins, que vous n'avez pu me pardonner sans
une bonté extrême. J'ai été légère et volage, et même en vous
aimant éperdument, comme j'ai toujours fait, je n'étais qu'une
ingrate [1]. Mais vous ne sauriez croire combien je suis changée. Mes
1930 larmes, que vous avez vues couler si souvent depuis notre départ
de France, n'ont pas eu une seule fois mes malheurs pour objet.
J'ai cessé de les sentir aussitôt que vous avez commencé à les partager. Je n'ai pleuré que de tendresse et de compassion pour vous.
Je ne me console point d'avoir pu vous chagriner un moment dans
1935 ma vie. Je ne cesse point de me reprocher mes inconstances et de
m'attendrir, en admirant de quoi l'amour vous a rendu capable
pour une malheureuse qui n'en était pas digne, et qui ne paierait
pas bien de tout son sang, ajouta-t-elle avec une abondance de
larmes, la moitié des peines qu'elle vous a causées.

---

1. Le repentir fait son chemin dans l'âme de Manon.

1940　　Ses pleurs, son discours et le ton dont elle le prononça firent
sur moi une impression si étonnante, que je crus sentir une espèce
de division dans mon âme. Prends garde, lui dis-je, prends garde,
ma chère Manon. Je n'ai point assez de force pour supporter des
marques si vives de ton affection ; je ne suis point accoutumé à
1945　ces excès de joie. Ô Dieu ! m'écriai-je, je ne vous demande plus
rien. Je suis assuré du cœur de Manon. Il est tel que je l'ai souhaité pour être heureux, je ne puis plus cesser de l'être à présent.
Voilà ma félicité bien établie. Elle l'est, reprit-elle, si vous la faites
dépendre de moi, et je sais où je puis compter aussi de trouver
1950　toujours la mienne. Je me couchai avec ces charmantes idées,
qui changèrent ma cabane en un palais digne du premier roi du
monde. L'Amérique me parut un lieu de délices après cela. C'est
au Nouvel Orléans qu'il faut venir, disais-je souvent à Manon,
quand on veut goûter les vraies douceurs de l'amour. C'est ici
1955　qu'on s'aime sans intérêt, sans jalousie, sans inconstance. Nos
compatriotes y viennent chercher de l'or ; ils ne s'imaginent pas
que nous y avons trouvé des trésors bien plus estimables[1].

　　　Nous cultivâmes soigneusement l'amitié du Gouverneur. Il
eut la bonté, quelques semaines après notre arrivée, de me don-
1960　ner un petit emploi qui vint à vaquer[2] dans le fort. Quoiqu'il ne
fût pas bien distingué, je l'acceptai comme une faveur du Ciel. Il
me mettait en état de vivre sans être à charge à personne. Je pris
un valet pour moi et une servante pour Manon. Notre petite fortune s'arrangea. J'étais réglé dans ma conduite ; Manon ne l'était
1965　pas moins. Nous ne laissions point échapper l'occasion de rendre
service et de faire du bien à nos voisins. Cette disposition offi-
cieuse et la douceur de nos manières nous attirèrent la confiance

---

1. Des Grieux rejoint la littérature du XVIIIe siècle qui a célébré la bonté naturelle de la vie sauvage. Il ne fait aucune allusion aux hommes qui vivent
conformément à la nature mais évoque l'absence de condamnation morale
dans cette société ; de cette manière, il critique implicitement le jugement que
la « civilisation » a porté sur lui et sur sa maîtresse.
2. *Vaquer* : être vacant, disponible.

et l'affection de toute la colonie. Nous fûmes en peu de temps si considérés, que nous passions pour les premières personnes de 1970 la ville après le Gouverneur.

L'innocence de nos occupations, et la tranquillité où nous étions continuellement, servirent à nous faire rappeler insensiblement des idées de religion. Manon n'avait jamais été une fille impie[1]. Je n'étais pas non plus de ces libertins outrés, qui font 1975 gloire d'ajouter l'irréligion à la dépravation des mœurs. L'amour et la jeunesse avaient causé tous nos désordres. L'expérience commençait à nous tenir lieu d'âge ; elle fit sur nous le même effet que les années. Nos conversations, qui étaient toujours réfléchies, nous mirent insensiblement dans le goût d'un amour vertueux. Je 1980 fus le premier qui proposai ce changement à Manon. Je connaissais les principes de son cœur. Elle était droite et naturelle dans tous ses sentiments, qualité qui dispose toujours à la vertu[2]. Je lui fis comprendre qu'il manquait une chose à notre bonheur. C'est, lui dis-je, de le faire approuver du Ciel. Nous avons l'âme trop 1985 belle, et le cœur trop bien fait, l'un et l'autre, pour vivre volontairement dans l'oubli du devoir. Passe d'y avoir vécu en France, où il nous était également impossible de cesser de nous aimer et de nous satisfaire par une voie légitime ; mais en Amérique, où nous ne dépendons que de nous-mêmes, où nous n'avons plus 1990 à ménager les lois arbitraires du rang et de la bienséance[3], où l'on nous croit même mariés, qui empêche que nous ne le soyons bientôt effectivement et que nous n'anoblissions notre amour par des serments que la religion autorise ? Pour moi, ajoutai-je, je ne vous offre rien de nouveau en vous offrant mon cœur et ma 1995 main, mais je suis prêt à vous en renouveler le don au pied d'un

---

1. *Impie* : qui n'a pas de religion ; qui offense la religion.
2. Affirmation paradoxale puisque Manon ne s'est pas distinguée jusqu'alors par sa « vertu » ; des Grieux distingue en réalité l'être de sa maîtresse, ses sentiments, et la nécessité où l'ont conduite les circonstances.
3. La noblesse de des Grieux et la roture de Manon empêchaient que soit approuvée, socialement et moralement, leur alliance.

autel. Il me parut que ce discours la pénétrait de joie. Croiriez-vous, me répondit-elle, que j'y ai pensé mille fois, depuis que nous sommes en Amérique? La crainte de vous déplaire m'a fait renfermer ce désir dans mon cœur. Je n'ai point la présomption d'aspirer à la qualité de votre épouse. Ah! Manon, répliquai-je, tu serais bientôt celle d'un roi, si le Ciel m'avait fait naître avec une couronne. Ne balançons plus. Nous n'avons nul obstacle à redouter. J'en veux parler dès aujourd'hui au Gouverneur et lui avouer que nous l'avons trompé jusqu'à ce jour. Laissons craindre aux amants vulgaires, ajoutai-je, les chaînes indissolubles du mariage. Ils ne les craindraient pas s'ils étaient sûrs, comme nous, de porter toujours celles de l'amour. Je laissai Manon au comble de la joie, après cette résolution.

Je suis persuadé qu'il n'y a point d'honnête homme au monde qui n'eût approuvé mes vues dans les circonstances où j'étais, c'est-à-dire asservi fatalement à une passion que je ne pouvais vaincre et combattu par des remords que je ne devais point étouffer. Mais se trouvera-t-il quelqu'un qui accuse mes plaintes d'injustice, si je gémis de la rigueur du Ciel à rejeter un dessein que je n'avais formé que pour lui plaire? Hélas! que dis-je, à le rejeter? Il l'a puni comme un crime. Il m'avait souffert avec patience tandis que je marchais aveuglément dans la route du vice, et ses plus rudes châtiments m'étaient réservés lorsque je commençais à retourner à la vertu. Je crains de manquer de force pour achever le récit du plus funeste événement qui fût jamais[1].

J'allai chez le Gouverneur, comme j'en étais convenu avec Manon, pour le prier de consentir à la cérémonie de notre mariage. Je me serais bien gardé d'en parler, à lui ni à personne, si j'eusse pu me promettre que son aumônier, qui était alors le seul prêtre de la ville, m'eût rendu ce service sans sa participation; mais,

---

1. Le sort se retourne tragiquement contre le chevalier au moment même où il opère un retour à la vertu. De là lui vient l'idée qu'il est condamné par la fatalité quelle que soit la nature de ses actes.

n'osant espérer qu'il voulût s'engager au silence, j'avais pris le parti d'agir ouvertement. Le Gouverneur avait un neveu, nommé Synnelet, qui lui était extrêmement cher. C'était un homme de trente ans, brave, mais emporté et violent. Il n'était point marié.

2030 La beauté de Manon l'avait touché dès le jour de notre arrivée ; et les occasions sans nombre qu'il avait eues de la voir, pendant neuf ou dix mois, avaient tellement enflammé sa passion, qu'il se consumait en secret pour elle. Cependant, comme il était persuadé, avec son oncle et toute la ville, que j'étais réellement

2035 marié, il s'était rendu maître de son amour jusqu'au point de n'en laisser rien éclater et son zèle s'était même déclaré pour moi, dans plusieurs occasions de me rendre service. Je le trouvai avec son oncle, lorsque j'arrivai au fort. Je n'avais nulle raison qui m'obligeât de lui faire un secret de mon dessein, de sorte

2040 que je ne fis point difficulté de m'expliquer en sa présence. Le Gouverneur m'écouta avec sa bonté ordinaire. Je lui racontai une partie de mon histoire, qu'il entendit avec plaisir, et, lorsque je le priai d'assister à la cérémonie que je méditais, il eut la générosité de s'engager à faire toute la dépense de la fête. Je me retirai fort

2045 content.

Une heure après, je vis entrer l'aumônier chez moi. Je m'imaginai qu'il venait me donner quelques instructions sur mon mariage ; mais, après m'avoir salué froidement, il me déclara, en deux mots, que M. le Gouverneur me défendait d'y penser, et

2050 qu'il avait d'autres vues sur Manon. D'autres vues sur Manon ! lui dis-je avec un mortel saisissement de cœur, et quelles vues donc, Monsieur l'aumônier ? Il me répondit que je n'ignorais pas que M. le Gouverneur était le maître ; que Manon ayant été envoyée de France pour la colonie, c'était à lui à disposer d'elle ; qu'il ne

2055 l'avait pas fait jusqu'alors, parce qu'il la croyait mariée, mais, qu'ayant appris de moi-même qu'elle ne l'était point, il jugeait à propos de la donner à M. Synnelet, qui en était amoureux. Ma vivacité l'emporta sur ma prudence. J'ordonnai fièrement à l'aumônier de sortir de ma maison, en jurant que le Gouverneur,

2060 Synnelet et toute la ville ensemble n'oseraient porter la main sur ma femme, ou ma maîtresse, comme ils voudraient l'appeler.

Je fis part aussitôt à Manon du funeste message que je venais de recevoir. Nous jugeâmes que Synnelet avait séduit l'esprit de son oncle depuis mon retour et que c'était l'effet de quelque

2065 dessein médité depuis longtemps. Ils étaient les plus forts. Nous nous trouvions dans le Nouvel Orléans comme au milieu de la mer, c'est-à-dire séparés du reste du monde par des espaces immenses. Où fuir ? dans un pays inconnu, désert, ou habité par des bêtes féroces, et par des sauvages aussi barbares [1] qu'elles ?

2070 J'étais estimé dans la ville, mais je ne pouvais espérer d'émouvoir assez le peuple en ma faveur, pour en espérer un secours proportionné au mal. Il eût fallu de l'argent ; j'étais pauvre. D'ailleurs, le succès d'une émotion populaire était incertain, et si la fortune nous eût manqué, notre malheur serait devenu sans remède.

2075 Je roulais toutes ces pensées dans ma tête. J'en communiquais une partie à Manon. J'en formais de nouvelles sans écouter sa réponse. Je prenais un parti ; je le rejetais pour en prendre un autre. Je parlais seul, je répondais tout haut à mes pensées ; enfin j'étais dans une agitation que je ne saurais comparer à rien parce

2080 qu'il n'y en eut jamais d'égale. Manon avait les yeux sur moi. Elle jugeait, par mon trouble, de la grandeur du péril, et, tremblant pour moi plus que pour elle-même, cette tendre fille n'osait pas même ouvrir la bouche pour m'exprimer ses craintes. Après une infinité de réflexions, je m'arrêtai à la résolution d'aller trouver

2085 le Gouverneur, pour m'efforcer de le toucher par des considérations d'honneur et par le souvenir de mon respect et de son affection. Manon voulut s'opposer à ma sortie. Elle me disait, les larmes aux yeux : Vous allez à la mort. Ils vont vous tuer. Je ne vous reverrai plus. Je veux mourir avant vous. Il fallut beaucoup

2090 d'efforts pour la persuader de la nécessité où j'étais de sortir et

---

1. Le jugement que des Grieux porte sur les habitants de l'Amérique rejoint ici les préjugés des Européens.

de celle qu'il y avait pour elle de demeurer au logis. Je lui promis qu'elle me reverrait dans un instant. Elle ignorait, et moi aussi, que c'était sur elle-même que devait tomber toute la colère du Ciel et la rage de nos ennemis.

2095 Je me rendis au fort. Le Gouverneur était avec son aumônier. Je m'abaissai, pour le toucher, à des soumissions qui m'auraient fait mourir de honte si je les eusse faites pour toute autre cause. Je le pris par tous les motifs qui doivent faire une impression certaine sur un cœur qui n'est pas celui d'un tigre féroce et cruel. Ce

2100 barbare ne fit à mes plaintes que deux réponses, qu'il répéta cent fois : Manon, me dit-il, dépendait de lui ; il avait donné sa parole à son neveu. J'étais résolu de me modérer jusqu'à l'extrémité. Je me contentai de lui dire que je le croyais trop de mes amis pour vouloir ma mort, à laquelle je consentirais plutôt qu'à la perte de

2105 ma maîtresse.

Je fus trop persuadé, en sortant, que je n'avais rien à espérer de cet opiniâtre [1] vieillard, qui se serait damné mille fois pour son neveu. Cependant, je persistai dans le dessein de conserver jusqu'à la fin un air de modération, résolu, si l'on en venait aux excès d'in-

2110 justice, de donner à l'Amérique une des plus sanglantes et des plus horribles scènes que l'amour ait jamais produites. Je retournais chez moi, en méditant sur ce projet, lorsque le sort, qui voulait hâter ma ruine, me fit rencontrer Synnelet. Il lut dans mes yeux une partie de mes pensées. J'ai dit qu'il était brave ; il vint à moi.

2115 Ne me cherchez-vous pas ? me dit-il. Je connais que mes desseins vous offensent, et j'ai bien prévu qu'il faudrait se couper la gorge avec vous. Allons voir qui sera le plus heureux [2]. Je lui répondis qu'il avait raison, et qu'il n'y avait que ma mort qui pût finir nos différends. Nous nous écartâmes d'une centaine de pas hors de la

2120 ville. Nos épées se croisèrent ; je le blessai et je le désarmai presque en même temps. Il fut si enragé de son malheur, qu'il refusa de me

---

1. *Opiniâtre* : obstiné.

2. *Heureux* : celui à la faveur de qui la fortune se tournera.

demander la vie et de renoncer à Manon. J'avais peut-être le droit de lui ôter tout d'un coup l'un et l'autre, mais un sang généreux[1] ne se dément jamais. Je lui jetai son épée. Recommençons, lui dis-je, et songez que c'est sans quartier[2]. Il m'attaqua avec une furie inexprimable. Je dois confesser que je n'étais pas fort dans les armes, n'ayant eu que trois mois de salle à Paris. L'amour conduisait mon épée. Synnelet ne laissa pas de me percer le bras d'outre en outre[3], mais je le pris sur le temps[4] et je lui fournis un coup si vigoureux qu'il tomba à mes pieds sans mouvement.

Malgré la joie que donne la victoire après un combat mortel, je réfléchis aussitôt sur les conséquences de cette mort. Il n'y avait, pour moi, ni grâce ni délai de supplice à espérer. Connaissant, comme je faisais, la passion du Gouverneur pour son neveu, j'étais certain que ma mort ne serait pas différée d'une heure après la connaissance de la sienne. Quelque pressante que fût cette crainte, elle n'était pas la plus forte cause de mon inquiétude. Manon, l'intérêt de Manon, son péril et la nécessité de la perdre, me troublaient jusqu'à répandre de l'obscurité sur mes yeux et à m'empêcher de reconnaître le lieu où j'étais. Je regrettai le sort de Synnelet. Une prompte mort me semblait le seul remède de mes peines. Cependant, ce fut cette pensée même qui me fit rappeler vivement mes esprits et qui me rendit capable de prendre une résolution. Quoi ! je veux mourir, m'écriai-je, pour finir mes peines ? Il y en a donc que j'appréhende plus que la perte de ce que j'aime ? Ah ! souffrons jusqu'aux plus cruelles extrémités pour secourir ma maîtresse, et remettons à mourir après les avoir souffertes inutilement. Je repris le chemin de la ville. J'entrai chez moi. J'y trouvai Manon à demi morte de frayeur et d'inquiétude. Ma présence la ranima. Je ne pouvais lui déguiser le terrible accident

---

1. *Généreux* : employé au sens de noble, qui est bien né.

2. *Sans quartier* : sans la possibilité de demander grâce.

3. *D'outre en outre* : de part en part.

4. « Prendre sur le temps» signifie «frapper son adversaire d'une botte au moment où il s'apprête lui-même à porter un coup».

qui venait de m'arriver. Elle tomba sans connaissance entre mes bras, au récit de la mort de Synnelet et de ma blessure. J'employai plus d'un quart d'heure à lui faire retrouver le sentiment.

J'étais à demi mort moi-même. Je ne voyais pas le moindre
2155 jour à sa sûreté, ni à la mienne. Manon, que ferons-nous ? lui dis-je lorsqu'elle eut repris un peu de force. Hélas ! qu'allons-nous faire ? Il faut nécessairement que je m'éloigne. Voulez-vous demeurer dans la ville ? Oui, demeurez-y. Vous pouvez encore y être heureuse ; et moi, je vais, loin de vous, chercher la mort parmi
2160 les sauvages ou entre les griffes des bêtes féroces. Elle se leva malgré sa faiblesse ; elle me prit par la main, pour me conduire vers la porte. Fuyons ensemble, me dit-elle, ne perdons pas un instant. Le corps de Synnelet peut avoir été trouvé par hasard, et nous n'aurions pas le temps de nous éloigner. Mais, chère
2165 Manon ! repris-je tout éperdu, dites-moi donc où nous pouvons aller. Voyez-vous quelque ressource ? Ne vaut-il pas mieux que vous tâchiez de vivre ici sans moi, et que je porte volontairement ma tête au Gouverneur ? Cette proposition ne fit qu'augmenter son ardeur à partir. Il fallut la suivre. J'eus encore assez de pré-
2170 sence d'esprit, en sortant, pour prendre quelques liqueurs fortes que j'avais dans ma chambre et toutes les provisions que je pus faire entrer dans mes poches. Nous dîmes à nos domestiques, qui étaient dans la chambre voisine, que nous partions pour la promenade du soir, nous avions cette coutume tous les jours, et
2175 nous nous éloignâmes de la ville, plus promptement que la déli-catesse [1] de Manon ne semblait le permettre.

Quoique je ne fusse pas sorti de mon irrésolution sur le lieu de notre retraite, je ne laissais pas d'avoir deux espérances, sans lesquelles j'aurais préféré la mort à l'incertitude de ce qui pouvait
2180 arriver à Manon. J'avais acquis assez de connaissance du pays, depuis près de dix mois que j'étais en Amérique, pour ne pas ignorer de quelle manière on apprivoisait les sauvages. On pou-

---

1. *Délicatesse* : fragilité.

vait se mettre entre leurs mains, sans courir à une mort certaine.
J'avais même appris quelques mots de leur langue et quelques-
2185 unes de leurs coutumes dans les diverses occasions que j'avais
eues de les voir. Avec cette triste ressource, j'en avais une autre du
côté des Anglais qui ont, comme nous, des établissements dans
cette partie du Nouveau Monde. Mais j'étais effrayé de l'éloignement. Nous avions à traverser, jusqu'à leurs colonies, de stériles
2190 campagnes de plusieurs journées de largeur, et quelques monta-
gnes si hautes et si escarpées que le chemin en paraissait difficile
aux hommes les plus grossiers et les plus vigoureux. Je me flattais,
néanmoins, que nous pourrions tirer parti de ces deux ressources : des sauvages pour aider à nous conduire, et des Anglais
2195 pour nous recevoir dans leurs habitations.

　　Nous marchâmes aussi longtemps que le courage de Manon
put la soutenir, c'est-à-dire environ deux lieues [1], car cette amante
incomparable refusa constamment de s'arrêter plus tôt. Accablée
enfin de lassitude, elle me confessa qu'il lui était impossible d'avan-
2200 cer davantage. Il était déjà nuit. Nous nous assîmes au milieu d'une
vaste plaine, sans avoir pu trouver un arbre pour nous mettre à
couvert. Son premier soin fut de changer le linge de ma blessure,
qu'elle avait pansée elle-même avant notre départ. Je m'opposai en
vain à ses volontés. J'aurais achevé de l'accabler mortellement, si je
2205 lui eusse refusé la satisfaction de me croire à mon aise et sans danger, avant que de penser à sa propre conservation. Je me soumis
durant quelques moments à ses désirs. Je reçus ses soins en silence
et avec honte. Mais, lorsqu'elle eut satisfait sa tendresse, avec quelle
ardeur la mienne ne prit-elle pas son tour ! Je me dépouillai de tous
2210 mes habits, pour lui faire trouver la terre moins dure en les éten-
dant sous elle. Je la fis consentir, malgré elle, à me voir employer
à son usage tout ce que je pus imaginer de moins incommode.
J'échauffai ses mains par mes baisers ardents et par la chaleur de
mes soupirs. Je passai la nuit entière à veiller près d'elle, et à prier

---

1. Soit huit kilomètres environ.

2215 le Ciel de lui accorder un sommeil doux et paisible. Ô Dieu ! que mes vœux étaient vifs et sincères ! et par quel rigoureux jugement aviez-vous résolu de ne les pas exaucer !

Pardonnez, si j'achève en peu de mots un récit qui me tue. Je vous raconte un malheur qui n'eut jamais d'exemple. Toute ma
2220 vie est destinée à le pleurer. Mais, quoique je le porte sans cesse dans ma mémoire, mon âme semble reculer d'horreur, chaque fois que j'entreprends de l'exprimer [1].

Nous avions passé tranquillement une partie de la nuit. Je croyais ma chère maîtresse endormie et je n'osais pousser le
2225 moindre souffle, dans la crainte de troubler son sommeil. Je m'aperçus dès le point du jour, en touchant ses mains, qu'elle les avait froides et tremblantes. Je les approchai de mon sein, pour les échauffer. Elle sentit ce mouvement, et, faisant un effort pour saisir les miennes, elle me dit, d'une voix faible, qu'elle se croyait
2230 à sa dernière heure. Je ne pris d'abord ce discours que pour un langage ordinaire dans l'infortune, et je n'y répondis que par les tendres consolations de l'amour. Mais, ses soupirs fréquents, son silence à mes interrogations, le serrement de ses mains, dans lesquelles elle continuait de tenir les miennes me firent connaître
2235 que la fin de ses malheurs approchait. N'exigez point de moi que je vous décrive mes sentiments, ni que je vous rapporte ses dernières expressions. Je la perdis ; je reçus d'elle des marques d'amour, au moment même qu'elle expirait. C'est tout ce que j'ai la force de vous apprendre de ce fatal et déplorable événement.

2240 Mon âme ne suivit pas la sienne. Le Ciel ne me trouva point, sans doute, assez rigoureusement puni. Il a voulu que j'aie traîné, depuis, une vie languissante et misérable. Je renonce volontairement à la mener jamais plus heureuse.

Je demeurai plus de vingt-quatre heures la bouche attachée sur
2245 le visage et sur les mains de ma chère Manon. Mon dessein était

---

1. Le motif de la relation d'un événement qui fait horreur est récurrent dans les récits épiques.

d'y mourir ; mais je fis réflexion, au commencement du second jour, que son corps serait exposé, après mon trépas, à devenir la pâture des bêtes sauvages. Je formai la résolution de l'enterrer et d'attendre la mort sur sa fosse. J'étais déjà si proche de ma fin,
2250 par l'affaiblissement que le jeûne et la douleur m'avaient causé, que j'eus besoin de quantité d'efforts pour me tenir debout. Je fus obligé de recourir aux liqueurs que j'avais apportées. Elles me rendirent autant de force qu'il en fallait pour le triste office que j'allais exécuter. Il ne m'était pas difficile d'ouvrir la terre, dans le
2255 lieu où je me trouvais. C'était une campagne couverte de sable. Je rompis mon épée, pour m'en servir à creuser, mais j'en tirai moins de secours que de mes mains. J'ouvris une large fosse. J'y plaçai l'idole de mon cœur, après avoir pris soin de l'envelopper de tous mes habits, pour empêcher le sable de la toucher. Je ne la
2260 mis dans cet état qu'après l'avoir embrassée mille fois, avec toute l'ardeur du plus parfait amour. Je m'assis encore près d'elle. Je la considérai longtemps. Je ne pouvais me résoudre à fermer la fosse. Enfin, mes forces recommençant à s'affaiblir, et craignant d'en manquer tout à fait avant la fin de mon entreprise, j'enseve-
2265 lis pour toujours dans le sein de la terre ce qu'elle avait porté de plus parfait et de plus aimable. Je me couchai ensuite sur la fosse, le visage tourné vers le sable, et fermant les yeux avec le dessein de ne les ouvrir jamais, j'invoquai le secours du Ciel et j'attendis la mort avec impatience. Ce qui vous paraîtra difficile à croire,
2270 c'est que, pendant tout l'exercice de ce lugubre ministère [1], il ne sortit point une larme de mes yeux ni un soupir de ma bouche. La consternation profonde où j'étais et le dessein déterminé de mourir avaient coupé le cours à toutes les expressions du déses-poir et de la douleur. Aussi, ne demeurai-je pas longtemps dans la
2275 posture où j'étais sur la fosse, sans perdre le peu de connaissance et de sentiment qui me restait [2].

---

1. *Ministère* : ici, devoir.

2. Le pathétique qui caractérise ce passage a inspiré plus d'un illustrateur.

Après ce que vous venez d'entendre, la conclusion de mon histoire est de si peu d'importance, qu'elle ne mérite pas la peine que vous voulez bien prendre à l'écouter. Le corps de Synnelet ayant été rapporté à la ville et ses plaies visitées avec soin, il se trouva, non seulement qu'il n'était pas mort, mais qu'il n'avait pas même reçu de blessure dangereuse. Il apprit à son oncle de quelle manière les choses s'étaient passées entre nous, et sa générosité le porta sur-le-champ à publier les effets de la mienne. On me fit chercher, et mon absence, avec Manon, me fit soupçonner d'avoir pris le parti de la fuite. Il était trop tard pour envoyer sur mes traces ; mais le lendemain et le jour suivant furent employés à me poursuivre. On me trouva, sans apparence de vie, sur la fosse de Manon, et ceux qui me découvrirent en cet état, me voyant presque nu et sanglant de ma blessure, ne doutèrent point que je n'eusse été volé et assassiné. Ils me portèrent à la ville. Le mouvement du transport réveilla mes sens. Les soupirs que je poussai, en ouvrant les yeux et en gémissant de me retrouver parmi les vivants, firent connaître que j'étais encore en état de recevoir du secours. On m'en donna de trop heureux. Je ne laissai pas d'être renfermé dans une étroite prison. Mon procès fut instruit, et, comme Manon ne paraissait point, on m'accusa de m'être défait d'elle par un mouvement de rage et de jalousie. Je racontai naturellement ma pitoyable aventure. Synnelet, malgré les transports de douleur où ce récit le jeta, eut la générosité de solliciter ma grâce. Il l'obtint. J'étais si faible qu'on fut obligé de me transporter de la prison dans mon lit, où je fus retenu pendant trois mois par une violente maladie. Ma haine pour la vie ne diminuait point. J'invoquais continuellement la mort et je m'obstinai longtemps à rejeter tous les remèdes. Mais le Ciel, après m'avoir puni avec tant de rigueur, avait dessein de me rendre utiles mes malheurs et ses châtiments. Il m'éclaira de ses lumières, qui me firent rappeler des idées dignes de ma naissance et de mon éducation. La tranquillité ayant commencé de renaître un peu dans mon âme, ce changement fut suivi de près par ma guérison. Je me livrai entièrement aux inspirations de l'honneur, et je continuai de remplir mon petit emploi, en attendant les vaisseaux de France qui vont, une fois chaque année, dans cette partie de l'Amérique. J'étais résolu de retourner dans ma patrie pour y réparer, par une vie sage et réglée, le scandale de ma conduite. Synnelet avait pris soin de faire transporter le corps de ma chère maîtresse dans un lieu honorable.

Ce fut environ six semaines après mon rétablissement que, me promenant seul, un jour, sur le rivage, je vis arriver un vaisseau que des affaires de commerce amenaient au Nouvel Orléans. J'étais attentif au débarquement de l'équipage. Je fus frappé d'une surprise extrême en reconnaissant Tiberge parmi ceux qui s'avançaient vers la ville. Ce fidèle ami me remit de loin, malgré les changements que la tristesse avait faits sur mon visage. Il m'apprit que l'unique motif de son voyage avait été le désir de me voir et de m'engager à retourner en France ; qu'ayant reçu la lettre que je lui avais écrite du Havre, il s'y était rendu en personne pour me porter les secours que je lui demandais ; qu'il avait ressenti la plus vive douleur en apprenant mon départ et qu'il serait parti sur-le-champ pour me suivre, s'il eût trouvé un vaisseau prêt à faire voile ; qu'il en avait cherché pendant plusieurs mois dans divers ports et qu'en ayant enfin rencontré un, à Saint-Malo, qui levait l'ancre pour la Martinique, il s'y était embarqué, dans l'espérance de se procurer de là un passage facile au Nouvel Orléans ; que, le vaisseau malouin ayant été pris en chemin par des corsaires espagnols et conduit dans une de leurs îles, il s'était échappé par adresse ; et qu'après diverses courses, il avait trouvé l'occasion du petit bâtiment qui venait d'arriver, pour se rendre heureusement près de moi[1].

Je ne pouvais marquer trop de reconnaissance pour un ami si généreux et si constant. Je le conduisis chez moi. Je le rendis le maître de tout ce que je possédais. Je lui appris tout ce qui m'était arrivé depuis mon départ de France, et pour lui causer une joie à laquelle

---

1. Le récit des pérégrinations de Tiberge puise son modèle dans la veine du roman picaresque.

il ne s'attendait pas, je lui déclarai que les semences de vertu qu'il avait jetées autrefois dans mon cœur commençaient à produire des fruits dont il allait être satisfait. Il me protesta qu'une si douce assu-
2345 rance le dédommageait de toutes les fatigues de son voyage.

Nous avons passé deux mois ensemble au Nouvel Orléans, pour attendre l'arrivée des vaisseaux de France, et nous étant enfin mis en mer, nous prîmes terre, il y a quinze jours, au Havre-de-Grâce. J'écrivis à ma famille en arrivant. J'ai appris, par la
2350 réponse de mon frère aîné, la triste nouvelle de la mort de mon père, à laquelle je tremble, avec trop de raison, que mes égarements n'aient contribué. Le vent étant favorable pour Calais je me suis embarqué aussitôt, dans le dessein de me rendre à quelques lieues de cette ville, chez un gentilhomme de mes parents, où
2355 mon frère m'écrit qu'il doit attendre mon arrivée.

■ Mort de Manon. Dessin de J.J. Pasquier, 1753.

DOSSIER

- La question du libertinage
- Figures de la courtisane
- Pour en savoir plus et approfondir sa lecture

La question du libertinage

Apparu au XVIIᵉ siècle, le courant libertin se caractérise d'abord par son rejet de la croyance en Dieu et son refus d'adhérer aux valeurs de la morale commune. Incarnation du libertin, rendu célèbre par la comédie éponyme de Molière, le personnage de Dom Juan se réclame ainsi d'une forme d'athéisme et conteste les normes dictées par la religion et par la société.

Au siècle des Lumières, le libertinage, délaissant en partie sa connotation religieuse, désigne aussi la liberté de mœurs, notamment en matière amoureuse, que revendiquent ses adeptes. La figure de M. de G... M... en offre une illustration dans l'*Histoire du chevalier des Grieux et de Manon Lescaut*; mais qu'en est-il du héros et de sa maîtresse qui se voient à plusieurs reprises taxés eux-mêmes de libertins ou, pour le premier, qui est contraint de justifier sa conduite qu'il ne saurait laisser assimiler à du libertinage? En effet, de M. de G... M... à l'ami fidèle du chevalier, en passant par son père et le supérieur de Saint-Lazare, les accusations dans ce sens pleuvent sur des Grieux, qui sent bien aussi la nécessité de récuser toute impiété et de légitimer son inconduite par l'inexpérience de son âge et le caractère fatal de sa passion. Si, pour reprendre le titre du roman libertin de Crébillon fils, « les égarements du cœur et de l'esprit » chez Manon et son amant ont les dehors du libertinage, ils n'en ont pas les fondements. Et des Grieux de souligner, au terme de son récit : « Manon n'avait jamais été une fille impie. Je n'étais pas non plus de ces libertins outrés, qui font gloire d'ajouter l'irréligion à la dépravation des mœurs. L'amour et la jeunesse avaient causé tous nos désordres » (p. 200). Ailleurs cependant, dans une entrevue avec Tiberge, le chevalier défend son choix de préférer l'amour d'une créature à celui du Créateur, le bonheur terrestre à la félicité céleste; mais peut-être s'agit-il là d'une stratégie visant à contrer toute tentative de la part de son interlocuteur de le ramener à la vertu et de l'obliger à quitter celle qu'il aime? En effet, des Grieux ne fait état d'aucune impiété; c'est même son désir final de vivre en conformité avec la religion à travers le mariage qui causera sa perte et celle de Manon. Le libertinage est donc tout au plus de fait ; il ne fait l'objet d'aucune théorisation préalable ni *a posteriori*. C'est ce qui permet de distinguer le roman de Prévost de ceux qui, à la même époque, ont été qualifiés de libertins.

Crébillon fils, *Les Égarements du cœur et de l'esprit ou Mémoires de M. de Meilcour* (1736)

Dans *Les Égarements du cœur et de l'esprit ou Mémoires de Monsieur de Meilcour*, Crébillon fils met en scène un libertin d'âge mûr qui raconte sa jeunesse et la manière dont il a été initié à l'amour. Ce geste rétrospectif le conduit à analyser les conduites féminines envisagées sous l'angle des relations entretenues avec les hommes. Le retour sur l'expérience et l'analyse du comportement de la femme jeune peuvent rappeler la démarche de des Grieux. Mais celle-ci s'en démarque radicalement parce qu'elle ne répond nullement à un système, encore moins aux principes du libertinage, et ignore toute ironie désabusée. Là où Meilcour fait preuve d'une lucidité toute cynique et raisonne de manière générale, le chevalier s'en tient à sa passion particulière qu'il décrit comme inédite pour la faire comprendre, bien plus qu'il ne cherche à la catégoriser : hors des normes de l'amour et non de celles de la morale, telle est la situation des amants de Prévost.

Une femme, quand elle est jeune, est plus sensible au plaisir d'inspirer des passions, qu'à celui d'en prendre. Ce qu'elle appelle tendresse, n'est le plus souvent qu'un goût vif, qui la détermine plus promptement que l'amour même, l'amuse pendant quelque temps, et s'éteint sans qu'elle le sente ou le regrette. Le mérite de s'attacher un amant pour toujours ne vaut pas à ses yeux celui d'en enchaîner plusieurs. Plutôt suspendue que fixée, toujours livrée au caprice, elle songe moins à l'objet qui la possède qu'à celui qu'elle voudrait qui la possédât. Elle attend toujours le plaisir, et n'en jouit jamais : elle se donne un amant, moins parce qu'elle le trouve aimable, que pour prouver qu'elle l'est. Souvent elle ne connaît pas mieux celui qu'elle quitte que celui qui lui succède. Peut-être si elle avait pu le garder plus longtemps, l'aurait-elle aimé ; mais est-ce sa faute si elle est infidèle ? Une jolie femme dépend moins d'elle-même que des circonstances ; et par malheur, il s'en trouve tant, de si peu prévues, de si pressantes, qu'il n'y a point à s'étonner si, après plusieurs aventures, elle n'a connu ni l'amour ni son cœur.

Crébillon fils, *Les Égarements du cœur et de l'esprit*,
première partie.

En apparence, Manon pourrait bien correspondre au type de femme décrit par le narrateur, qui ne semble pas s'attacher véritablement à ses conquêtes successives, les enchaîne au gré de ses caprices et s'en remet au hasard des circonstances pour nouer de nouvelles relations. Cependant, elle revient toujours à des Grieux et le motif de ses infidélités, loin d'être lié au seul plaisir des sens ou à la simple satisfaction de l'*ego*, apparaît fondamentalement économique. La fortune de ses amants constitue, pour la jeune femme, un moyen d'améliorer sa condition matérielle, de jouir de plaisirs mondains et de mettre le couple qu'elle forme avec le chevalier à l'abri du besoin financier. Badine, légère et parfois rusée, Manon saisit les occasions et tire profit des moments qui s'offrent à elle et, en cela, elle peut faire figure de libertine ; mais, parce qu'elle se situe dans un rapport d'immédiateté au réel, elle ne prémédite pas ses actions à la manière des tenants du libertinage ; elle obéit à ses instincts bien plus qu'à ce que lui ordonne une raison calculatrice. La comédie qu'elle joue à ses amants l'amuse mais ne règle pas sa conduite générale comme, c'est le cas pour l'héroïne des *Liaisons dangereuses* de Laclos.

Laclos, *Les Liaisons dangereuses* (1782)

Dans ce roman épistolaire, l'auteur donne la parole à Mme de Merteuil, femme rouée, qui, au travers de la correspondance qu'elle entretient avec son complice Valmont, dévoile les ressorts de ses manœuvres à l'endroit des hommes. On comprend toute la distance qui la sépare du personnage féminin de Prévost, Manon n'ayant rien du stratège soucieux d'asseoir une quelconque puissance et se trouvant condamnée par sa spontanéité même.

La marquise de Merteuil au vicomte de Valmont

[...] quand m'avez-vous vue m'écarter des règles que je me suis prescrites, et manquer à mes principes ? je dis mes principes, et je le dis à dessein : car ils ne sont pas, comme ceux des autres femmes, donnés au hasard, reçus sans examen et suivis par habitude ; ils sont le fruit de mes profondes réflexions ; je les ai créés, et je puis dire que je suis mon ouvrage.

Entrée dans le monde dans le temps où, fille [1] encore, j'étais vouée par état au silence et à l'inaction, j'ai su en profiter pour observer et réfléchir. Tandis qu'on me croyait étourdie ou distraite, écoutant peu à la vérité les discours qu'on s'empressait à me tenir, je recueillais avec soin ceux qu'on cherchait à me cacher.

Cette utile curiosité, en servant à m'instruire, m'apprit encore à dissimuler ; forcée souvent de cacher les objets de mon attention aux yeux qui m'entouraient, j'essayai de guider les miens à mon gré ; j'obtins dès lors de prendre à volonté ce regard distrait que depuis vous avez loué si souvent. Encouragée par ce premier succès, je tâchai de régler de même les divers mouvements de ma figure. Ressentais-je quelque chagrin, je m'étudiais à prendre l'air de la sérénité, même celui de la joie ; j'ai porté le zèle jusqu'à me causer des douleurs volontaires, pour chercher pendant ce temps l'expression du plaisir. Je me suis travaillée avec le même soin et plus de peine pour réprimer les symptômes d'une joie inattendue. C'est ainsi que j'ai su prendre sur ma physionomie cette puissance dont je vous ai vu quelquefois si étonné.

J'étais bien jeune encore, et presque sans intérêt : mais je n'avais à moi que ma pensée, et je m'indignais qu'on pût me la ravir ou me la surprendre contre ma volonté. Munie de ces premières armes, j'en essayai l'usage : non contente de ne plus me laisser pénétrer [2],

---

1. *Fille* : jeune fille.
2. *Me laisser pénétrer* : laisser deviner mon état d'esprit, mes sentiments.

je m'amusais à me montrer sous des formes différentes ; sûre de mes gestes, j'observais mes discours ; je réglais les uns et les autres, suivant les circonstances, ou même seulement suivant mes fantaisies : dès ce moment, ma façon de penser fut pour moi seule, et je ne montrai plus que celle qu'il m'était utile de laisser voir.

Ce travail sur moi-même avait fixé mon attention sur l'expression des figures et le caractère des physionomies ; et j'y gagnai ce coup d'œil pénétrant, auquel l'expérience m'a pourtant appris à ne pas me fier entièrement ; mais qui, en tout, m'a rarement trompée.

Je n'avais pas quinze ans, je possédais déjà les talents auxquels la plus grande partie de nos politiques doivent leur réputation, et je ne me trouvais encore qu'aux premier éléments de la science que je voulais acquérir. [...]

De..., ce 20 septembre 17**.
Laclos, *Les Liaisons dangereuses*, lettre LXXXI.

Figures de la courtisane

L'*Histoire du chevalier des Grieux et de Manon Lescaut* marque l'avènement en littérature de la figure de la courtisane, femme qui ne dispose que de son corps et de ses charmes pour espérer s'élever socialement. La fille aux mœurs légères de Prévost pèche moins par inclination naturelle au plaisir que par nécessité, c'est-à-dire pour répondre à ses aspirations matérielles. Cette contrainte qu'exercent les conditions économiques et sociales sur la femme de basse extraction se retrouve chez les romanciers du XIXe siècle, soucieux de mettre au jour dans leurs œuvres les mécanismes qui régissent la société, règlent les rapports entre les membres des différentes classes et motivent les êtres dans leur soif d'ascension et de réussite.

Dumas fils, *La Dame aux camélias* (1848)

Manon demandait à son amant, qu'elle laissait sans voix par sa question : « Crois-tu que l'on puisse être bien tendre lorsqu'on manque de pain ? » L'héroïne de *La Dame aux camélias*, Marguerite Gautier, va plus loin : à son amant, Armand Duval – le narrateur de ce récit d'inspiration autobiographique –, qui n'accepte pas de la partager avec ses « protecteurs », elle répond par une leçon de réalisme sans ambages.

« Mon ami, si j'étais Mme la duchesse Telle ou Telle, si j'avais deux cent mille livres de rente, que je fusse votre maîtresse et que j'eusse un autre amant que vous, vous auriez le droit de me demander pourquoi je vous trompe ; mais je suis Mlle Marguerite Gautier, j'ai quarante mille francs de dettes, pas un sou de fortune, et je dépense cent mille francs pas an, votre question devient oiseuse et ma réponse inutile.

– C'est juste, dis-je en laissant tomber ma tête sur les genoux de Marguerite, mais moi, je vous aime comme un fou.

– Eh bien, mon ami, il fallait m'aimer un peu moins ou me comprendre un peu mieux. Votre lettre m'a fait beaucoup de peine. Si j'avais été libre, d'abord je n'aurais pas reçu le comte avant-hier, ou, l'ayant reçu, je serais venue vous demander le pardon que vous me demandiez tout à l'heure, et je n'aurais pas à l'avenir d'autre amant que vous. J'ai cru un moment que je pourrais me donner ce bonheur-là pendant six mois ; vous ne l'avez pas voulu ; vous teniez à connaître les moyens, eh ! mon Dieu, les moyens étaient bien faciles à deviner. C'était un sacrifice plus grand que vous ne croyez que je faisais en les employant. J'aurais pu vous dire : "J'ai besoin de vingt mille francs" ; vous étiez amoureux de moi, vous les eussiez trouvés, au risque de me les reprocher plus tard. J'ai mieux aimé ne rien vous devoir ; vous n'avez pas compris cette délicatesse, car c'en est une. Nous autres, quand nous avons encore un peu de cœur, nous donnons aux mots et aux choses une extension et un développement inconnus aux autres femmes ; je vous répète donc que de la part de Marguerite Gautier le moyen qu'elle trouvait de payer ses dettes sans vous demander l'argent nécessaire pour cela était une délicatesse dont vous devriez profiter sans rien dire. Si vous ne m'aviez connue qu'aujourd'hui, vous seriez trop heureux de ce que je vous promettrais, et vous ne me demanderiez pas ce que j'ai fait avant-hier. Nous sommes quelquefois forcées d'acheter une satisfaction pour notre âme aux dépens de notre corps, et nous souffrons bien davantage quand, après, cette satisfaction nous échappe.»

Dumas fils, *La Dame aux camélias*,
chapitre XV.

Zola, *Nana* (1879)

Fondateur du mouvement naturaliste, s'attribuant la mission de retracer l'«histoire naturelle et sociale d'une famille sous le second Empire», Zola donne vie à une «femme entretenue», Nana, dans un roman qui porte son nom. Anna Coupeau de son vrai nom, fille infortunée de Gervaise Macquart morte dans la misère à cause de l'alcool, Nana doit son statut de demi-mondaine et sa vie confortable au commerce de ses attraits. Si elle a échappé au destin familial, le nouveau statut social qu'elle a acquis trahit, sous l'apparence dorée, la corruption d'une société aussi encline à fabriquer de brillantes carrières qu'à les défaire.

Alors, Nana devint une femme chic, rentière de la bêtise et de l'ordure des mâles, marquise des hauts trottoirs. Ce fut un laçage brusque et définitif, une montée dans la célébrité de la galanterie[1], dans le plein jour des folies de l'argent et des audaces gâcheuses de la beauté. Elle régna tout de suite parmi les plus chères. Ses photographies s'étalaient aux vitrines, on la citait dans les journaux. Quand elle passait en voiture sur les boulevards, la foule se retournait et la nommait, avec l'émotion d'un peuple saluant sa souveraine; tandis que, familière, allongée dans ses toilettes flottantes, elle souriait d'un air gai, sous la pluie de petites frisures blondes, qui noyaient le bleu

---

1. *Galanterie* : pour une femme, fait de vivre de ses charmes.

cerné de ses yeux et le rouge peint de ses lèvres. Et le prodige fut que cette grosse fille, si gauche à la scène, si drôle dès qu'elle voulait faire la femme honnête, jouait à la ville les rôles de charmeuse, sans un effort. C'étaient des souplesses de couleuvre, un déshabillé savant, comme involontaire, exquis d'élégance, une distinction nerveuse de chatte de race, une aristocratie du vice, superbe, révoltée, mettant le pied sur Paris, en maîtresse toute-puissante. Elle donnait le ton, de grandes dames l'imitaient.

L'hôtel de Nana se trouvait avenue de Villiers, à l'encoignure de la rue Cardinet, dans ce quartier de luxe, en train de pousser au milieu des terrains vagues de l'ancienne plaine Monceau [1]. Bâti par un jeune peintre, grisé d'un premier succès, et qui avait dû le revendre, à peine les plâtres essuyés, il était de style Renaissance, avec un air de palais, une fantaisie de distribution intérieure, des commodités modernes dans un cadre d'une originalité un peu voulue. Le comte Muffat [2] avait acheté l'hôtel tout meublé, empli d'un monde de bibelots, de fort belles teintures d'Orient, de vieilles crédences [3], de grands fauteuils Louis XIII ; et Nana était ainsi tombée sur un fonds de mobilier artistique, d'un choix très fin, dans le tohu-bohu des époques. Mais, comme l'atelier, qui occupait le centre de la maison, ne pouvait lui servir, elle avait bouleversé les étages, laissant au rez-de-chaussée une serre, un grand salon et la salle à manger, établissant au premier un petit salon, près de la chambre et de son cabinet de toilette. Elle étonnait l'architecte par les idées qu'elle lui donnait, née d'un coup aux raffinements du luxe, en fille du pavé de Paris ayant d'instinct toutes les élégances.

Zola, Nana, chapitre X.

---

1. Le quartier neuf dans lequel habite Nana fait partie de ces lieux parisiens mis à la mode sous le second Empire.
2. *Le comte Muffat* : un des amants de la demi-mondaine, prêt à tous les sacrifices pour satisfaire les caprices de la jeune femme et lui plaire.
3. *Crédence* : buffet, desserte.

Pour en savoir plus
et approfondir sa lecture

H. COULET, *Le Roman jusqu'à la Révolution*, Armand Colin, 1967.

R. DÉMORIS, *Le Silence de Manon*, PUF, coll. «Le texte rêve», 1995.

R. MAUZI, *L'Idée du bonheur au XVIIIe siècle*, Armand Colin, 1960.

R. POMEAU, J. EHRARD, *Histoire de la littérature française. De Fénelon à Voltaire*, GF-Flammarion, 1998.

J. SGARD, *Prévost romancier*, José Corti, 1968.

Création maquette intérieure :
Sarbacane Design.

Composition : In Folio.

Dépôt légal : avril 2007,
numéro d'édition : L.01EHRN000297.C002

Imprimé en Espagne par Novoprint (Barcelone)

Made in United States
Orlando, FL
20 August 2022

21296315R10089